Gunter Preuß: Geboren 1940 in Leipzig - Lehre als Fernmeldemechaniker - Leistungssport: Judo - Arbeit als Fernmeldemechaniker, Lagerist und Güterbodenarbeiter - Studium an der „Fachschule für Artistik" - Fernmelderevisor - Studium am Literaturinstitut „J. R. Becher" - freischaffender Schriftsteller - Lehrtätigkeit am Literaturinstitut - wiederum freischaffend - lebt in Lützschena/ Leipzig.

Mitglied des P.E.N. und VS. Veröffentlichungen in Prosa, Dramatik und Lyrik für Kinder, Jugendliche und Erwachsene.

©HeRaS Verlag, Rainer Schulz, Göttingen 2017
www.herasverlag.de
Layout Buchdeckel Rainer Schulz
ISBN 978-3-95914-136-9

Gunter Preuß

Die Gewalt des Sommers

Roman

Gewiss hat es in der damaligen DDR andere Pionierferienlager gegeben, in denen es anders zuging. Und doch sieht der Autor sein Szenario der Wahrheit näher, als manchen Schauplatz der Wirklichkeit.

Manchmal war es, als schliche etwas Böses durchs Lager. Es hatte kein Gesicht, keine Gestalt und doch war es da. Es war zwischen ihnen, aber auch in ihnen. Etwas Bedrohliches breitete sich aus. Es sagte lautlos voraus, dass das, was ihr bisheriges Leben bestimmt hatte, zu Ende gehen würde.

1.

Die Zugfahrt von Leipzig zur Insel Rügen würde wohl niemals ein Ende finden. Eingekeilt zwischen Menschenleibern, umwoben von muffig-süßlichem Geruch toter Blumen, dachte der Junge, dass er dem Gefühl von Enge wohl nie entkommen würde. Soweit er sich zurückerinnerte, hatte es ihn bis auf wenige Augenblicke der Losgelöstheit immer begleitet.

In Berlin mussten die Reisenden den Zug verlassen. Uniformierte kontrollierten die Abteile. Erst nach einer halben Stunde durften sie wieder zusteigen. Die Jungen hatten Spaß am Gewühl und Gejohle. Die Alten schimpften und verschafften sich rempelnd ihren Sitzplatz. Ein paar Haltestellen später wurde die Diesellok aus inländischer Produktion gegen ein rumänisches Fabrikat getauscht. Gleich waren Spottnamen zu hören, wie „Ceausescus Rache" und „Karpatenschreck". Je weiter sie in Richtung Norden fuhren, umso langsamer kam der Zug voran. Obwohl als Schnellzug ausgeschrieben, hielt er inzwischen an jeder Kleinstadt. Ein rothaariger Student, der vor seiner Freundin fortwährend prahlte, wollte wissen, dass es auf der Strecke einen Unfall gegeben hatte. An einem Bahnübergang sei ein Lastwagen in den Waggon eines Güterzugs gerast. Der Schaffner spräche von Verletzten und Toten.

Die Zugfahrt erinnerte Boris an Berichte von Erwachsenen, die ihre Reise an die See in den Fünfziger- und Sechzigerjahren als höchst langwierig und umständlich beschrieben hatten. Er hatte auf eine Fahrt mit E-Lok und Doppelstockwagen in nicht so bedrängender Enge gehofft.

Wenn der Zug nach all den Aufenthalten wieder anruckte, wurde das jedes Mal mit großem Hallo begrüßt. Die Jungen und Mädchen, die mit Boris ins Ferienlager fuhren, waren ihm zu laut und aufgedreht. Ihre Gesichter glänzten fiebrig, es gab Gespött und Zänkerei, Witze wurden erzählt, deren Pointe in übermütigem Gelächter unterging. Die Abteile waren überfüllt, Kleinkinder lagen im Gepäcknetz, junge Leute machten sich einen Spaß, an den Haltestellen durch die Fenster zu- oder auszusteigen. In den Kurven ratterten und knirschten die Waggons. Manchmal warf es die Fahrgäste durcheinander oder schüttelte sie, als würde der Zug über Kopfsteinpflaster fahren. Dann bremste er wieder schrill, von einem Signal oder Haltepunkt aufgehalten. Die Lok surrte wie ein überdimensionales Insekt, die Luft, selbst Gegenstände vibrierten, der Diesel roch nach faulen Eiern. Aufbrüllend wie ein geschundenes Tier setzte sie sich endlich wieder in Bewegung.

In Stralsund mussten sie umsteigen. Diesmal zog die fabrikneuen Wagen, allgemein beklatscht, eine der gewaltigen Dampfloks, die weitgehend aus dem Verkehr genommen waren. Boris stand in dem mit Menschen und Gepäck verstopften Gang, hielt seinen Kopf aus dem heruntergezogenen Fenster und ließ sich vom Fahrtwind den rußigen Dampf, den die Lok kurz und heftig auspaffte, ins Gesicht blasen. Die Pfiffe, die der Koloss hin und wieder ausstieß, klangen dem Jungen lustlos in den Ohren. Er fühlte sich müde, ja alt, jedenfalls älter als die in den Abteilen lärmenden Jungen und Mädchen und ihnen nicht zugehörig. Er wünschte, krank zu sein und sich in seinem Bett verkriechen zu können. Wenn er die brennenden Augen schloss, beunruhigte ihn Annas Blick. Vor ein paar Tagen hatte die Großmutter ihn immer wieder angesehen und, wenn er aufschaute, weggeblickt. Obwohl er die Antworten fürchtete, hatte er Fragen gestellt. Über Nacht dann war ihm in wirren Träumen das Bild seiner Mutter verloren gegangen. Am Morgen hatte er es in seine Gedanken zurückzwingen wollen. Er hatte sich Fotos angesehen und sie zu zeichnen versucht. Aber die Mutter blieb hinter einer Schattenwand verborgen.

Zehn Stunden waren sie nun unterwegs und noch immer nahm die Fahrt kein Ende. Boris sehnte sich bereits jetzt in das Auendorf zurück. Lerchau lag eingebettet in der Tieflandbucht zwischen Leipzig und Halle. Dort war alles überschaubar, ob er sich nun in seinen Tagträumen als Vogel in die Lüfte schwang oder als Frosch an den Boden drückte und zum Himmel aufschaute. Ihm fehlte Brunos schwere Hand auf der Schulter, sein schaukelnder Gang und der ihm anhaftende Geruch nach Tabak und saurem Schweiß. Vor allem aber vermisste er Annas besorgten Blick, ihr Augenzwinkern, wenn sie sich ertappt fühlte und ein Lächeln über ihr gebräuntes Gesicht huschte. Die Großeltern gaben ihm das Gefühl, etwas wert zu sein, mehr als ihr selbst gebautes Haus, vielleicht sogar mehr als ihr eigenes Leben.

Der Junge sah die kommenden Wochen wie ein endlos weites Feld vor sich liegen. Er wusste nicht, wie er da hinüberkommen sollte.

2.

Als sie auf der Insel den Zug verlassen konnten, waren sie steif und müde.

Dann endlich, nach langem Fußmarsch, den von Anna gepackten Rucksack geschultert, stand der Junge vor dem Meer. Sekundenlang war er wie geblendet. In diesem Augenblick schien sich alles, was eben noch in unzähligen Teilen durcheinanderwirbelte, vereinigt zu haben. Er ballte die Hände gegen dieses Sausen und Schwirren in ihm. Wieder im Gleichgewicht, riss er die Augen auf und trank gierig die Weite, das Grün und das Blau. Das alles hatte er so noch nie gesehen. Sein Blick reichte bis zum fernen Horizont. Nur ein in Grautönen fein überlagerter Strich, den wohl kein Mensch so zeichnen konnte, trennte Meer und Himmel voneinander.

Die Jungen, die selbst in den abseits gelegenen „Lehmlachen" im heimatlichen Auenwald nie nackt badeten, rissen sich die Sachen vom Leib, rannten mit Geschrei ins Wasser und sprangen kopfüber in die rhythmisch heranrollenden Wellen. Die Mädchen zierten sich, sie beratschlagten kichernd. Als das erste schließlich im Badeanzug ins Wasser rannte, schlüpften auch die anderen flink in ihre Badeanzüge und Bikinis und rannten kreischend hinterher.

Die Lehrer und Betreuer sahen amüsiert dem Badevergnügen zu. Sie hätten wohl gern mitgetan, doch sie waren einander noch wenig bekannt und warteten erst einmal ab.

Der Pionierleiter kam lachend heran und blieb neben Boris stehen, der, noch immer fasziniert vom Anblick der See, zurückgeblieben war. Lothar Womacka war Mitte zwanzig, ein ehemaliger Spitzensportler, der im Amateurboxen zum Olympiakader gehört hatte. Die Schüler nannten ihn „Ali", nach dem schwarzen Boxgenie Muhammad Ali, was er sich gern gefallen ließ.

„Beeindruckend, was?"

Ali schattete mit einer Hand seine Augen ab und schaute aufs Meer. Durch seine gerade und straffe Haltung wirkte er geradezu übermächtig. Wenn Boris neben ihm stand, bemerkte er überrascht, dass Ali nicht so groß war, wie er ihn immer vor Augen hatte. Der Junge machte sich unwillkürlich kleiner.

„Dein erstes Mal, stimmt."

Ali stellte den Koffer ab, der mit Abziehbildern von Ländern Osteuropas beklebt war, und nach kurzem Zögern auch den großen Vogelkäfig. In ihm hüpfte „Sandra", ein selten gewordener Kolkrabe, schwerfällig von Stange zu Stange und krächzte, dass es wie sattes Rülpsen klang.

Nun setzte auch Boris seinen Rucksack ab. Er drehte sein Gesicht weg und wischte mit dem Jackenärmel darüber. Gern hätte er mal losgeheult. Das Gespött der Jungen fürchtete er nicht. Aber Alis Verachtung hätte er nicht ertragen. Er nickte eifrig, als Ali verschwörerisch sagte: „Kriegen wir hin, versprochen."

„Ja", sagte Boris. „Ja, klar."

Ali lachte, da lachte auch Boris, der Pionierleiter ging in Boxerstellung und schlug eine linke und rechte Gerade am Kopf des Jungen vorbei.

„Wie wir das hinkriegen, immer!"

„Ja, Ali! Ja!"

3.

Das Zeltlager befand sich unweit dem kleinen Fischerdorf Dranske, etwa fünfzehn Kilometer von Kap Arkona, dem nördlichsten Punkt der Republik, entfernt. Der dunkle Wald aus hochgewachsenen Kiefern und Fichten und vereinzelt stehenden mächtigen Buchen war stellenweise etwa zweihundert Meter breit und zog sich an der steil abfallenden Küste hin. Größere Geländeabschnitte waren von hier stationierten Grenztruppen besetzt und für Einheimische und Urlauber streng gesperrt. In einem frei zugänglichen Waldstück und anschließender Heide hatte eines der über die Insel verstreuten Pionierlager seinen Platz.

Es war früher Morgen und der dritte Tag, an dem der Junge nun hier war. Die Kinder und Betreuer schliefen noch in den Zelten, als Boris sich ruckartig aufsetzte. Er war wieder in diesem alten Haus gewesen, durch unzählige Zimmer geirrt und Treppen hoch und runter gestiegen. Das alte Holz hatte zu ihm gesprochen, um ihn war es dunkel und doch konnte er sehen, in einem abgewetzten Plüschsessel lag an der Rückenlehne ein eingedrücktes Kissen, eine Schlafdecke war zurückgeschlagen. Er hatte gewartet, war die Treppen hoch und runter gelaufen, von Zimmer zu Zimmer gegangen, er wartete ...

Seine drei Zeltgenossen schliefen noch fest. Der stämmige Kalinke, der keiner Rauferei aus dem Weg ging, hatte den Kopf auf seine Boxhandschuhe gebettet. Neben ihm hatte sich der lang aufgeschossene Horst eingerichtet. Um seine Augen zuckte es, als sollte ihnen auch im Schlaf nichts entgehen. Der Dickwanst Ralph Malisch hatte ein abwehrendes Lächeln im blassen Gesicht.

Die drei Jungen, die Boris aus Lerchau kannte, erschienen ihm verändert. Sie hatten andere Gesichter bekommen, waren sich manchmal nur noch entfernt ähnlich. Auch die anderen Jungen und Mädchen, ob nun aus seiner Klasse oder aus einer anderen, waren anscheinend nicht mehr dieselben. Sie saßen ja in den Klassenzimmern zusammen, trafen sich nach der Schule im Dorf und liefen sich hier und da über den Weg. Auf der Insel, beim gemeinsamen Essen, zu den Ausflügen und beim Baden im Meer, erlebte er sie anders. Er achtete auf ihre Stimme, hörte sie atmen und las aus ihren Gesichtern, was ihm sonst verborgen geblieben war. Auch er selbst versetzte hin und wieder einen von ihnen in Erstaunen. Dabei meinte er, sich wie sonst auch zu verhalten. Er war neugierig geworden. Manchmal war ihm danach, einem Jungen oder Mädchen, wer gerade in seiner Nähe war, Fragen zu stellen, um mehr von ihm oder ihr zu erfahren. Vor allem aber war er neugierig auf sich selbst. Manchmal hatte er das Gefühl, als hätte er es tatsächlich mit einem anderen zu tun.

Boris öffnete mit klammen Fingern die verschnürte Zeltplane. Er rutschte auf den Knien nach draußen, atmete gierig ein und verharrte. Es war keine Nacht mehr, aber auch noch nicht Tag, es waren die Minuten, wo sich beide umarmten, um gleich darauf wieder voneinander Abschied zu nehmen. Der fast einen halben Meter große Kolkrabe, dessen Käfig vor Alis Zelt an einem Pfahl hing, drehte ihm den Kopf zu und schüttelte sein wie mit dunkelblauem Lack überzogenes Gefieder.

Die frühen Morgenstunden waren Boris nicht unbekannt. Die Großeltern standen täglich früh auf, obwohl sie inzwischen beide in Rente waren. Bruno arbeitete täglich noch ein paar Stunden im Möbelkombinat. Auch Anna war bislang halbtags in der Küche des Drehmaschinenwerks beschäftigt. Die beiden waren von jeher gewohnt in aller „Herrgottsfrühe", welche Anna für die „segensreichste Zeit des Tages" hielt, aufzustehen. Für Boris war es auch mit dem Schlaf vorbei, wenn in der Küche die Dielen knarrten und er bald darauf aus Stall und Hof Grunzen, Gackern und Meckern hörte. Dreimal in der Woche kehrten um diese Zeit auch die Düsenjägerstaffeln der Sowjets, die um Mitternacht im Tiefflug das Dorf überquert hatten, zu ihrem Fliegerhorst in die Dübener Heide zurück.

Hier an der Küste war der Morgen ganz anders, irgendwie weiter und scheinbar lautlos. Dann die Frische der Luft, der intensive Geruch nach Harz, der sich klebrig auf der Zunge ablagerte. Das wabernde blaue Licht vom Meer. Die schaukelnden Wipfel der Fichten, die ihn, den Kopf im Nacken, in ein beruhigendes Gefühl regelmäßigen Pendelns versetzten.

Eine Singdrossel flötete aus eng ineinander verhakten Wildrosenbüschen. Ein kleiner Vogel, wohl ein Zaunkönig, den Boris nur von Abbildungen kannte, flog schnurrend aus den Büschen am Boden entlang, setzte sich auf eine Leine mit aufgehängten Badesachen und sang rollend. Da erwachte eine Blaumeise aus dem Schlaf. Nach einem lockenden „sit sit" ließ sie es glockenhell klingeln, was von hier und da erwidert wurde.

Der Junge zog hastig den Trainingsanzug aus und die Badehose an. Er rannte barfuß den mit Wurzeln überzogenen Waldweg bis zur Steilküste, schlüpfte unter einem Absperrband durch und stand am Rand der Klippe. Die Tage zuvor war er die Stufen hinuntergegangen, die Jungen hatten „Feigling!" gerufen. Es hätte ihm nichts ausgemacht sozusagen blind zu springen, denn die Steilküste stand zum Meer hin etwas über, wobei das darunterliegende Stück nicht einzusehen war. Das Gehabe der Jungen war ihm einfach zu angeberisch und die Geheimnistuerei der Mädchen zu albern. Sie sprachen manchmal über ihn. Er tat, als hörte er es nicht. „Lach doch mal", hatte ein Mädchen aus der Gruppe gerufen. Er hatte sich abgewandt. Seinen Schwur, nicht zu lachen, bis er das Gesicht der Mutter wiederfand, würde er nicht brechen. Auch der Vater war weg. Der war *drüben*. Für Boris war er gestorben. „Mit einem Toten lässt sich leichter leben als mit einem Lebenden, der nicht mehr da ist." Das sagte Bruno, bekräftigt mit einer wegwischenden Handbewegung, wenn Anna manchmal vorsichtig auf ihren Sohn zu sprechen kam.

Zu dieser Stunde erschien Boris das Meer grenzenlos. Sein kühles Blau erweckte den Anschein, als sei es noch unberührt. Boris verlangte es danach, einzutauchen und sich bis auf den Grund sinken zu lassen. Er trat ein paar Schritte zurück, sprintete los und sprang mit zum Kinn angezogenen Knien weit hinaus. Er landete weich in einer Sandkuhle, stieß sich gleich wieder ab, dass er wie auf einer Rutsche in Schussfahrt zum Strand hinunterglitt. Wieder auf den Füßen, musste er rennen, bis dann das Wasser ihn in Hüfthöhe abbremste.

Sein Schrei, den er so lange zurückgehalten hatte, schreckte ein paar Möwen auf. Sie hoben von den morschen Buhnenpfählen ab und kreisten schimpfend über ihm. Ihr „Krrjäh" war ihm vertraut, als wäre er unter ihnen aufgewachsen, er hatte es eben nur lange nicht gehört. Das Meer, das ihn wie mit kühlen Händen anfasste, erinnerte an einen alten Freund, der früher, in längst vergessener Zeit, mit ihm gespielt hatte. In diesem Moment war ihm die Welt näher als sonst. Sie erschien ihm kleiner und leichter zu verstehen. Zugleich aber war sie unendlich größer und unentdeckt.

Langsam tauchte er ins Wasser ein und schwamm unter seiner Oberfläche, bis es ihn zum Auftauchen zwang. Das Ufer war weit weg, er fühlte sich gut aufgehoben hier draußen, begann zu planschen, drehte sich im Kreis, tauchte, bis ihm die Luft ausging, und genoss es, steil an die Oberfläche zurückzuschießen und mit aufgerissenem Mund einzuatmen.

Als er wieder in der Tiefe war, kam etwas auf ihn zu geschwommen. Er dachte an einen sich in die Ostsee verirrten Delfin, an eine Robbe; schließlich sah er, dass es ein Mensch war.

Sie tauchten gleichzeitig auf. Es war Ali, den Boris trotz der Taucherbrille und der Wäscheklammer auf den Nasenflügeln gleich erkannte. Sie schwammen nebeneinander zum Ufer zurück. Boris glich seine Schwimmbewegungen denen von Ali an, die ruhig und kräftig waren. Die letzten hundert Meter forderte Ali ihn mit einem Kopfnicken heraus. Sie kraulten, doch so sehr der Junge sich anstrengte, sein Kontrahent erreichte knapp vor ihm das Ufer.

Sie schüttelten sich wie Hunde. „Nicht schlecht, Kämpfer", sagte Ali. „Mach was aus dir, sag ich doch, aber immer."

Boris nickte. Zu dem, was der Pionierleiter sagte, konnte man nur nicken. Auch die anderen Jungen, mochten sie noch so aufsässig sein, widersprachen ihm nie. Bei Ali erschien alles, was manchmal so kompliziert und nur schwer zu ertragen war, verblüffend einfach. Er erklärte die Welt als Boxring: „Gibt nur dich und deinen Gegner. Den hast du zu besiegen. Durch k. o., möglichst. Kann dir kein Kampfgericht den Sieg nehmen, stimmt."

Ali ließ sich vornüber auf den Sand fallen, pumpte exakte Liegestütze, und der Junge tat es ihm nach. Boris hatte sich früher nichts aus Sport gemacht. Es war ihm sinnlos erschienen, sich anzustrengen und zu schwitzen, ohne zu wissen, wofür. Doch dann war er aus der Stadt ins Dorf und an der neuen Schule in Alis Pioniergruppe gekommen. Ali hatte ihm kraftvoll die Hand geschüttelt, ihn mit taxierenden Blicken umkreist, dann auf die Schulter geklopft und gesagt: „Untrainiert. Ausbaufähig, schätze ich. Ein Kämpferherz, mal sehen. Zum Boxtraining, komm mal. Kalinke sagt dir, was Sache ist. Pünktlich, klar."

Boris' Muskeln zitterten, ein pressender Druck war hinter seiner Stirn, ein Würgen im Hals. Nicht aufgeben, dachte er verbissen. Niemals aufgeben.

„Siebenundzwanzig, achtundzwanzig", zählte Ali die Liegestütze laut mit, und rief, während er selbst scheinbar mühelos weiter pumpte: „Nicht schlappmachen, du hörst! Neunundzwanzig! Dreißig! Noch einen! Einunddreißig! Noch zwei: Zweiunddreißig! Dreiunddreißig! Einer geht noch! Vierunddreißig!"

Als dem Jungen die Arme wegknickten und sein Gesicht auf dem feuchten Sand lag, rügte der Trainer: „Schwach, bei siebenunddreißig standest du, stimmt. Zum letzten Sparring, Kalinke, hat dich in die Mangel genommen, keine Überraschung."

Ali schaffte neunzig Liegestütze. Er schüttelte seine Arme und Beine aus, setzte sich neben Boris in den Sand und sagte: „Sage dir, was ein Mann wissen muss, klar."

„Ja", sagte Boris. „Klar doch."

„Also", sagte Ali. „Der alte kubanische Fischer, Santiago, hab erzählt, von ihm, du weißt."

„Ja", sagte Boris. „Das hast du."

Der Junge erinnerte sich an die Geschichte, die Ali an einem Pioniernachmittag geradezu andächtig wiedergegeben hatte, als wäre er dabei gewesen. Boris hatte sich das Buch dann ausgeliehen. Der alte Mann war vierundachtzig Tage vergeblich zum Fischfang aufs Meer gefahren. Er schlief in seiner armseligen Hütte und lebte von dem, was die Nachbarn ihm abgaben. Am fünfundachtzigsten Tag fuhr er mit seinem kleinen Boot wieder hinaus und harpunierte endlich den großen Fisch. Drei Tage und Nächte kämpfte er mit dem Schwertfisch. Und als er zu siegen glaubte, jagten ihm die Haie seinen Fang ab.

„Der Hemingway, lässt Santiago sagen, was Sache ist. Das zählt, nur das."

„Ja, Ali, sag´s mir."

"Aber der Mensch darf nicht aufgeben. Man kann vernichtet werden, aber man darf nicht aufgeben."

Alis Blick tastete den eigenen durchtrainierten Körper ab, als wollte er sich bestätigen, dass er einem Kampf auf Leben und Tod gewachsen war. Er nickte, schlug eine kurze Gerade knapp am Kinn des Jungen vorbei, und rief: „Deckung, Mann. Muss im Schlaf sitzen, muss sie. Der Gegner, schläft nicht, wenn er was drauf hat. Der Gegner, du weißt wer?"

„Das weiß ich", beeilte sich der Junge zu antworten. Er schmeckte fauligen Fisch, Sand knirschte zwischen seinen Zähnen, ihn fröstelte. „Aber immer, Ali."

Ali wies mit ausgestrecktem Arm aufs Meer hinaus. „Drüben, uns gegenüber, ist Schweden. Links Dänemark. Scharf links Westdeutschland. Denk nicht, dass die da drüben pennen, niemals. Heißt wie? Also."

„Vorwärts und nie vergessen", sagte der Junge schneidig. „Wessen Straße ist die Straße? Wessen Welt ist die Welt? Wir oder die? Seid bereit!"

Der Pionierleiter nickte und lachte. Sie schwiegen, der Junge fror, er spannte die Muskeln an. Ali pfiff leise einen Schlager. Hinter ihnen war die Sonne schnell aufgestiegen - als würde vom Land her eine blutrote Fahne auf der grünen Wasseroberfläche ausgerollt.

„Was stimmt nicht, was?", fragte Ali unvermittelt.

Boris duckte sich, er wollte antworten, fand aber kein Wort.

„Geht schon", sagte Ali. „Muss gehen."

„Meine Mutter", sagte Boris schließlich. „Sie ist ..."

„Weiß", sagte Ali. „Tut weh, weiß."

„Sie ist – weg."

„Weg?"

„Aus meinem Kopf. Einfach weg. Ich meine, ich kriege sie nicht mehr - zusammen. Ihr Bild – nur noch ein dunkler Fleck ..."

Ali nickte. „Klar", sagte er nach kurzem Schweigen. Er nickte abermals, sagte fest: „Kriegen wir hin, geht schon."

„Ja", sagte Boris. „Ich weiß."

Ali wusste anscheinend über alles Bescheid, was das Geschehen in der Schule und darüber hinaus betraf. Manchmal fragte einer der Jungen scherzhaft, ob er vielleicht hellsehen könne. Ali sagte lachend, dass kleine graue Männlein ihm ab und zu was zuflüstern würden.

Boris hatte den Großeltern von Alis erstaunlichen Fähigkeiten erzählt. Die hatten sich angesehen. Anna wandte sich wieder ihrer Arbeit zu. Bruno meinte, Boris solle nur einfach seine Sache machen und nicht rumreden. Gahlich, einer aus der Zehnten, ein Punk, der sich nach einem Indianerstamm „Mohawk" nannte und mit seinem farbenprächtigen Irokesenschnitt wie ein Gockel über den Schulhof stolziert war, hatte gesagt, dass die „kleinen grauen Männlein" bei der „Stasi" seien. Die würden den Leuten hinterherschnüffeln. Mohawk war für die Erweiterte Oberschule vorgesehen, verließ dann aber überraschend am Ende der zehnten Klasse die Schule. Es wurde getuschelt, keiner wusste wirklich was. Die Lehrer waren froh, dass Mohawk nicht mehr das „Gesamtbild" störte, bald war er vergessen.

Boris hatte dem Pionierleiter gleich vertraut, er war beeindruckt von seinem sicheren Auftreten. Ali besaß noch immer den Ruf eines fairen Boxers. An der Schule erzählte man sich Geschichten aus seiner aktiven Zeit. Für die Teilnahme an einem internationalen Turnier sollte er sogar einem nach ihm rangierenden Boxer den Vortritt gelassen haben. Weil er ihm mehr Chancen für den Titelgewinn eingeräumt hatte. Ali meinte, der Einzelne sei nur so viel wert, wie er der Gemeinschaft von Nutzen war. Er war stark und zäh, eben ein Kämpfer, er sagte von sich selbst, er sei hart, aber gerecht, und wer mit ihm ginge, würde unter den Siegern sein.

Sie saßen ein paar Minuten schweigend, den Blick aufs Meer gerichtet. Die eben noch rot glitzernde Oberfläche färbte sich golden, dann hellgrün. Selbst Ali, der sonst immer etwas anpacken und bewegen musste, saß reglos. Boris vergaß ihn, auch die Großeltern, die Mutter, das Dorf, sich selbst, einfach alles. Er hatte die Augen geschlossen und spürte das Streicheln des Windes. In ihm summte zärtlich eine Frauenstimme.

Wie von weit her kam Boris zu sich. Jungen aus dem Zeltlager sprangen schreiend in die Sandkuhle und kamen zum Strand heruntergerutscht.

4.

Die Zeit auf der Insel verging in schnell wechselnden Bildern. Am frühen Morgen pickten die Mädchen und Jungen sich wie Vögel aus dem Ei, sie schüttelten ihre Flügel und schon schwangen sie sich in die Lüfte. Am späten Abend landeten sie flügellahm wieder auf dem Erdboden und ließen sich in einen tiefen Schlaf fallen, um am nächsten Morgen das gleiche lustvolle Spiel zu wiederholen.

Mit jedem neuen Morgen fiel mehr Last von Boris ab. Das Gewesene blieb immer weiter zurück. Misstrauisch beobachtete er eine Szene wie aus einem Film über eine vergangene Zeit. Nach dem Waschen und dem Morgenappell fuhr täglich um die gleiche Zeit ein Tafelwagen am Essenszelt vor. Ein mächtiger rotbrauner Ochse ging im Geschirr, die großen Augen ausdrucksleer. Eine Frau mit grimmigem Männergesicht sprang gewandt vom Kutschbock und schlug mit einem Treibstock dem Tier zwischen die Hörner, dass es stehen blieb. In ihrem schmutzig-gelben Overall wirkte sie wie eine Wespe, die schlank und emsig umhersurrte. Sie zog die Milchkannen von der Ladefläche und stellte sie in schnurgerader Reihe vor dem Zelteingang auf. Mit schroffer Gebärde lehnte sie jede Hilfe ab. Wenn sie die leeren Kannen aufgeladen hatte, drosch sie abermals mit dem Stock gegen den mächtigen Schädel des Ochsen. Bevor der anruckte, kletterte sie zurück auf den Kutschbock, hatte gleich die Zügel fest in der Hand und knallte mit der dünnen Peitsche. Jedes Mal wichen alle Umstehenden instinktiv zurück. Im gemächlichen Trott des Ochsen entfernte sich der Wagen. Einige der Umstehenden rissen nun Witze darüber, dass sie die Milch nicht in den üblichen Beuteln oder Flaschen, sondern frisch aus der Kuh geliefert bekämen. Und was dieser klapprige Ochsenkarren überhaupt solle? Die Bauern hätten doch genug Autos und überhaupt das meiste Moos. Boris schaute dem Gefährt fasziniert, aber auch abwehrend hinterher, bis nur noch das gelegentliche Scheppern der Kannen zu hören war.

Ali ließ sich jeden Tag etwas einfallen, mit dem er seine Schützlinge überraschte. Die Jungen und Mädchen schwammen morgens und abends in der Ostsee, spielten Volleyball, Fußball und Tischtennis. Sie setzten aufs Festland über und besuchten das mittelalterliche Stralsund mit seinen zahlreichen Toren, Kirchen und Türmen. Im Meeresmuseum standen sie stumm vor einem fünfzehn Meter langen Skelett eines Finnwals. Bei einem Bummel durch das Inselstädtchen Sassnitz besichtigten sie im Fischereihafen die nasskalten und dämmrigen Hallen der Fischverarbeitung. Junge und alte Frauen mit weißen Haarnetzen, langen Gummischürzen und in klobigen Stiefeln sortierten die Fische und verpackten sie in Kisten. Die Frauen sprachen, wenn überhaupt, knapp miteinander. Kaum eine sah mal hoch. Auch die Besucher verstummten angesichts der Düsternis, der klammen Luft und des scheinbar unter die Haut gehenden Fischgeruchs. Wieder im Licht sahen sie vom Kai aus sehnsüchtig der Eisenbahnfähre nach dem schwedischen Trelleborg hinterher. Auf dem Jasmunder Bodden setzten sie mit einem Kutter nach Ralswiek über. Hier wurde in einer Bucht zu den Festspielen die „Ballade von Klaus Störtebeker" aufgeführt. Ali hatte die spannende Geschichte des Seeräubers, der auf Rügen geboren sein sollte, am Lagerfeuer erzählt: Der Störtebeker hatte im Streit seinen Brotherrn erschlagen, war unter Piraten geraten und selbst zum Anführer der legendären Vitalienbrüder geworden. Schließlich hatte man ihn gefasst und enthauptet. Irgendwo auf der Insel sollte er einen Schatz vergraben haben. Für die Boxgruppe war täglich eine Stunde Training angesetzt. Ali sagte, dass er den Jungen den nötigen Schliff geben würde. Der sollte die Muskeln härten, die Lungen dehnen, den Biss schärfen und vor allem das Kämpferherz formen. Der Körper brauche Kultur, vor allem, klar doch.

An einem Tag voller steifer Böen wanderten sie auf den steil zum Meer abfallenden Kreidefelsen über das Nordkap der Insel.

An den Ruinen des Walles einer Tempelburg gebot Standke Halt. Der Lehrer ließ wissen, dass sich hier die Jaromasburg mit dem Standbild des slawischen Gottes Swantewit befunden habe. Elfhundertachtundsechzig sei sie vom dänischen König Waldemar I. zerstört worden.

Die nüchternen und nicht enden wollenden Wissenskundgebungen des Geschichtslehrers erzeugten bei den Schülern gähnende Langeweile. Die Jungen lenkten sich mit versteckten Rempeleien und dem Erzählen von Witzen ab. Die Mädchen traten von einem Bein aufs andere, hauchten in die Hände und steckten die Köpfe zusammen. Alle sehnten sich nach einer heißen Suppe aus der Feldküche, die sie im Lager erwartete.

Boris sah hinüber zu einem weitläufigen Gelände, das mit Stacheldraht umzäunt war. Schilder, die das Betreten strengstens untersagten, wiesen auf ein Militärgelände hin. Malisch stand massig neben ihm, nickte zu den beiden Leuchttürmen hinüber, die aus dem Gelände hoch herausragten, und sagte sehnsuchtsvoll: „Von da oben kann man bestimmt große Kähne sehen. Wie sie die Ostsee durchs Kattegat und Skagerrak verlassen. Über die Nordsee in den Atlantischen Ozean. Mit ein bisschen Glück ums Kap Horn. Hinein in den Pazifischen Ozean bis zu den Cookinseln."

Malisch malte mit eindringlichen Worten die Koralleninseln farbig aus, er erzählte von freundlichen Polynesiern, deren höchster Gott Io war. Sie sollten tatsächlich Kannibalen gewesen sein. Von weiten schneeweißen Stränden sprach er, vom Singsang des Seewindes in hohen Palmen. Von Held Maui, dem es gelungen war, sogar die Sonne vom Himmel zu holen, dass die Tage der Menschen länger wurden.

Boris musterte Ralph Malisch aus den Augenwinkeln. Der blasse Junge wirkte für gewöhnlich wie frisch gebadet. Sein voluminöses weiches Aussehen wurde unterstützt von einer Löwenmähne aus schimmernden hellen Haaren, die bis auf die Schultern herabfielen. Vom Direktor der Schule bekam er dafür scheele Blicke. Lehrer Standke hatte ihn zur Hofpause im Kreis der Jungen gefragt, was er denn mit einem solchen „Wirrkopf" bewirken wolle? Malisch hatte sich weggedreht und war ins Schulgebäude zurückgegangen.

Was Malisch da redete, wollte nicht zu ihm passen. Die Jungen im Dorf riefen ihn „Tunte", seitdem sie ihm am gefluteten Tagebau die Badehose heruntergezogen hatten. Sie schrien, dass „sein Pimmel verkümmert" wäre und er „Titten wie ein Weib" hätte. Sie hatten ihn in die Brustwarzen gekniffen und herumgestoßen. Möbius hatte sich auf ihn geworfen. Unter den Anfeuerungsrufen der anderen hatte er getan, als sei Malisch ein Mädchen, mit dem er Geschlechtsverkehr ausübte. Malisch war es schließlich gelungen, seine Sachen aufzuraffen und zu entkommen. Boris hatte abgestoßen zugesehen. Am Abend dann, als er mit den Jungen ins Dorf zurückkehrte, hatte er Malischs Fahrrad an das Haus gelehnt, in dem der Junge mit seinen Eltern wohnte.

Boris schluckte, er verspürte mit einmal Fernweh und sagte abwehrend: „Aber was willst du denn dort?"

Auf Ralph Malischs Gesicht kehrte das Lächeln zurück, das seine Gegenüber auf Distanz hielt.

„Was soll denn dort schon Großartiges sein?"

Malisch zuckte mit den abfallenden Schultern, sagte dann: „Das Paradies."

„Das Paradies? Ja, was soll denn das sein?"

Malisch errötete. „Natürlich nicht Gott, Adam und Eva und so was."

„Was denn dann?"

Malisch ging in die Hocke und legte einem Käfer einen Stein in den Weg, den der flink überkletterte. Boris wollte sich schon abwenden, da sagte der Junge: „Ich meine einen Ort, wo du – frei bist."

„Frei?"

Boris erinnerte sich, dass der Vater von „frei sein" und „Freiheit" gesprochen hatte. Die Eltern waren darüber oft in Streit geraten. Es waren böse Worte gefallen. Einmal hatten sie aufeinander eingeschlagen. Wenig später waren beide in sein Zimmer gekommen. Die Mutter hatte Boris umarmt, dass es ihm wehtat. Der Vater, sonst sparsam mit Berührungen, hatte ihm eine Hand auf den Kopf gelegt.

„Du spinnst ja, Malisch."

Boris ging ein paar Schritte zur Seite. Die Erinnerung tat immer noch weh. Er schloss die Augen. Da spürte er eine Hand auf der Stirn, schmal und warm. Für den Moment wusste er nicht, ob die Berührung wirklich war oder der Vergangenheit angehörte.

Er hörte Lachen, riss die Augen auf und stieß das Mädchen weg. Es war Ulrike Blau, die sie Ulli riefen, sie kam aus einer Schule des Nachbarortes. Er hatte sie erst hier beim Volleyball kennengelernt. Sie spielten gut zusammen, er gab die Vorlagen für ihre hart geschlagenen Schmetterbälle. Bisher hatten sie sich nur Kommandos zugerufen wie: „Aufpassen!", „Jetzt!" und „Hier!" Wenn ihnen ein Punkt gelungen war, trafen sich kurz ihre Blicke. Früher hatte er sich nichts aus dem Ballspiel gemacht. Jetzt konnte er nicht genug bekommen. Es machte ihn stolz, wenn Ulrike Blau ihn als Ersten für ihre Mannschaft auswählte.

„Entschuldige", sagte Ulli und zupfte eine schwarze Haarsträhne unter ihrer Strickmütze hervor, was ihr kesses Aussehen betonte. „Die dummen Hühner haben mich geschubst." Sie schimpfte auf Russisch: „Ty ssuma ssaschla!"

Die Mädchen lachten und riefen: „Verrückt sind wir nicht! Ulli liebt Boris! – Boris liebt Ulli!"

„Glaub ihnen kein Wort." Ulli drohte den Mädchen mit der Faust und lachte mit. „Die sind doch alle schwer krank."

Boris drängte sich an ein paar Jungen vorbei. Nun stand er wieder neben Ralph Malisch.

„Hast du was mit der?"

„Dummes Zeug", entgegnete Boris. Das sagte Anna immer, wenn sie über eine Sache nicht mehr reden wollte. Dann lenkte er ein: „Wie hast du das eigentlich gemeint vorhin?"

„Was denn?"

„Mit dem Ort. Wo man - frei ist?"

„Du weißt doch. Malisch spinnt manchmal ein bisschen."

Boris fragte nicht weiter. Er kannte das von sich selbst. Wenn ihn jemand bedrängte, verschloss er sich. Es gab sowieso keinen Ort, wo man frei war. Was war überhaupt *frei sein*? Fliegen vielleicht. Wer konnte schon fliegen? Aus eigener Kraft. Menschen jedenfalls nicht. Die Vögel konnten es. Und Engel. Jetzt fing er auch noch zu spinnen an. Wie dieser schwabbelige Junge.

Standke beendete endlich seinen Vortrag, dem er schließlich nur noch selbst zugehört hatte. Mit Ali voran verließen sie das Nordkap. Sie liefen in einer langen Schlange, die bald in kleine Gruppen zerfiel, zum Lager zurück. Boris und Malisch gingen am Ende nebeneinander her. Der milchgesichtige Junge blickte manchmal zurück, wo die Entfernung Land, Meer und Himmel eins werden ließ und ins Unendliche verschob.

Obwohl Ulrike Blau weit vorn lief, trug der Wind Fetzen ihres Lachens zu Boris heran. Dann lief er unwillkürlich schneller. Nach ein paar Schritten zwang er sich stehen zu bleiben und passte sich erneut Malischs gemächlichen Schritten an.

Boris sah zu Ulli und dachte an Vera, ein Mädchen aus der Stadt, mit dem er vor ein paar Wochen zusammengekommen war. Sie hatte im Frühjahr Verwandte, die in Lerchau in der Genossenschaft arbeiteten und nebenher etwas Vieh hielten, besucht. Im Dorfkonsum, wo Boris für die Großmutter den Einkauf erledigte, hatte das Mädchen ihn gefragt: „Soll ich mein letztes Geld für Eis oder für meine Lieblingsbonbons ausgeben?" Bis zum kleinen Gehöft der Großeltern war sie neben ihm hergegangen. Er hatte sie dann zum Grundstück ihrer Verwandten gebracht. Ihre Mutter wartete bereits, um sie mit zurück in die Stadt zu nehmen. Vera hatte noch schnell Namen und Adresse auf die inzwischen leere Bonbonschachtel gekritzelt und gesagt: „Schreib doch mal. Ich bekomme gern Briefe."

Der erste Brief war Boris schwergefallen, obwohl er nur aus vier Worten bestand: *Wie geht es Dir?* Vera hatte ihm gleich geantwortet, ihre Unbekümmertheit gab ihm schnell das Gefühl von Nähe. Fast täglich gingen zwischen ihnen Briefe hin und her.

Boris erzählte keinem von ihr. Die Post fing er bei der Briefträgerin ab. Mit den derben und prahlerischen Geschichten und Witzen, die die Jungen einander über Mädchen erzählten, konnte er nichts anfangen. Er lachte mit, um nicht aufzufallen und womöglich in den Mittelpunkt ihres Spotts zu geraten. Niemals hätte er sich einem von ihnen anvertraut. Dann passierte das mit seiner Mutter. Vera hatte gefragt, warum er denn nicht mehr auf ihre Briefe antworten würde? *Was ist denn bloß los, Junge?* Er hatte keine Worte mehr für sie gefunden.

„Na, los doch", mahnte Malisch. „Der große Chef hat´s nicht gern, wenn einer zurückbleibt."

„Weiß", sagte Boris. „Komme schon."

5.

Boris starrte auf die fleckige Zeltplane, er neidete seinen drei Mitbewohnern die regelmäßigen Atemzüge. In seinen Gedanken tauchten im schnellen Wechsel die Gesichter der beiden Mädchen auf. Vera und Ulli. Jede sah ihn fragend an.

Er kroch aus seinem Schlafsack und tastete sich nach draußen. Unter den Fichten und Kiefern war die Luft unwirklich blau, scheinbar aus feinem Glas, das bei jeder Bewegung leise zu singen schien. Vom Meer her klang es herauf wie das entspannte Ausatmen eines gewaltigen Wesens. Dem Jungen war, als müsste er etwas suchen, von dem er noch nichts wusste.

Er ging den gewohnten Weg zum Waschplatz. Hier fanden auch die morgendlichen Appelle statt. Am Waldrand stand eine hüfthohe und mehrere Meter lange Zinkwanne. Über ihr verlief ein Rohr mit eine Reihe von Wasserhähnen, von denen nur noch ein paar gebrauchsfähig waren. Am Ende der Lichtung standen neben einem Abfallcontainer zwei aus Bohlen und Brettern zusammengenagelte Toilettenhäuschen. In das raue Holz waren jeweils die Symbole für Frauen und Männer und eine Vielzahl eher karikaturistischer Abbildungen des Geschlechts eingeritzt. Etwas weiter weg befand sich ein drittes etwas komfortableres Häuschen, für das nur die Betreuer einen Schlüssel hatten. Jeden Morgen standen an den beiden Häuschen Mädchen und Jungen in getrennten Reihen Schlange, erzählten Witze, lachten lauthals und tauschten Neuigkeiten aus. Ab und zu rannte ein Junge oder Mädchen mit auf den Unterleib gepressten Händen in den Wald, vom Johlen der Zurückgebliebenen begleitet.

Das Mondlicht fiel auf einen Spiegel, der an einem überhängenden Ast mit einer Schnur befestigt war. Das Glas war stellenweise trübe, an den Rändern waren noch Spuren eines goldlackierten Holzrahmens. Als Boris an den Spiegel herantrat, begann der lautlos zu drehen. Der Junge hielt ihn fest und näherte sein Gesicht vorsichtig dem Glas. Noch nie hatte er so bewusst in einen Spiegel geblickt. Er sah in ein fremd anmutendes Jungengesicht: Helle, wegen der ungeliebten Locken kurz geschnittene Haare. Auf der Nase und auf den Wangen unter der Bräune Sommersprossen. Trockene, leicht geöffnete Lippen. Ein ausgeprägtes Kinn, aus dem Ali auf starken Willen und „Nehmerqualität" geschlossen hatte.

Boris blickte seinem Gegenüber in die Augen, sagte leise: „Na du?" Das vertrauliche Augenzwinkern erwiderte er nicht.

Die Gesichter der beiden Mädchen waren in den Hintergrund gerückt. Im Vordergrund war das Gesicht des Jungen aus dem Spiegel. Er ging zurück ins Zelt, es dauerte nicht lange, da war er eingeschlafen.

6.

Am nächsten Morgen, beim Appell unter der blauen Fahne der Thälmannpioniere, fing Boris einen Blick Ullis auf. Die beiden Mädchengesichter verdrängten wieder sein eigenes Bild. Die Unruhe kehrte in ihn zurück, eine Frage bedrängte ihn, die er nicht formulieren konnte.

Er blickte zu Ali, der schallend sein Lieblingslied anstimmte: *„Von all unseren Kameraden ...!"*

Die Jungen und Mädchen stimmten willig ein, dass der Chor weithin schmetterte: *„ ... war keiner so lieb und so gut, wie unser kleiner Trompeter, ein lustiges Rotgardistenblut ...!"*

Ullis dunkle Augen, in denen ein Lachen hüpfte, blickten Boris unverwandt an.

„… Da kam eine feindliche Kugel bei einem fröhlichen Spiel; mit einem seligen Lächeln unser kleiner Trompeter, er fiel!"

Boris hatte Mühe einen Rempler auszubalancieren. Kalinke hatte sich vor ihm aufgebaut. Er war etwas kleiner als Boris, aber muskulöser, sein Gesicht war hart und kantig, als sei es aus hartem Holz und noch nicht fertig geschnitzt.

Kalinke drohte mit mühsam beherrschter Stimme, die männlich tief, aber zwischendrin mädchenhaft hoch klang: „He, Pflaume, geh mir aus dem Weg. Misch dich bloß nicht ein."

„Da nahmen wir Hacke und Spaten und gruben ihm morgens ein Grab, und die ihn am liebsten hatten, sie senkten ihn stille hinab!"

Boris erschauerte jedes Mal, wenn sie das Lied sangen. Er konnte nicht verstehen, dass sie so laut und fröhlich sangen, wo doch einer von ihnen tot war.

„Du bist doch kein Idiot." Kalinke drückte ihm die Faust in den Rücken. „Oder soll ich dich erst fertigmachen?"

„Schlaf wohl, du kleiner Trompeter, wir waren dir alle so gut, …"

Boris verstand nicht. Das war auch egal. Er konnte Kalinke einfach nicht ausstehen. Schon bei ihrer ersten Begegnung im Klassenzimmer hatte der Kraftprotz ihm zu verstehen gegeben, dass er das Sagen hatte. Kalinke war immer verschwitzt, in der Schule hatte er jeden Tag ein frisches Hemd an. Boris fand, er roch dennoch wie ranziges Fett.

„… schlaf wohl, du kleiner Trompeter, du lustiges Rotgardistenblut!"

Boris sah zu Ulli hinüber und sagte: „Du stinkst, Kalinke."

Kalinke schlug zu. Boris konnte noch die Deckung hochreißen. Doch der folgende Haken traf seine Leber, der Schmerz krümmte ihn, er umklammerte seinen Gegner, kippte aber doch weg. Kalinke schlug weiter, er war wegen seiner Gewaltausbrüche auch von den Älteren gefürchtet. Es hieß, dass er sich eher totschlagen lassen als aufgeben würde.

In Boris rotierten rote Spiralen. Er wurde hochgerissen. Der Pionierleiter hatte ihn und Kalinke an den Kragen ihrer Trainingsanzüge gepackt und schüttelte sie wie junge Hunde. Frau Wieland, eine greisenhaft wirkende Betreuerin, die man auch „das Denkmal" nannte, bekam einen Schreianfall. Sie konnte sich nicht wieder beruhigen, kreischte, heulte und zuckte am ganzen Körper. Standke und eine junge Lehrerin führten sie weg. Noch von weitem klang es wie eine Sirene durchs Lager.

Alle blickten befremdet zu Boden. Von Frau Wieland wusste man, dass sie wegen ihrer Mitgliedschaft in der Kommunistischen Partei und ihrem Widerstand gegen die Nazis ins KZ Buchenwald gekommen und erst am Kriegsende befreit worden war. Sie war mehrfach in die Schule eingeladen worden, um von ihrer Leidenszeit im Konzentrationslager zu berichten. Als sie in der Aula vor all den Lehren und Schülern stand, hatte sie kein Wort rausgebracht und war schließlich von der Bühne gewankt.

Die Aufregung legte sich langsam, allgemeine Verwirrung blieb zurück. Die Gruppe unternahm einen Ausflug in ein Waldstück, wo ein Geländespiel vorbereit war. Der Pionierleiter hatte Boris und Kalinke mit Lagerarrest bestraft. Sie mussten inzwischen die Plumpsklos leeren und Wasserhähne reparieren. Ali wollte am Abend die „Latrinen piekfein wie im Interhotel" vorfinden.

Für Ali wäre der Vorfall damit erledigt gewesen. Aber Standke, den die Schüler insgeheim „Dschugaschwili" - nach dem Geburtsnamen des ehemaligen Sowjetdiktators Stalin - nannten, mischte sich ein. Dschugaschwili galt als „harter Hund", er nahm alles politisch und war für strenge Strafen als „erzieherisches Mittel proletarischer Bewusstseinsbildung". Dem aschgrauen Gesicht des Geschichtslehrers konnte man keine Regung ansehen. Seine Stimme, Dschugaschwili war Kettenraucher, klang heiser, wie von einem alten Tonband, das Höhen und Tiefen nur noch verwischt wiedergab. Wenn er sich aufregte, schnappte sie manchmal in ein ebenso lächerliches wie unerträgliches Fisteln über.

Dschugaschwili erklärte: „Die beiden Rowdys müssen umgehend nach Hause geschickt werden. Sie haben beim Morgenappell die Fahne der Pionierorganisation geschändet. Der zunehmend ins sozialistische Lager herüberschwappenden westlichen Verderbtheit der Jugend muss entschieden Einhalt geboten werden."

Der Lehrer ordnete eine Versammlung der Erwachsenen im Essenszelt an, das auch zum Verarzten von kleinen Verletzungen diente. Bei schlechtem Wetter saßen hier die Betreuer bis in die Nacht zusammen. Auf einen Wink Kalinkes schlich Horst, sein ständiger Begleiter, zu dem großen Zelt und presste seinen Kopf seitlich an die Plane. Bald gab er aufgeregt Zeichen, und nach Kalinke pirschten sich auch die anderen ans Zelt heran. Drinnen wurde gestritten, hauptsächlich waren Alis und Dschugaschwilis erregte Stimmen zu hören. Dann rief jemand dazwischen, noch unsicher, aber beim zweiten Zwischenruf entschiedener. Es war Mathemüller, der im Unterricht strohtrocken, aber gut nachvollziehbar die Rechenwege erklärte und sonst taub und stumm zu sein schien. Er klang wie beim Unterrichten sachlich, aber jetzt auch zögerlich, als er sagte: „Bitte, Kollegen, wir sollten nicht zu streng urteilen. Es sind immerhin noch – Kinder. Und wer von uns ist schon ohne Fehl und Tadel."

Boris und Kalinke tauschten einen ungläubigen Blick. Von der Seite hatten sie keine Hilfe erwartet.

„Mathemüller", raunte Kalinke verächtlich. „Der soll sich bloß nicht die Kreide abbrechen."

Dschugaschwili hatte etwas geantwortet, was nicht zu verstehen gewesen war. „Maul halten", drohte Kalinke den anderen Lauschern, obwohl er ja dazwischengesprochen hatte.

Der Mathelehrer sprach weiter, seine Stimme klang jetzt fester: „Und überhaupt, Kollegen. Ist das nicht ein bisschen zu viel – Drill in unserem Zeltlager? Die Kinder – unsere Schüler, die sind doch zur Erholung hier."

„Drill?", war Ali zu hören. „Verstehe nicht."

„Nun ja, ich meine nur ..." Mathemüller druckste, doch dann verfiel seine an sich hohe Stimme in einen Bass: „Ich habe mich gestern in anderen Pinonierlagern auf der Insel umgesehen. Ich muss sagen, keine Spur mehr von den Sechziger- und Siebzigerjahren. Dort geht es viel – lockerer zu."

Unter den Jungen und Mädchen kam Unruhe auf.

„Schnauze", gebot Kalinke.

„Lo – cke – rer", wiederholte Dschugaschwili, und es klang so, als hätte er das Wort mit Kopfstimme gesungen. „Haben Sie *lockerer* gesagt, Kollege Müller?"

„Ich – meinte – wollte sagen ... Ja, ich sagte *lockerer*, Kollege Standke."

Im Zelt klapperte Geschirr, dann war es sekundenlang still, schließlich war Standkes rasselnder Atem zu hören, er sagte wie von einem hohen Podest herab: „Es dürfte auch Ihnen, Kollege Müller, als Lehrer für Mathematik, nicht unbekannt sein, was *locker* für Synonyme hat: *lose, nicht fest, durchlässig, wackelig*, ja, und *lotterig*."

„Jetzt geht der Müller auf die Bretter", kommentierte Kalinke. „Der hat doch nichts drauf."

Keiner widersprach. Auch Boris schätzte, dass der Mathelehrer nun wieder in der Versenkung verschwinden würde. Umso erstaunter war er, als Müller geradezu temperamentvoll widersprach: „Ich möchte Sie nicht belehren, Kollege Standke. Aber neben den eher negativen sinnverwandten Wörtern, gibt es durchaus auch positive: *Aufgelockert. Entspannt. Natürlich. Nicht starr, gelöst. Ungezwungen* und *unverkrampft*."

Boris wusste nicht warum, aber er spürte etwas wie Freude, oder war es Genugtuung? Er hatte weder für Standke noch für Müller viel Symphatie, den einen fürchtete er, der andere war ihm gleichgültig. Er hätte gern zu Ulli gesehen, deren Nähe ihn in Aufregung versetzte, die ihn zugleich beglückte wie ängstigte. Aber er wagte es nicht, als könnte er etwas von sich verraten, das ihm selbst noch nicht klar war.

Standke schnauzte, was sonst nicht seine Art war, da er auch mit gequetschter Stimme nachdrückliche Wirkung zu erzielen wusste. Seine Worte, in kurze Sätze verpackt, waren wie Geschosse, die Müller ein für alle Mal mundtot machen sollten. Er sprach davon, dass die „westliche Lockerheit" nur alle im menschlichen Leben notwendigen Formen und Normen aufweichen würde. Im „Flitterangebot" des sogenannten „Freien Marktes" würden die in Kaufrausch geratenen Kosumenten jeglichen revolutionären Geist verlieren. Der in zwei Weltkriegen missbrauchte Mensch würde wieder zur knetbaren Masse, von den Ausbeutern zu Ausgebeuteten geformt. *Lockerheit* brächte dem Sozialismus nichts als Instabilität und Zersetzung. Er, Standke, werde es fortan nicht hinnehmen, dass im Lehrerkollegium Ideengut des Klassenfeindes als Möglichkeit sozialistischer Lebensweise angepriesen würde.

Dschugaschwili hatte nicht lange gesprochen, aber seine Rede schien nachzuhallen, es herrschte im Zelt und davor Schweigen. Alis unterstützende Worte von Disziplin, Selbsthärtung und Kampfeswillen wirkten dagegen nur noch wie ein zu spät kommender überflüssiger Anhang.

Im Zelt klirrte wieder Geschirr, Kaffeeduft breitete sich aus, jemand kam zum Eingang. Die Lauschaktion wurde augenblicklich beendet, die Beteiligten brachten sich in sichere Entfernung.

Kalinke beorderte nun zwei Jungen als Späher und Bote zum Essenszelt. So erfuhren alle, um die Feuerstelle sitzend, vom weiteren Verlauf der Verhandlungen. Im Zelt schienen sie zu keiner einheitlichen Meinung zu kommen. Bis schließlich Paulchen mit hoch erhobener Faust gerannt kam und schon von weitem rief: „Ihr müsst nicht nach Hause fahren! Ali hat gegen Dschugaschwili einen Punktsieg gelandet!"

Boris und Kalinke boxten die Fäuste gegeneinander. Für den Augenblick waren alle Feindseligkeiten vergessen. Wie sich später herausstellte, hatte Frau Wieland das Kräftemessen zwischen Ali und Standke entschieden. Sie war vom Stuhl hochgefahren, hatte sich die Hände auf die Ohren gedrückt und gesagt, dass es nun gut sei, sie wolle nichts mehr von alldem hören. Der mit hohen Auszeichnungen dekorierten Antifaschistin, die selbst mit dem Staatsratsvorsitzenden und maßgeblichen sowjetischen Genossen bekannt war, wagte niemand zu widersprechen.

7.

Als der Pionierleiter zu den Mädchen und Jungen trat, wurde er mit Beifall begrüßt. Ali verkniff sich ein Lächeln, winkte ab und sagte, dass die beiden Raufbolde die Angelegenheit sportlich lösen sollten. Es sei Zeit, dass Kalinke wie Boris in einem fairen Boxkampf den eigenen Standort bestimmten. Termin sei in drei Tagen, die beiden hätten also ausreichend Zeit sich vorzubereiten. Frau Wieland würde morgen abreisen, sie sei ja nicht mehr die Jüngste, das Küstenklima mache ihr zu schaffen.

Hinsichtlich des bevorstehenden Kampfes warf Kalinke seinem Gegner einen triumphierenden Blick zu und stieß kraftvoll die Faust in die Luft.

Boris verließ den Kreis, stieg die schmale Treppe zum Strand hinunter und kauerte sich vor die gemächlich heranrollenden Wellen. Wenig später hockte Ali sich neben ihn und sagte schroff: „Angst, oder was?"

„Ich weiß nicht", antwortete Boris. „Ich habe keine Angst."

„Dann was?

Boris nahm einen Stein auf und warf ihn flach übers Wasser, dass es siebenmal in der untergehenden Sonne bunt aufspritzte.

„Nur zwei Dinge, die ein Mann zu fürchten hat", sagte Ali. „Angst und Frauen, weiß ich. Also Frauen."

„Weiß nicht."

„Ist so."

Ali warf einen Stein, der weiter hinten im Meer versank als der von Boris.

Der Junge dachte, dass für den Trainer alles Kampf war. Da war immer ein Gegner, mit dem er seine Kräfte messen musste. Boris wusste nicht, ob er das auch wollte, ständig kämpfen und siegen müssen. Er nahm einen zweiten Stein, richtete sich auf und warf ihn weiter als die beiden Steine zuvor.

„Nicht schlecht, Kämpfer. Sag´s doch."

Ali wog einige Steine in der Hand, ließ sie fallen, bis er dann einen für gut befand. Er nickte Boris kurz zu. Sein Oberkörper drehte sich geschmeidig zur Seite, und während er wie in Zeitlupe den linken Arm nach hinten streckte, die Hand mit dem Stein auf Kopfhöhe, hob er den gestreckten rechten Arm in scheinbar genau vorgegebenen Winkel. Zwei, drei Sekunden verharrte er. Mit einem Schrei schleuderte er den Wurfarm nach vorn und schnellte gleichzeitig mit dem Oberkörper in seine Ausgangslage zurück, wobei er den anderen Arm steil abfallend nach hinten riss. Sie hatten Mühe, mit ihren Blicken den Flug des Steines zu folgen. Aufschlagen sahen sie ihn nicht.

Boris nickte zugleich bewundernd und beschämt. Es machte keinen Sinn, noch einen Wurf zu versuchen, so weit würde er in seinem ganzen Leben keinen Stein werfen können. Er war erleichtert, dass das Kräftemessen vorüber war. Manchmal hatte er versucht, sich auszumalen, wie es wäre, wenn er Kalinke, ja vielleicht sogar Ali besiegen würde. Er hatte das nicht zu Ende gedacht, denn die Welt, von der er sich mühsam ein Bild machte, wäre nur wieder in Unordnung geraten. Zu oft schon musste er sich neu orientieren und Menschen und Dinge einordnen, um sich halbwegs zurechtzufinden.

„Was ist, also?", fragte der Trainer nach.

„Ich weiß nicht", sagte Boris, er wollte ja reden, ja. Ali wusste immer, wo es lang ging, selbst beim Nachtmarsch, wenn alle die Orientierung verloren hatten und keine Karte und kein Kompass mehr was nützten.

„Ich weiß nicht, was ist."

„Weißt schon."

„Da gibt es - ein Mädchen. Eigentlich sind es zwei. Die eine hier. Die andere dort. Weißt du, es ist – ich habe keine Ahnung, was da ist."

Ali nickte. Sie zogen die Schuhe aus und liefen nebeneinander im seichten Wasser. Es dämmerte, ohne dunkel zu werden. Vom Lager klang Lachen über die Klippe. Hier und da stand ein Angler im Wasser. Ein zottiger Hund lief schnüffelnd am Fuß des Steilhangs entlang. Ein paar Hundert Meter weiter blitzte es in unregelmäßigem Abstand vom Klippenrand auf. Der blendend gelbe Strahl eines Suchscheinwerfers huschte über sie weg den Strand entlang und aufs Meer hinaus.

Boris suchte nach Worten, er wollte reden, sich erklären, alles loswerden, diesem harten Pochen in sich eine Tür öffnen, es gab ja so viele Worte. Aber kein einziges erschien ihm tauglich, seinen Zustand zu beschreiben.

„Brauch keine Erklärung", sagte Ali. „Kenne das, alles. Musst nichts sagen, mir nicht."

Boris nickte eifrig. „Sag mir doch, was man da machen kann, Ali?"

„Eine Geschichte, kann ich erzählen", sagte Ali. „Überschrift: *Sandra*. Weiß man gleich, worum´s geht, aber immer."

Boris spürte, wie die Anspannung des Trainers sich auf ihn übertrug.

„Frauen", sagte Ali. „Thema für sich. Hab meine Lektion weg, sag ich. Also Sandra. Bin ein Großstadtkind. Aus einer Arbeiterfamilie. Vater ist Gießer. Fünfzig Grad, acht Stunden lang, Tag- und Nachtschicht, gestern, heute, morgen, du verstehst. Mutter im Konsum, an der Kasse. Drei Geschwister. Nicht ganz einfach, für alle. Die Partei, hat geholfen. Zuweisung einer Neubauwohnung. Kur für Vaters kaputte Lunge. Ich konnte studieren. Sportpädagogik, einwandfrei. Auch sonst, die Genossen waren immer da."

Ali schwieg, als wollte er Boris Gelegenheit geben, seine Worte zu bekräftigen. Schließlich sprach er weiter: „War Knirps, fing mit Boxen an. Vater meinte, das müsse man frühzeitig lernen: Einstecken und Austeilen. Der Kommunismus hätte viele Feinde. Der Arbeiter, müsse seinen Teil beitragen, sie in Schach halten. Die Halbstarken, lungerten an Ecken herum, qualmten die Lungen löchrig, inhalierten Westgeplärrr aus Kofferradios, ich los, zum Training. Jeden Tag. Gewann einen Kampf nach dem anderen. Hatte immer schon den nächsten Gegner im Blick. Auch beim Training. Immer."

Alis Stimme klang eisern, sie räumte keinen Widerspruch mehr ein. Boris hatte den Trainer nie boxen gesehen, aber er konnte sich vorstellen, mit welch unerbittlichem Willen er seine Kämpfe gewonnen hatte.

„Trainierte, in der Hochschule für Körperkultur", sagte Ali. „Neben der Boxhalle, probierten die Turner. Dienstag und Donnerstag, die Frauen. *Sandra*. Auf dem Balken. Alle Mann an der Tür. Boxer, Ringer, Handballer. Ich auch. Wusste nicht, wen das Mädchen im Blick hatte. Darfst raten, los."

„Dich?"

„Traf mich ohne Deckung, war so. Liefen uns nun ständig über den Weg. Bei den Duschräumen. Beim Pförtner. An der Straßenbahn. Sie sagt: „Grüß dich. Du kannst ganz schön zuhauen. Ich habe dir beim Kampf zugesehen."

Im schmalen Gesicht des Trainers traten knotig die Wangenmuskeln hervor. Ali lachte abweisend, sagte „Sandra", als stände er vor einem unlösbaren Rätsel. Er sprach weiter, als wollte er es schnell hinter sich bringen: „Jeden Tag, waren wir zusammen. Disco. Kino. Eisdiele. Fußball. Schwimmen. Theater. Was losgehen, musste immer. Sie, konnte nicht genug kriegen. Ich, vergaß alles. Meinen Sport. Meine Eltern. Meine Partei. Meinen Kampfauftrag. Mich selbst. Wollte nur noch sie, nur sie."

Ali schlug einen Aufwärtshaken, ließ einen Schwinger folgen und stieß verächtlich hervor: „Kurz: Wurde eine Null. Als ich eine Lusche war, ließ sie mich sitzen. Mit einem Ringer. War gerade Europameister geworden. Sandra."

Ali hob selbstanklagend die Stimme. „Fiel mir alles wieder ein. Meine Eltern. Meine Partei. Mein Sport. Mein Ziel. Hatte alle verraten, war klar. Trainierte wieder. Härter als vorher. Unmenschlich hart, härter."

Der Trainer holte aus, als wollte er sich selbst niederschlagen. „Vorbei. Kleine Erfolge noch. International, Ende, aus. Zu spät, alles. Die Frau. Der Biss, war weg. Sandra. War so."

„Jetzt, hör zu, Kämpfer." Der Trainer blieb stehen, legte Boris die Hände auf die Schultern und sah ihn zwingend an. „Gegen Kalinke, wirst antreten. An Mädchen, denk nicht. Aus dem Kopf, schlag sie dir. Denk an den Kampf. Den Sieg, nur das."

Boris fröstelte, ihm war heiß. Das war wohl der *heilige Ernst der gerechten Sache*, von dem er gehört und der ihn nun erfasst hatte. Er hob die Hand zum Schwur und sagte mit fremder Stimme: „Ja, Ali!"

„Tipp", sagte der Trainer. „Im Ring, vergiss Kalinke, wer dein Gegner auch ist. Was gilt?"

„Wir oder die!"

Ein paar Meter vor einem militärischen Sperrschild kehrte Ali um. Sie liefen zurück durch vielfach gebrochenes Licht, als wäre über die Insel ein feinmaschiges Netz gespannt. Am Horizont irrlichterten Positionslampen von Schiffen. Ali beschleunigte seine Schritte. In der Dunkelheit war es verboten, sich am Strand aufzuhalten.

Im Lager hatten sie sich bereits schlafen gelegt. Auf der Lichtung standen die Zelte wie eine Herde schlafender Tiere. Der Trainer verabschiedete sich mit einem kurzen Nicken. Boris kroch ins Zelt, sah durch einen Spalt, wie Ali die Tür des Käfigs öffnete und dem Kolkraben über das im Mondlicht perlmuttfarbene Gefieder strich. Der Vogel stieß glucksende Laute des Wohlbefindens aus, die in ein zärtlich klingendes Flöten übergingen. Der Junge robbte auf sein Lager und lauschte, bis es still war.

8.

Im Lager fieberten sie dem Boxkampf entgegen. Frau Wieland war in aller Frühe abgereist. Ein Taxi sollte sie abgeholt haben. Keiner sprach darüber. Standke gab beim Morgenappell bekannt, dass er mit der getroffenen Entscheidung, die beiden Rowdys im Lager zu belassen, nicht übereinstimmen könne. Nach Rückkehr würde er bei der Schulbehörde die „Entgleisung" sowie die „pädagogisch unwirksame Erziehungsmaßnahme" zur Sprache bringen. Wenigstens nachträglich sollte die Ordnung wieder hergestellt werden. Ali schwieg dazu. Auch keiner der anderen Betreuer wagte, Dschugaschwili etwas zu entgegnen. Müller war, wie erwartet, nach seinem Aufmucken wieder der in sich gekehrte und meist übersehene Mathelehrer, dessen „Auftritt" inzwischen etwas Unwirkliches hatte.

Für den Kampf wurden Wetten abgeschlossen. Nur Ulli und ihre engsten Freundinnen setzten ein wenig von ihrem Taschengeld auf Boris. Wenn Boris zu Ausdauerläufen unterwegs war, begleitete Malisch ihn auf einem klapprigen Fahrrad. Was anfangs wie Zufall ausgesehen hatte, bekam bald Regelmäßigkeit und eine gewisse Vertrautheit. Für Boris war der Junge nicht mehr nur Malisch. Er war jetzt Ralle. Das schien nie anders gewesen zu sein.

Ralle sprach auf Boris ein, er solle doch das „Herumrennen", die geplante „blödsinnige Hauerei" und die damit verbundene „Beschädigung des Denkapparates" aufgeben. Er faselte vom „gemeinsamen Durchbrennen". Sie würden schon einem Kahn finden, auf dem sie anheuern könnten.

„Der Mensch kommt immer ans Ziel. Wenn er wirklich will", sagte Ralle.

Boris dachte, dass das eher zu Ali passte. Bei dem unbeholfen wirkenden Jungen hörte sich das an, als wäre es auswendig gelernt. Aber er schien davon überzeugt zu sein.

„Das hört man doch immer wieder", beteuerte Ralle unternehmungslustig. „Wenn da einer was geschafft hat, was für die anderen unvorstellbar war."

Boris ließ den Jungen von Bananendampfern, James Cook und Inselgruppen im südlichen Pazifik schwärmen. Im Rhythmus seiner Schritte wiederholte er beschwörend, dass er Kalinke besiegen würde. Leben oder Tod. Alles oder nichts. Die Geschichte von „Sandra" kam ihm in den Sinn. Warum hatte Ali dem Kolkraben den Namen seiner ehemaligen Freundin gegeben? Was der Trainer über Frauen sagte, hatte verächtlich geklungen. Als würden sie den Männern nur im Weg stehen. Ali bemühte sich ja geradezu zärtlich um den Vogel? Manchmal lehnte er mit der Stirn am Käfig. Er bewegte die Lippen, aber es war nichts zu hören. Sandra zupfte mit ihrem starken Schnabel an Alis Haaren. Ihr knarrendes „Kloks" ging in ein Gurren über, als wäre sie ein Täubchen.

Boris fragte sich auch, warum Menschen so schwer zu begreifen waren? War er sich endlich über einen klar geworden, tat oder sagte der was, das alles wieder durcheinanderbrachte. Vor allem von seinen Eltern konnte er sich kein Bild mehr machen. Der Vater war irgendwo. Im *Westen*. Zum Feind übergelaufen, wie Ali gesagt hatte. Vielleicht war er ja inzwischen tot. Der Vater war Boris nie nahe gekommen. Am ehesten konnte Boris sich auf seine Nase verlassen. Alles hatte seinen ganz eigenen Geruch. Vom Vater konnte er nicht sagen, wonach der gerochen hatte. Anna roch nach Küche, und sonntags, wenn sie eines ihrer zwei „besten" Kleider anhatte, nach „4711", nicht irgendein „Kölnisch Wasser", sondern *das* von *drüben*, das sie nach sparsamem Gebrauch gleich wieder zwischen ihrer Wäsche verwahrte. An Bruno haftete der Geruch von schwerem Tabak und Maschinenöl. Mit dem Verlust des Bildes von seiner Mutter war auch ihr Duft verweht. Manchmal aber wurde er von ihm so überwältigt, dass er sie ganz in seiner Nähe vermutete. Hatte die Mutter nicht nach Blüten, die sie im Frühling sammelte, über den Sommer trocknete und für Tees und zur Herstellung von Cremes verwendete, geduftet? Immer wieder einmal, wie im Vorübergehen, fühlte er sich von ihr berührt. Das war wie ein Abschiednehmen, das ihn wehmütig zurückließ.

Die Veränderbarkeit der Menschen verwirrte ihn und ließ gerade aufkeimendes Vertrauen wieder absterben. Nur bei den Großeltern gab es keine Veränderungen. Sie blieben, wie sie waren. Ihnen konnte er nahe sein, ohne fürchten zu müssen, verletzt zu werden. Auch Ali war, wie er war. Was er sagte, das stimmte. Was er versprach, das hielt er. Ein Schüler aus der Zehnten, der als Matheass galt, hatte einmal gesagt: „Ali ist eine feste Größe, mit der du rechnen kannst und immer zu einem todsicheren Ergebnis kommst."

Nach einem Trainingslauf setzte Boris sich an den Rand der Steilküste. Ralle setzte sich neben ihn und schwadronierte weiter von „Abhauen" und „fernen Inseln", da unterbrach Boris ihn: „Was sagst du eigentlich zu Ali?"

„Zu Ali? Was soll ich da sagen?"

„Was hältst du von ihm?"

Boris konnte sich nicht erinnern, dass Ralle irgendeinmal in die allgemeine Begeisterung für Ali eingestimmt hatte. Überhaupt war der teigige Junge, der weder ins Dorf noch hierher zu passen schien, mit seiner Meinung zurückhaltend. Obwohl er einer der klügsten in der Klasse war, hörten sich seine Antworten wie Fragen an. Als suchte er weitere Antworten. Scheinbar ohne Ende. Wenn er aber einen Entschluss gefasst hatte, hielt er hartnäckig daran fest. Im Matheunterricht verblüffte er den Lehrer mit eigenen Rechenwegen. In Erdkunde kannte er sich in den fernsten Ländern besser aus als in seiner nächsten Umgebung.

„Von Ali?", wiederholte Ralle. Er griff in die Speichen des alten Rades, wie um ihre Spannung zu prüfen.

„Ja, von Ali", beharrte Boris. „Genau."

„Willst du es wirklich wissen?"

„Darum frage ich ja."

„Na ja." Über Ralles schlaffes Gesicht huschte überraschend der Ausdruck bäuerischer Schläue. Wenn der Großvater nicht mit der Sprache rausrücken wollte, guckte der auch so.

„Ali ist schon in Ordnung – wenn man es so sehen will."

„Wie denn sehen?"

„Hm. So - von außen eben."

„Und wie siehst du es von *innen*?"

„Ich sage doch, Ali ist schon in Ordnung. Solange …"

„Solange?"

„Solange man seiner Meinung ist." Ralle stieß das Vorderrad an, dass es unrund und schleifend drehte. „Ich meine, er ist schon ein Kumpel. Wenn du tust, was er sagt. Sonst kann er verdammt eklig werden."

„Bist du denn nicht seiner Meinung?"

Boris fragte sich, ob er selbst einmal nicht mit Ali übereingestimmt hatte? Er sah den Pionierleiter eine charakteristische wegwerfende Handbewegung machen. Wie immer, wenn er Unsicherheit spürte.

„Manchmal schon", antwortete Ralle. „Aber dann auch wieder nicht."

„Wann nicht?"

„Kannst du dich an Henner Matuschke erinnern?"

„Geht so."

Matuschkes waren ins Dorf gezogen, als Boris erst ein paar Tage bei den Großeltern wohnte und mit Lerchau noch nicht vertraut war. Matuschkes hatten nur kurze Zeit im Neubaublock am Dorfrand gewohnt. Henner hatte er als einen ungewöhnlich kräftigen und entschlossen wirkenden Jungen in Erinnerung. Er wurde vom draufgängerischen Kalinke und selbst von den älteren Schülern als „der Stärkste" akzeptiert.

„Ali wollte Matuschke für seine Boxstaffel haben", erinnerte Ralle. „Er brauchte dringend einen fürs Schwergewicht. Matuschke hat auch gleich mitgemischt. Er war ein Riesentalent oder so was. In seinen Kämpfen hat er alle zu Brei geklopft. Ali hat gesagt, dass Henner ihm nicht nur ein Boxkamerad sei, sondern ein Freund. Ein unzertrennlicher *Kampfgenosse*."

Boris hatte damals den Kopf voll wegen der Mutter. Er fürchtete, dass sie ihn wieder ins Heim stecken könnten.

„Ich sage doch, dass Ali ein großartiger Trainer ist."

„Dann wollte Matuschke mit einmal nicht mehr boxen", erzählte Ralle unbeirrt weiter. „Das war gerade vor irgendeiner beknackten Meisterschaft. Ich schätze, er hatte keine Lust mehr, Veilchen zu verteilen und welche zu kassieren."

„Ja und?"

„Ali hat Überzeugungsarbeit geleistet. Wie er das eben so macht. Ganz Lerchau hat es mitgekriegt. Alle wollten, dass Matuschke das Dorf berühmt macht. Ali meinte, dass der Einzelne nichts zählt, aber das Kollektiv alles. Und wenn Matuschke das Kollektiv im Stich lässt, ist er ein verdammter Verräter. Ein Handlanger des Klassenfeindes. Ali erklärte, bat, drohte, brüllte - aber Matuschke grinste nur vor sich hin und schüttelte die zerbeulte Birne. Als der Kleiderschrank sich dann eine Zigarette gönnte, da ist Ali ausgerastet."

„Wie denn *ausgerastet*?"

„Es war auf dem Thälmannplatz, weißt schon. Eine Menge Leute kamen dort manchmal zusammen. Der Treff war beliebter als der Jugendklub in der alten Baracke neben der Schweinemast, wo es nach Sau stinkt, dass man Asthma kriegt. Ali war gerade auf dem Weg zum Training. Er wollte Matuschke gleich mitnehmen. Doch der schüttelte die Abrissbirne und paffte an seiner Kippe, bis seine Fingerspitzen qualmten."

Boris drückte die Hände in die Hosentaschen.

„Alle haben es sehen können: In Ali kochte es gewaltig. Er drängte Matuschke die Boxhandschuhe auf und zog sich selbst welche über. Ali sprach kein Wort mehr. Er atmete kurz und schniefend wie ein Stier, bevor der einen auf die Hörner nimmt. Sein Dachstuhl war rot, als wäre da drin Feuer ausgebrochen. Auf der Stirn sind ihm zwei Beulen gewachsen."

Boris sprang auf und lief zum äußersten Rand der Klippen.

„Ali hat die Maße eines Boxrings abgeschritten und mit den Füßen Linien gezogen."

„Schrei doch nicht so", forderte Boris gepresst.

„Immer mehr Leute sind dazugekommen. Halb Lerchau wollte sich das ansehen. Ali bestimmte Kalinke zum Ringrichter. Und dann hat er Matuschke, der überhaupt nicht mitbekam, was Sache war, fürchterlich verprügelt."

Boris stieß mit der Fußspitze einen Stein aus der Grasnarbe, hob ihn auf und schleuderte ihn zum Meer hin. In der Mitte des Strandes setzte er auf, machte noch einen Hüpfer zur Seite und verlor sich unter anderen Steinen.

„Das Riesenbaby begann schließlich zu Flennen und drückte sich die Handschuhe aufs Gesicht. Matuschke, groß und stark wie ein Ochse, stand da und flennte wie ein Dreikäsehoch aus der dritten Klasse."

Ralle sprang auf, behänder, als man es ihm zugetraut hätte.

„Aber Ali hat sich nicht beruhigen können. Er hat Matuschke angeschrien, dass er verflucht noch mal ein Mann sei und sich wehren soll. Er werde ihn fertigmachen, so oder so. Wennemann und Schmidtke Ralf kamen von der Zementbude rübergerannt. Diese zwei Bomber, die bei den alten Herren in der Verteidigung stehen und alles wegsäbeln, was ihnen vor die Füße kommt. Selbst die hatten Mühe Ali festzuhalten. Ali hat sich dann doch losgerissen, hat vor Matuschke ausgespuckt und ist auf seinem Rennrad davongesprintet."

„Warst du dabei?" Durch Boris ging ein dröhnendes Pochen, dem er kaum widerstehen konnte.

„Ich war dabei", sagte Ralle fest. „Fast alle Lerchauer waren dabei."

„Ich weiß davon nichts."

Nach und nach fiel Boris das Geschehen wieder ein. Er war an dem Tag mit dem Fahrrad und dem kleinen Hänger zum Wochenendeinkauf unterwegs gewesen und hatte durch das Schaufenster des Dorfkonsums zugesehen. Es hatte ihn damals nicht weiter berührt, er kannte die Leute ja kaum. Er schluckte, als Matuschke ihm nun nahe rückte. Dem riesigen Jungen rannen die Tränen über das Gesicht, das grau und grob war.

„Keiner wollte davon was wissen", sagte Ralle. „Ali ist ja einer von ihnen. Er ist ihr Star. Sogar Dschugaschwili hatte durchblicken lassen, dass er für den Pionierleiter einsteht. Er hat gesagt: ´Fahnenflüchtige sind tote Leute, die kein Grab verdient haben.´ Das habe ich mir genau gemerkt."

Boris wusste nichts zu entgegnen. Auch Ralle schwieg nun. Vom Meer her kam Wind auf, kühl und stechend, der Himmel war noch wolkenlos, aber die Sonne hatte mit einmal an Kraft verloren.

Boris setzte sich auf den Gepäckträger und ließ sich von Ralle zum Lager zurückfahren. Er wusch sich, wechselte die Sachen, meldet sich bei einem Betreuer ab und ging ins Dorf. An dem weit und breit einzigen Kiosk, wo Bockwurst, Eis, Angelzeug, Muschelschmuck und allerlei Krimskrams zu haben waren, kaufte er Briefpapier. Hinter dem Verkaufshäuschen setzte er sich auf einen Bierkasten und schrieb.

Liebe Vera!

Er musste nicht mehr nachdenken, er hatte sich entschieden, einfach so.

9.

Boris brachte den Brief gleich zur Post, die Worte pulsierten ihm weiter durch den Kopf.

Liebe Vera!

Ich schreibe Dir von der Ostsee. Von der Insel Rügen. Aus dem Ferienlager. Wir sind hier ganz im Norden. Hier hört das Land auf. Und das Meer beginnt. Es ist hier alles anders als sonst. Das wirst Du nicht verstehen können. Ich würde es auch nicht verstehen, wenn ich nicht hier wäre. Also, ich werde Dir nicht mehr schreiben. Und Deine Briefe lese ich nicht mehr. Ich bin Dir nicht böse. Und ich mag Dich noch immer. Wir können ja auch Freunde bleiben. In Gedanken. Oder so. Aber ich habe eine Aufgabe. Ich muß kämpfen. Und siegen. Eigentlich liegt mir nicht viel daran, ob ich gewinne oder verliere. Aber es geht nicht um mich. Es geht um uns alle. Wir oder die?

Vielleicht kannst Du mich ja doch verstehen. Ich muß es ja auch.

Mach´s gut. Boris

Von nun an wollte er auch Ullis Blicken ausweichen. Es sollte wieder sein wie vor ein paar Tagen, als gäbe es sie nicht.

Bei der Morgenwäsche drängte Kalinke Boris unversehens hinter ein Toilettenhäuschen. Der breitschultrige Junge stand in Pose, alle Muskeln des nackten Oberkörpers angespannt. Er hatte die Arme angewinkelt und etwas erhoben, die Hände waren geballt. Kalinke schniefte wie Boxer, denen das Nasenbein gebrochen war, und sagte: „Hör mir jetzt gut zu, Pflaume."

Boris stieß Kalinke zurück. „Was willst du von mir, he?"

„Ich will, dass das klar ist!"

„Was denn?"

„Verdreschen werde ich dich sowieso", sagte Kalinke. „Aber es liegt an dir, ob du gleich in der ersten Runde k. o. gehst oder nur nach Punkten verlierst."

„Klar liegt´s an mir", entgegnete Boris gereizt. „Aber *ich* werde *dich* besiegen!"

„Träum nur schön weiter." Kalinke lachte abfällig. „Du gibst mir jetzt dein Wort, dass du von Ulli wegbleibst. Sie - es ist - also sie gehört mir."

„Hast du sie dir im Konsum gekauft, oder was?"

„Werd bloß nicht noch frech!"

Boris war verunsichert. Gehörten Kalinke und Ulli womöglich zusammen? Bis vor Kurzem hatten Mädchen ihn nicht interessiert. Erst mit Vera war diese Unruhe in ihn gekommen, die sich durch Ulli noch verstärkt hatte. Er wollte jetzt nicht einfach klein beigeben. Kalinke reizte ihn überhaupt immer zum Widerspruch.

„Wenn ich´s nicht mache?"

„Dann blamiere ich dich. Vor Ali. Du weißt ja, wie der Chef über Verlierer denkt."

Boris hörte Ali beschwörend sagen: „Was zählt, ist der Sieg, nur der. Alles dem Sieger. Nichts dem Verlierer." Solche klaren Regeln taten Boris gut. Bei vielem, was er lernte, wusste er nicht, was er davon glauben sollte. Regeln machten es einfacher. Manche schmeckten bitter, doch das ließ sich wegschlucken.

„Gib mir dein Wort, dass du die Finger von Ulli lässt", forderte Kalinke.

Der Bruch mit Vera war Boris leichter gefallen. Mit Ulli schien etwas zu beginnen. Es reizte ihn, dass er nicht wusste, was ihn erwartete. Doch er wollte tun, was getan werden musste. Zwischen Ali und ihm durfte nichts stehen. Niemals. Ihn fröstelte bei dem Gedanken, dass Ali sich von ihm abwenden könnte.

Er stieß hervor: „Mach doch, was du willst, Kalinke. Ich kenne die doch gar nicht."

„Danke", sagte Kalinke ungewöhnlich milde. Er streckte Boris die Hand hin, zog sie aber zurück, als der nicht gleich einschlug. Der klotzige Junge ging leichtfüßig davon. Bestimmt wäre er gerne losgerannt oder in die Luft gesprungen. Aber das war ihm dann wohl doch zu kindisch.

Boris neidete Kalinke das Glücksgefühl. Noch immer sah er ihm hinterher. Horst machte sich gleich wieder an die Seite seines Freundes. Kalinke stieß ihn zurück und blickte sich kurz um. Die beiden entfernten sich in Richtung der Zelte.

Am Waschplatz wartete Ralle auf Boris. Inzwischen waren sie allein. Ralle saß in seinem „Schwulenfrack", wie die Jungen den viel zu großen weißen Bademantel nannten, auf einem Baumstumpf an der Holzsammelstelle. Boris beugte sich über die Zinkwanne, drehte einen Wasserhahn auf und hielt den Kopf unter das sprudelnde Wasser. Er schnappte nach Luft, die Kälte stieß durch seine Schädeldecke in alle Bereiche des Körpers. Er musste sich festhalten, nur mühsam konnte er einen lustvollen Schrei unterdrücken. In plötzlichem Überschwang sagte er zu Ralle, der ihm schweigend zugesehen hatte: „Na, Junge."

„Jaja", sagte Ralle und nickte wie einer, der sich auskennt. „War was?"

Boris rubbelte sich mit dem von Anna mitgegebenen Handtuch ab, das rau wie eine Bürste war. Aus dem weit oben am Stamm einer Fichte angebrachten Lautsprecher des Lagerfunks war ein munterer Kinderchor zu hören: *„Gu - ten Tag, du neu - er Mor - gen, bist so jung und frisch wie wir, und so will dich sin - gend grü - ßen je - der Jun - ge Pi - o - nier ...!"*

„Kalinke. Du kennst ihn ja."

„Ja und?"

„Wusstest du, dass Kalinke, dass er mit der - wie heißt sie doch gleich - zusammen ist?"

„Ulrike Blau."

Boris ließ sich vornüber fallen, fing sich mit den Händen ab und drückte Liegestütze. Aus dem Lautsprecher tönte der Chor weiter: *„Blaue Fahne mit dem Zeichen, das für uns Verpflichtung ist, sollst auch heute uns begleiten, Fahne, sei auch du gegrüßt."*

„Sie gefällt dir, was?" Ralle lachte unsicher.

„Du spinnst doch wohl." Boris keuchte, er hatte sich beim Zählen vertan, sprang auf und begann mit Kniebeugen, wobei er laut mitzählte.

„Ich spinne aber nicht", sagte Ralle eifrig. „Kalinke spinnt. Die Ulli hat doch nur Augen für dich."

Abermals hatte Boris beim Zählen den Faden verloren. Er begann, am Ort zu rennen.

„Ganz gewiss bringt Glück und Freude heut uns jeder Stundenschlag ..."

„Lass doch mal den Bauchtanz", sagte Ralle ärgerlich. „Du bist doch kein Hampelmann."

„ ... Fröhlich wolln wir dich begrüßen, guten Morgen, neu ...T...g!"

Die letzten Worte gingen in Gepolter unter. Mit einem Würgen, als hätte sich jemand verschluckt, verstummte der Lautsprecher schließlich.

„Mach schon", sagte Ralle. „Setz dich endlich."

Boris´ Bewegungsdrang war so plötzlich abgeflaut, wie er gekommen war. Heute blieb noch genug Zeit, zu trainieren. Mit gekreuzten Beinen setzte er sich neben Ralle auf den Sandboden.

„Die Kiste da oben hat einen Wackelkontakt."

Ralle machte eine wegwerfende Handbewegung.

„Wir müssen zum Frühstück."

Als Ralle keine Anstalten machte, aufzustehen, lehnte Boris sich an den Holzstapel. Durch eine Waldschneise berührte ein Sonnenstrahl sein Gesicht. Er schloss die Augen, es war, als läge wieder eine Hand auf seiner Stirn. Nicht irgendeine Hand. Eine Mädchenhand ...

„Du denkst wohl, ich habe keine Ahnung", sagte Ralle. „Weil ich fett und schwabbelig bin wie ein Zwergflusspferd. Das denken doch alle."

„Wovon denn Ahnung?", fragte Boris vorsichtig.

„Ich weiß schon Bescheid. Über Kalinke. Über die Mädchen und so. Und über dich."

„Was willst du schon wissen?"

Boris´ Lider zitterten, das angenehme Gefühl von Nähe war verschwunden. Die Bilder der Nacht bedrängten ihn nun auch am Tag: Das unheimliche Haus, all die noch ungeöffneten Räume, sein Hasten über die Treppen und durch die Gänge, der leere Sessel und die Dunkelheit, die ihn nur so viel sehen ließ, dass es keinen Sinn ergab.

„Über mich kannst du gar nichts wissen."

„Ich weiß schon, dass du die Ulli magst." Ralle hüstelte. „Und sie mag dich."

„Erzähle bloß nicht so was."

„Ich spinne nicht, Alter. Kein bisschen."

Boris gab dem Zwang nach, die Augen zu öffnen, sah aber Ralle nicht an.

„Du hast verdammtes Glück, Alter." Ralle zupfte einen Grashalm und steckte ihn sich zwischen die Lippen, die aussahen, als hätte er gerade Kirschen gegessen. Der gelbe Halm wippte unregelmäßig. „Ich werde nie solches Glück haben."

„Glück?", fragte Boris verwundert. „Wie kommst du denn darauf?"

Ralle rieb sich derb die Stirn, er druckste schließlich: „Jemand will dich."

„Du meinst - Ali ...?"

„Ach, hör doch auf mit Ali!"

Ralle hob eifrig die rechte Hand mit dem gestreckten Zeigefinger.

„Hör doch mal. Hör doch."

Vom Essenszelt waren Rufe zu hören.

„Frühstück! - Boris! - Wo bleibst du denn?"

„Sie rufen", sagte Ralle und stand schwerfällig auf. „Und nach wem rufen sie?"

„Nach uns", meinte Boris verlegen. „Du hörst es doch."

„Nicht nach uns." Ralle spuckte den Halm weg und schüttelte den trotz seiner Körperfülle zu groß wirkenden Kopf. Um die rotgoldene Haarflut beneideten ihn die Mädchen. Manchmal zupfte eines daran.

„Nach dir rufen sie. Das ist der Unterschied, Alter."

Boris sagte gequält: „Ach was."

„Ich denke, wir sollten endlich für Kalorienzufuhr sorgen." Ralle wirkte wieder gefasst. „Ich habe mordsmäßigen Kohldampf."

Boris sprang auf und hielt den Jungen am Arm fest. Er wollte ihm alles erzählen. Vom verschwundenen Vater. Von dem riesigen Haus inmitten der Stadt, rostige Eisenstäbe vor den Fenstern, die herbeigesehnte Stunde, die dann nicht vergehen wollte, der fensterlose Raum, die Mutter ihm gegenüber, ein fleckiger Tisch zwischen ihnen, der unüberwindlich war. Wie sie kaum ein Wort herausbrachten. Von der Zeit im Heim, wo er gar nicht mehr gesprochen hatte. Vom verloren gegangenen Gesicht der Mutter. Von Vera wollte er erzählen, wie gern er ihr fröhliches Schwatzen hören würde, vom Brief, den er ihr geschrieben hatte. Von dieser Ulli wollte er sprechen, wie er sich sehnte, sie zu berühren.

Er sagte eindringlich: „Aber dich will doch auch jemand, Mensch."

„Ach ja? Wer denn?" Ralle riss sich los und stieß Boris zurück. „Du vielleicht!"

Boris war zurückgeschreckt. Da stand ihm jemand gegenüber, der war imstande zuzuschlagen, zu treten, mit einem Messer auf ihn einzustechen, ja zu töten. Das dauerte nur eine Sekunde, dann hatte er wieder den bleichen, schwammigen Jungen in seinem Schwulenfrack vor sich.

„Wenn du willst", sagte Boris von sich selbst überrascht, „wenn du willst, können wir - Freunde sein."

Ralle stand reglos. Dann schlug er Boris weich auf die Schulter und rief aufgedreht: „Du bist doch ein Arsch. Mann, was bist du doch für ein Arsch!"

Ralle lachte, es schüttelte ihn, er verschluckte sich und konnte sich einfach nicht beruhigen. Boris duckte sich, immer wieder platschte ihm die Hand auf die Schulter.

„He, hallo, also Alter!"

Sie hatten Ali nicht kommen hören. Der sah ungläubig auf die beiden Jungen und sagte dann gereizt: „Darf ich mitlachen?"

Ralle verstummte, steckte die Hände in die Taschen des Bademantels und ging schleppend zum Essenszelt. Boris senkte unter Alis tadelndem Blick den Kopf. Er stammelte: „Das war nur so – ein Blödsinn."

Ohne ein weiteres Wort wandte sich Ali ab und verließ mit raumgreifenden Schritten den Waschplatz. Boris beeilte sich, ihm zu folgen. Er hatte das Handtuch auf der Erde liegen lassen, wagte aber nicht umzukehren. Am Zelteingang machte Ali eine unerwartete Kehrtwendung, dass sie zusammenprallten. Der Pionierleiter sagte streng: „Pass auf, mit wem du dich abgibst."

„Ja, Ali", versicherte Boris. „Das will ich."

10.

Am Sonnabendmorgen sprühte es, als würden Schleier in verschiedenen Grautönen auf die Erde heruntergelassen. Der eben noch tobende Wind war ins Landesinnere gezogen. Himmel und See waren wie blinde Spiegel, die hier und da einen Riss zeigten, der sich gleich wieder schloss. Für den späten Abend hatte Ali den Kampf zwischen Boris und Kalinke angesetzt.

Beim Mittagessen war es ungewöhnlich still im Zelt. Selbst die Lämmsel, Pädagogikstudentin und jüngste Betreuerin, von gewaltiger Körperfülle, die mit vibrierender Stimme gewöhnlich den ganzen Tag über schwätzte, blieb stumm. Ihr Freund, ein langmähniger und vollbärtiger Kerl, war mit dem Motorrad zu Besuch gekommen. Er hatte seinen dicht behaarten Arm um ihre Schultern gelegt und blickte herausfordernd in die Runde. Die Lämmsel, die sonst immer eine Gelegenheit fand, einen der Männer überfallartig zu umhalsen und „abzubusseln", wobei sie nur Lehrer Standke verschonte, wirkte geduckt. Aus ihren Maulwurfaugen im feuchten Puppengesicht huschten kurzsichtige Blicke durch das Zelt, als suchte sie ein Loch, durch das sie entschlüpfen könnte.

Boris sah unwillkürlich zu Ali, der angewidert auf das gigantische Pärchen blickte. Dabei war es gerade der Pionierleiter, den die Lämmsel am liebsten in ihrer Umarmung gefangen hielt. Ali hatte sie einmal so heftig zurückgestoßen, dass sie hinstürzte und zwei Frauen ihr helfen mussten wieder auf die säulenartigen Beine zu kommen. Der Pionierleiter hatte sich entschuldigt, aber es war ihm anzusehen gewesen, dass es ihm nicht leidtat.

Boris löffelte hastig etwas Suppe und verdrückte sich nach draußen. Er rutschte den Steilhang hinunter und platschte in Sandalen durch knöchelhohe See den Strand entlang. Bald wurde er von Grenzsoldaten gestoppt und zurückgewiesen. Er kletterte zurück auf die Klippe und schlenderte durch die Heide nach Dranske hinüber.

Boris wusste nicht, warum er unterwegs war. Am Tag des Kampfes noch zu üben brachte schließlich nichts. Am Vormittag hatte er eine leichte Gymnastik absolviert und ein paar Schlagkombinationen geübt. Weitere Anweisungen von Ali gab es nicht. Boris hatte nach Ralle gesucht, der auch im Zelt nicht zu finden war, wohin er sich manchmal zurückzog. Es war ihm bewusst geworden, dass Ralle beim letzten Trainingslauf nicht dabei gewesen war. Irgendwie fehlte ihm die Nähe des behäbigen Jungen mit seinen versponnenen Ansichten.

Boris fuhr herum. Der feine, aber dichte Regen ließ ihn nicht weit sehen. Kopfschüttelnd lief er weiter. Wieder schaute er sich um. Da war keiner. Wer sollte außer ihm bei diesem Hundewetter auch unterwegs sein. Im Lager wurde am Nachmittag ein französischer Film gezeigt. Die Mädchen hatten gesagt, dass man ihn gesehen haben müsste.

Die Luft war schwer und klebrig, sie roch nach verwesendem Fisch. Boris hatte sich bei Dschugaschwili nicht abgemeldet. Das würde Ärger geben. Er versuchte durchzuatmen. In der Schule hatte er gelernt, dass ein Kubikmeter Luft 1,292 Kilogramm wiegt. Wenn sie feucht ist oder warm, wird sie leichter. Bisher war sie ihm schwerelos vorgekommen, aber heute drückte sie auf seine Schultern. War er etwa nervös wegen des bevorstehenden Kräftemessens? Im Moment war ihm der Kampf eher gleichgültig, was ein Schuldgefühl gegenüber dem Trainer hervorrief. Er sagte beschwörend: „Du wirst kämpfen und siegen! Wir oder die!" Schon nach ein paar Schritten war er wieder ohne Antrieb. Es war ihm angenehm, wie die Heidekrautbüschel nass und struppig seine nackten Füße streiften.

Diesmal schnellte er herum. War da nicht eine Gestalt? Aber da war alles nur Grau. Ging man durch den einen Regenschleier, war man im nächsten. Vielleicht suchte Ralle ihn? Oder waren Kalinke und Horst hinter ihm her? Blödsinn. Es wurde Zeit, dass der Kampf stattfand. Der würde alles klar machen. Was denn klar? „Nicht fragen, tun", sagte Ali seinen Schützlingen. „Ist so."

Boris musste sich „hungrig" machen. „Du musst siegen! Du wirst siegen!" Aber die verlangte Leidenschaft wollte sich nicht einstellen. Es waren ja noch ein paar Stunden Zeit, der „Biss" würde schon kommen.

Er erreichte ein paar kastenförmige Wohnblocks, wo im Erdgeschoss eine kleine Kaufhalle, ein Schuhgeschäft und ein Friseur untergebracht waren. Die paar Mal, die er hier vorbeigemusst hatte, waren seine Schritte schneller geworden. Manchmal kamen Menschen aus den Häusern oder gingen hinein. Nie hatte einer ihn angesehen. Einmal hatte ein Junge vor der Kaufhalle auf einem Ball gesessen. Boris hätte ihm gern was zugerufen, aber es war ihm nichts eingefallen.

Ein paar Hundert Meter weiter breitete sich die hiesige Landwirtschaftliche Produktionsgenossenschaft mit ihren ehemals weißgetünchten Gebäuden aus. Der Kalk war stellenweise abgeblättert und ließ bröckelnde rote und gelbe Ziegel sehen. Eine gewaltige windschiefe Scheune zog gleich den Blick auf sich. Ihr fehlte stellenweise das Dach, aus den Öffnungen stiegen helle Dampfsäulen, die sekundenlang durchs Grau des Regens gaukelten, bis sie aufgesogen waren. Nach einem weiträumigen Maisfeld standen wie Vorboten die ersten Häuser von Dranske. Das alte Fischerdorf zog sich zu beiden Seiten der Hauptstraße zwischen Meer und Bodden schmal und lang hin.

Die unzähligen Schlaglöcher waren mit dunklem Regenwasser gefüllt. Zwischen wie hingehockten Häusern mit blanken Fensterscheiben blieben ein paar Quadratmeter Platz für ein paar Obstbäume und Gemüsebeete.

Boris ging mitten auf der Straße. Ab und zu kam ein „Trabant" angetuckert, dem er rechtzeitig Platz machte. Der Ort wirkte wie verlassen, Konsum und Kiosk hatten geschlossen, in dem winzigen Hafen am Bodden waren ein Fischkutter und ein paar Boote vertäut. Im mageren Grasboden am Ufer steckten Stangen, zwischen denen Netze gespannt waren. Möwen hockten auf den Stangenenden, den Kopf zwischen die Flügel gezogen. Unmittelbar am Wasser saß jemand, vermutlich ein Mann, nicht größer als ein Zehnjähriger. Er hockte etwas vornübergebeugt auf einem weißen Küchenstuhl, der mit den Füßen in den feuchten Sand gesunken war. In unregelmäßigen Abständen winkte er auf den Bodden hinaus, als wischte er über eine Scheibe, um klarer sehen zu können. Im Ferienheim der Gewerkschaft, dessen Außenwände leuchtend gelb gestrichen waren, saßen im Erdgeschoss Urlauber hinter den Fenstern und schauten aufs Boddenwasser. Auf dem Vorplatz war an einem hoch aufragenden Fahnenmast die schwarz-rot-goldene Staatsflagge mit ihrem Emblem aus Ährenkranz, Hammer und Zirkel aufgezogen. Sie war in einen kaum sichtbaren Rahmen gespannt, dass es selbst bei Windstille aussah, als würde sie straff wehen.

Boris fand nichts, wo es ihn stehen bleiben ließ. Alles erschien ihm unwirklich, so stellte er sich die Kulisse für einen Film vor. Er fand sich da hineingestellt. Vielleicht war er selbst ja auch nicht echt. Alles war nur gemacht. Aber zu welchem Zweck? Für wen? Boris fröstelte, wie manchmal nachts, wenn er durch das alte Haus geisterte.

Da schob sich etwas aus den Kulissen heraus. Noch war nicht mehr als ein Umriss zu erkennen. War da doch jemand hinter ihm gewesen? Eine Gestalt kam leichtfüßig auf ihn zu. Sie schüttelte sich wie eine nasse Katze, ein herausforderndes Lachen …

„Du?", entfuhr es ihm.

Das Mädchen zog ihre Strickmütze vom Kopf, klopfte sie auf ihrem Oberschenkel aus und steckte sie in eine Seitentasche ihres Anoraks. Sie fuhr sich mit beiden Händen durch die schwarzen Locken, dass sie knisterten, und sagte: „Na du?"

„Ja", sagte Boris. Ob denn auch diese Begegnung unwirklich war? Vielleicht gehörte ja alles, sein ganzes Leben, zu einer Rolle, die er spielen sollte und nicht verstand. Aber dieses Mädchen war echt. Da gab es keinen Zweifel.

„Der blöde Film", sagte Ulli leichthin. „Den hab ich schon zweimal gesehen. Dachte, gehst mal los."

„Das hab ich auch gedacht."

Boris wollte weitergehen, aber er rührte sich nicht. Es war nicht richtig, dass er mit einem Mädchen hier stand, wenn doch in ein paar Stunden der Kampf stattfand.

„Gehen wir ein Stück", sagte Ulli. „Bevor wir hier anwachsen."

Sie ging gezielt zu dem kleinen Hafen und lief wie im Tanz über den Bootssteg. Am Ende angekommen, drehte sie sich um und wies einladend auf einen rotbraunen Kutter, der längsseits des Stegs vertäut war.

Sie sprang auf das Fischereifahrzeug und streckte ihm die Hand entgegen. Er übersah sie und stieg umständlich an Deck. Sie kletterte wie ein Junge auf dem Kutter umher und erkundete alles.

Er sah ihr zu. Es freute ihn, dass sie sich begegnet waren. Ebenso ärgerte es ihn, dass er nicht besser aufgepasst hatte und ihr nicht ausgewichen war. Wenn Ali ihn hier so sehen würde. Er trat hinter eine Plane und suchte das Ufer ab.

„Komm schon. Komm!"

Sie hatte die Tür zum Ruderhaus aufbekommen, huschte hinein, streckte ihren erhitzten Kopf heraus. Ihre vom Regen krausen Haare glänzten tiefblau. Noch nie hatte er etwas Lebendigeres gesehen als ihre Augen. Er war zutiefst beunruhigt. So hatte ihn noch nie jemand angeschaut.

Boris folgte ihr zögerlich. Er verglich ihr Lachen, das immer wieder hell aufklang, mit dem von Vera. Beide Mädchen lachten ohne Scheu und auffordernd, und doch war da ein Unterschied. Veras Lachen war Boris vertraut, es gehörte in die Welt der Kinder, in der er sich auskannte. Ullis Lachen klang dunkler, wie das einer Frau, es lockte ihn. Aber er misstraute der Lockung. Sie kam aus der Fremde. Es war nicht richtig, dass er hier war. Er musste sich nur umdrehen und weggehen. Das war ganz einfach. Er brachte es nicht fertig.

„Hier bin ich", rief sie und hielt ihm die Tür auf.

Boris atmete schwer, bückte sich, trat vorsichtig ein. Die Kabine war winzig und niedrig. Das Mädchen setzte sich auf eine Blechkiste neben dem Steuerrad. Sie rückte an den äußersten Rand, klopfte mit der Hand auf den Platz neben sich.

Der Himmel riss auf. Das durch die Glasscheiben hereinflutende Licht reflektierte in den Messingstreben des Steuerrades Ullis Gesicht. Wie aus einer Vielzahl von kleinen Spiegeln, von denen bald die einen und bald die anderen aufblitzten, kam es ihm verzerrt entgegen. Gleich zog sich der Himmel wieder zu. Wieder bedeutete Ulli ihm, sich neben sie zu setzen.

Boris blieb an der Tür stehen, schob seine Hände tief in die Hosentaschen und presste seine Lippen aufeinander. Es ist wie im Kampf, dachte er und hörte Ali sagen: „Keine Blöße geben, nie. Doppeldeckung, oben behalten, logisch."

Obwohl er sie nicht ansah, spürte er eine Veränderung bei ihr.

„Was ist los, Junge?", sagte sie geradezu. „Ich meine mit dir?"

„Nichts", entgegnete er grob. Die Tür war hinter ihm ins Schloss gefallen. Das Mädchen, ihre Nähe bedrängte ihn. Er konnte sie riechen. Er atmete tief ein. Seine Mutter, sie hatte nach – ja, nach Lindenblüten gerochen. Das Mädchen, diese Ulli, sie roch wie – er fand kein Wort dafür. Nach etwas, das ihm zu schaffen machte.

„Und doch ist was", sagte Ulli. „Ist es die Klopperei mit Kalinke heute Abend?"

Boris dachte, dass er von hier weg musste. Einfach abhauen? Das wäre feige. Ali würde wollen, dass er geht. Aber er wollte nicht, dass sie dachte, er sei feige.

„Nun sag doch was, Junge."

Sollte er nicht doch alles auf den bevorstehenden Kampf schieben? Das Mädchen würde sich damit zufriedengeben. „Jeder Kampf ist ein Endkampf", hörte er Ali. „Musst du wissen, immer."

„Nein", sagte er. „Es ist nichts."

Ulli sprang auf, stellte sich hinters Steuerrad, drehte daran, wandte sich zu ihm um und sagte: „Du gehst mir aus dem Weg. Beim Volleyball spielst du mich nicht mehr an. Und überhaupt."

„He", sagte sie leise und legte ihre Hand auf seinen Unterarm. „Eine Frau fühlt so was doch."

Boris spürte die Stelle, wo Ulli ihn berührte, heiß werden. Die Hitze erfasste seinen ganzen Körper, ballte sich hinter der Stirn. Ihm wurde es in sich selbst zu eng.

Sie lehnte sich an ihn und raunte: „Weißt du, ich mag dich. Und du? Magst du mich auch?"

Er stieß sie zurück, wuchtete die Tür auf, rannte übers Deck und klammerte sich an der Reling fest. Ihm war, als wäre er auf hoher See und um ihn wütete ein Sturm. Er wünschte sich, dass eine Welle ihn über Bord werfen sollte. Es wäre leicht, sich sinken zu lassen, bis auf den Grund, und nie wieder aufzutauchen. Dann würde er wissen, was wirklich war und was nicht.

Sie stand vor dem Ruderhaus und rief: „Aber was ist denn? Geht's dir nicht gut?"

Der Kutter krängte leicht und begann schwerfällig zu schaukeln. Das Boddenwasser kräuselte sich, sein stumpfes Grau wurde von silbernem Glanz abgedeckt. Wind war aufgekommen und kroch kühl unter die Haut. Der Himmel zeigte eine tiefe Kluft, seine eben noch dichte Decke zerriss in bunte Fetzen, die flink auseinandertrieben.

Boris fand wieder Platz in sich und sagte: „Lass mich einfach in Ruhe. Bitte."

Nichts war zu hören, dann sah er die Möwen in der Luft und hörte ihr „Kjau, Giejä" und das raue „Haha agag". Als er an ihr vorbeiging, hörte er sie sagen: „Du bist ja dumm. Weißt du, wie dumm du bist?"

Ihre Stimme klang nicht böse, auch nicht verletzt, nur überrascht. Er hätte ihr gern was gesagt, das sie beide verstehen konnten. Aber da gab es nichts zu sagen. Er musste nur weitergehen.

11.

Vor dem Lager fing Ralle ihn ab. Der dicke Junge hampelte aufgeregt herum, seine Backen zitterten, er stotterte: „Mensch, Alter, wo warst du denn? Ali ist stinksauer. Du weißt doch, dass du aus diesem Knast nicht ohne Erlaubnis rauskommst."

Boris nickte nur und ging zum Zelt. Ralle begleitete ihn schnaufend. Er blieb zurück, als Ali geradewegs auf Boris zukam.

„Müssen reden, jetzt."

Boris zog unwillkürlich den Kopf zwischen die Schultern. Er bereute, dass er losgegangen war. Dass er dem Mädchen begegnet war. Dass er zu wenig an den Kampf gedacht hatte. Er bereute einfach alles, was Ali verärgerte. Wie er Ali so durch den Waldgürtel auf dem Fuß folgte, kam ihm das Bild eines Hundes in den Sinn.

Ali war am Klippenrand stehen geblieben. Er schwieg, sah aufs Meer, das von einer Brise aus West gekräuselt wurde. Der Himmel hellte innerhalb weniger Sekunden auf, ohne dass die Sonne zum Vorschein kam. Ali drehte sich abrupt um, sah Boris in die Augen, dass er den Blick senkte.

„Enttäuscht, bin ich. Dachte, hättest begriffen, dachte ich."

Die Worte und auch ihr Klang erschienen Boris knapper und kantiger denn je. Er wollte sprechen, Besserung beteuern, eine Erklärung abgeben, aber die Scham über sein Versagen verschlug ihm die Sprache. Der Pionierleiter wusste ohnehin alles, er wusste über die Jungen und Mädchen besser Bescheid, als sie selbst. Boris musste eben auf das hören, was Ali sagte, seinem Gesicht und seinem Körper ansehen, was sie ausdrückten.

„Kann auch anders", sagte Ali. „Mach doch, was du willst, los doch."

„Nein!"

Boris spannte alle Muskeln gegen das Zittern in sich an. Was hatte Ralle ihm von Matuschke erzählt, der nicht mehr boxen wollte? Ali hatte vor ihm ausgespuckt und war auf seinem Rennrad davongefahren. Ali würde sich nie nach einem Verräter umschauen. Das durfte Boris nie passieren.

Er hob die rechte Hand wie zum Schwur und sagte: „Ich werde alles tun, Ali. Alles."

„So." Der Pionierleiter sah ihn abschätzig an. „Nicht bei der Sache, bist nicht. Mal hü, mal hott, wie ein Weib, eben. Weißt nicht, was ist."

„Doch, Ali, ich weiß es. Ich werde siegen. Ich haue Kalinke weg."

Ali winkte verächtlich ab. „Geht nicht um Kalinke. Geht nicht um dich. Nicht um mich. Geht um die Sache, geht es. Um Leben oder Tod. Amboss oder Hammer sein. Mit dem Dickbauch in der Sonne pennen, ist nicht. Nicht rumziehen, mit Ulrike Blau, schon gar nicht."

„Ich weiß", beteuerte Boris. „Ich zieh nicht mit ihr herum. Sie war nur – plötzlich da."

„Ist das Problem, ist es", sagte Ali. „Frauen. Sind immer plötzlich da. Was dann, was?"

Ali trat dicht an Boris heran, ließ seinen Blick über ihn gehen, als suchte er etwas. Es hatte den Anschein, diesmal sei er um eine Antwort verlegen. Ja, er suchte selbst danach. Auch Boris wollte eine Antwort. Gerade jetzt brauchte er sie. Sekundenlang blickten sie einander fragend an.

Ein Ruck ging durch Alis Körper, er legte Boris eine Hand auf die Schulter. Für einen Moment war es, als wollte er ihn an sich ziehen. Doch dann wandte er sich ab. Sie gingen nebeneinander zum Zeltplatz zurück. Ali sprach, als hätte er etwas nachzuholen, vom bevorstehenden Boxkampf, fragte nach Boris' Befinden und erklärte noch einmal die bevorzugte Schlagkombination. Er ermahnte ihn, seine längere Reichweite zu nutzen. Mit dem Jab sollte er Kalinke auf Distanz halten und Punkte sammeln. Auf einen Knock-out sollte er erst gar nicht hoffen, Kalinke könnte eine Menge einstecken. Boris müsste mit Herz, vor allem aber mit Köpfchen boxen.

„Die Bretter küssen, kann jeder mal", sagte der Trainer. „Siegt, der Luft hat. Hast Puste, wie ein Pferd, hast du."

„Ja", sagte Boris inbrünstig. „Ja, Ali."

Nun brannte er für den Kampf, endlich, er war bereit, alles zu geben, auch sein Leben. Im Grunde war alles kinderleicht: Er musste siegen. Ali war nicht nur sein Pionierleiter und Trainer, er war sein Freund, sein großer Bruder. Wenn Ali ihn nicht fallen ließ, war alles in Ordnung. Boris' Pflicht war es, Alis ihm gestellte Aufgabe zu erfüllen.

„Du stehst doch auf meiner Seite, Ali?"

„Halte zu dir", antwortete Ali fest. „Wie zu Kalinke. Trainiere euch, beide. Ist nur gerecht."

„Geht das denn, Ali?"

„Muss."

„Ich meine – soll man sich denn nicht entscheiden?" Kaum hörbar fügte er hinzu: „Für jemand – einen Menschen, dem man alles gibt?"

Die Muskeln in Alis magerem Gesicht arbeiteten. Zwischen den schmalen Augenbrauen war eine Kerbe, die Boris noch nie gesehen hatte. Konnte es sein, dass Ali mit etwas nicht fertig wurde?

Boris kam außer Tritt, er atmete befreit auf, als der Trainer gewohnt sicher sagte: „Ganz ruhig. Keiner kommt zu kurz. Hab's im Griff, hab ich."

Zurück im Zeltlager sagte Ali: „Ordentlichen Schluck jetzt, trink mal. Hau dich aufs Ohr, ein Weilchen. Dann leichte Gymnastik. Nicht nervös werden, kein Grund."

„Ja, Ali. Ja."

Als Boris ins Zelt schlüpfen wollte, hielt der Trainer ihn zurück. Er deutete einen Leberhaken an und sagte freundschaftlich: „Kriegen wir hin." Rückhaltlos fügte er hinzu: „Heißt: Sauber bleiben. Verstehst."

„Verstehe, Ali", beeilte sich Boris zu versichern. „Du kannst dich auf mich verlassen. Mein Pionierehrenwort. Ich gelobe es."

12.

Das Zelt war leer, es roch nach abgestandener Luft, die Sachen waren klamm. Boris streckte sich auf seinen Schlafdecken aus, rollte sich dann auf die Seite, zog die Beine an und drückte die Stirn auf die Knie. Es kostete Überwindung, die Augen zu schließen. Bilder deckten sich wie beim Kartenspiel in schneller Folge auf. Gleich wendeten sie sich und zeigten das Gegenteil von dem, was sie ihn zuvor hatten erkennen lassen. Da war keine Ordnung reinzubringen. Der Wunsch nach Ruhe verstärkte nur seine Unruhe. Er schnellte hoch, zerrte eine leere Flasche aus dem Campingbeutel, lief zur Waschanlage, hielt den Kopf unter den Wasserstrahl und trank gierig. Er füllte die Flasche mit Wasser, sah ringsum und stieg unweit des Lagers in eine mächtige Kastanie.

Den Baum hatte wohl ein Blitz gespalten, im oberen Bereich strebte er in zwei Teilen auseinander. Es war, als seien sie ungleiche Geschwister, die Abstand voneinander brauchten. Vom mächtigen Stamm aber wurden sie in ihrem Grund zusammengehalten. Obwohl ihre Blätter in der Form einander gleich waren, war der Teil nach Süden hin dichter belaubt als der, welcher sich der Nordseite zuneigte, der wiederum ein kräftigeres Grün zeigte.

Zwischen den Baumteilen war eine Art Mulde entstanden, die Boris mit Grasbüscheln ausgepolstert hatte. Da hinein hockte er sich. Schon einige Male hatte er sich hierher zurückgezogen. Hier war er ungestört, konnte in das Lager einblicken und durch eine Waldschneise Himmel und Meer scheinbar aufeinandertreffen sehen. Er pflückte ein Blatt, legte es sich auf die Stirn und schloss die Augen. Wieder spürte er *ihre* Hand, leichter als das Blatt, und irritierend pulsierte ihre

Wärme durch seinen Körper. Bevor er in ihr Gesicht blickte, öffnete er die Augen und setzte sich auf.

Schräg über ihm überraschte ihn der Himmel aufs Neue mit seinem Farbenspiel. Er war nie ohne Bewegung. Bei Windstille wirkte sein Blau wie auf eine riesige Leinwand aufgetragen. Aber immer fand Boris da hinein. Manchmal stieg er in einen Kahn, der für ihn bereitstand, und ließ sich treiben, ohne dass ihn jemand hätte aufhalten können.

Der Kahn lag auch heute für ihn bereit. Doch diesmal war es kein sanftes Dahingleiten, sondern ein Rütteln, als befände er sich in einem Handwagen, der über das Kopfsteinpflaster von Lerchau gezogen wurde. Das war ihm noch nie passiert, so oft er hier oben war. Enttäuscht ließ er den Blick hinüber zum Lager schweifen. Dort war es ruhig, hin und wieder kam aus dem Essenszelt oder einem der anderen Zelte ein Junge oder Mädchen, um sich zu vergewissern, ob die Sonne noch einmal herausgefunden hatte. Aus dem Lautsprecher am Waschplatz sang ein Kinderchor: „... *Pi-o-nie-re wolln wir sein, ge-hen mit in eu-ren Reihn. So-zia-lis-mus ist's al-lein, der zum Sie-ge führt! ...*" Die blaue Freundschaftsfahne mit dem Pionierabzeichen und der Aufschrift *Für Frieden und Sozialismus – immer bereit!* zuckte, noch schwer vom Regen, im aufgekommenen Wind.

Boris wollte sich wieder dem Himmel zuwenden, da sah er Ralle am Waschplatz aus dem Toilettenhäuschen kommen. Er musste die ganze Zeit über, in der Boris auf der Kastanie war, da drinnen gehockt haben. Ralle lief tollpatschig zur Waschanlage, drehte einen Wasserhahn auf, hielt ohne hinzusehen eine Hand darunter, die zurückzuckte. Den Kopf gesenkt suchte er die Gegend ab. Schließlich drehte er den knarrenden Wasserhahn wieder zu. Mit allerlei Gehabe, das ihn wohl unauffällig erscheinen lassen sollte, aber erst recht Aufmerksamkeit erregte, näherte er sich der Fichte mit dem Lautsprecher. Ralle bückte sich, rutschte aus einer Sandale, zog sie wieder an, ging ein paar Schritte in den Wald hinein, kehrte wieder zurück.

Boris hockte angespannt in der Gabelung des mächtigen Baumes. Was das da unten wohl werden sollte? Dieser Ralle war schon ein Kauz. Er war nicht wie die anderen Jungen, die trotz ihrer Unterschiedlichkeit in eine Gruppe gehörten. Ali mochte Ralph Malisch nicht, er zählte ihn zu den Schwächlingen, die versagten, wenn es drauf ankam. Und doch fühlte sich Boris zu dem plumpen Jungen hingezogen.

Ralle streifte die Sandalen von den Füßen, spuckte in die Hände und versuchte ungeschickt die Fichte zu erklimmen. Er rutschte ab, sah sich abermals um und probierte es von neuem.

Boris meinte, den Jungen stöhnen und fluchen zu hören. „Du kommst da nie rauf, wetten", sagte er halb mitleidig, halb belustigt. „Was soll das überhaupt, he?"

Ralle war ausdauernder als man es hätte vermuten können. Schließlich erreichte er doch die ersten Äste, worauf er erst einmal verschnaufte. Bald kletterte er weiter und verschwand unter dicht benadelten Zweigen. Nur das Schwingen des jeweiligen Astes, den er gerade verließ, zeigte an, dass er es wieder ein Stück höher geschafft hatte.

In der Fichte bewegte sich nun nichts mehr. Ein paar Augenblicke war es still, bis der Lautsprecher, aus dem gerade ein Lied verklungen war, blechern einsetzte: *„Mein Bru - der ist Sol - dat im gro - ßen Pan - zer - wa - gen, und stolz darf ich es sa - gen ..."*

Der Chorgesang unterbrach mit einem lauten Knacken. Die heftige Bewegung der Fichtenzweige verriet, dass Ralle ungewollt schnell auf dem Weg nach unten war. Etwas Schweres schlug dumpf auf dem sandigen Boden auf.

Ralph Malisch lag wie ein monströser Käfer auf dem Rücken und rührt sich nicht. Boris war hochgeschreckt. Dann aber zuckten Malischs Arme, die Beine, er hob den Kopf und stöhnte jämmerlich.

Ralle wälzte sich auf die Seite, schaffte es auf die Knie. Als jemand die Lichtung betrat, rappelt er sich hoch und schlug sich humpelnd ins Gebüsch.

Boris wollte hinterher, er musste ohnehin ins Lager zurück, da sah er, dass die Neuankömmlinge am Waschplatz - Kalinke und Ulli waren. Er drückte sich mit der Faust auf den Magen. Sein Herz wummerte. Geräuschlos stieg er vom Baum, verharrte, schlich dann doch näher an die beiden heran. Wohl war ihm dabei nicht. Was interessierte ihn schon diese Ulli. Kalinke würde er ohnehin bald vor die Fäuste bekommen.

Durch das borstige Gezweig einer Wildrose sah er die beiden unter dem Fahnenmast beieinanderstehen. Nicht zu nahe, aber auch nicht so weit voneinander weg, wie er es sich gewünscht hätte.

Kalinke schnaufte wie im Training, wenn er mit wütenden Schlägen den Sandsack bearbeitete.

Ulli zupfte an dem dünnen Drahtseil, das zur Fahne hinaufführte. Der Eisenmast klirrte. Sie sagte ebenso unwillig wie neugierig: „Also warum musst du mich unbedingt sprechen?"

Kalinke trat unter die Grasnarbe, hebelte ein Stück heraus und kickte es weg.

„Du, du hast dich wieder – mit dem getroffen!"

„*Dem*?" Die Stimme des Mädchens klang schnippisch. „Demonstrative können sowohl als Artikelwörter wie als selbstständige Pronomen verwendet werden. Also Dativ Singular? Dativ Neutrum? Klär mich auf. Und mach´s kurz."

Kalinke sagte verbissen: „Du weißt schon, wem ich meine."

„Nicht *wem*", verbesserte Ulli unnachsichtig. „Sondern: *Wen* du meinst."

„Hör auf damit!" Kalinke ergriff Ullis Handgelenk und hielt es fest.

„Und wenn nicht? Wirst du mich dann k. o. schlagen?"

„Du spinnst doch wohl!"

Kalinke gab erschrocken das Mädchen frei. Er trat einen Schritt zurück.

Dass Ulli sich nicht gewehrt hatte, ärgerte Boris. Warum eigentlich? Das ging ihn alles nichts an. Er hockte schließlich rein zufällig hinterm Busch. Zu blöd. An allem war überhaupt nur Ralle mit seinem komischen Gehabe schuld. Also konnte er sich auch wegschleichen. Er massierte sein Knie, als ob es verletzt wäre.

„Also, was ist?" Ulli gähnte laut und rekelte sich, dass sich unter dem weißen Pulli ihre Brüste klein und fest abzeichneten.

Boris schoss das Blut in den Kopf. Kalinke erging es ebenso. Der Kerl starrte verdammt unverschämt auf Ullis Brüste. Boris hasste ihn dafür, seine eigene Schwäche aber verabscheute er.

Und das Mädchen – sie lächelte, aus den Augen, von den Lippen, der Stirn, den Wangen, so hatte Boris noch kein Mädchen lächeln gesehen.

Als Ulli die Arme fallen ließ, atmeten beide Jungen gleichzeitig tief ein. Kalinke schlug wuchtig in die Luft.

„Es ist", sagte Kalinke in plötzlicher Wut, „dass du dich mit dem – mit diesem Versager getroffen hast!"

„Ich?" Das Mädchen gab sich zutiefst erstaunt. „Ich kenne keinen *Versager*."

„Du kennst den schon. Ich meine diesen – *Boris*. Sein Vater hat Republikflucht begangen. Mit seiner Mutter, was war da eigentlich? Sie soll ...! " Kalinke verstummte und sagte dann: „Heute Abend werde ich ihn weghauen! Der wird nie wieder in den Ring steigen!"

„Nun hör aber auf", rief Ulli. „Ja, woher willst du denn das alles wissen? Das mit seinen Eltern?"

„Ich habe meine Leute." Kalinke verschränkte die muskulösen Arme vor der Brust.

„Horst, ich weiß. Der schnüffelt ja überall herum."

„Der ist schon in Ordnung. Er ist – treu."

„Klar doch. Wie ein Hund."

„Jedenfalls kann ich mich schwer auf ihn verlassen."

„Dein Schnüffler hat dir natürlich gesteckt, dass – wie heißt der, von dem du da redest, doch gleich?"

„Abendroth."

„Dass ich ihm zufällig begegnet bin."

Also war Boris in der Heide doch jemand gefolgt. Das Gefühl, nie unbeobachtet zu sein, häufte sich. Was der Großvater brummte, stimmt wohl: „Man muss halt mit allem rechnen."

Kalinke, eben noch verlegen, hob die Stimme: „Du gibst also zu, dass du mit *dem* zusammen warst?"

Das Mädchen drehte sich um sich selbst, den Kopf im Nacken, die Arme ausgebreitet. Ihr blauer Rock hob sich, bildete eine bunte Glocke und ließ bis zu den Oberschenkeln die braunen Beine sehen.

Boris verschlug es den Atem. Dabei hatte er sie ja beim Baden schon fast nackt gesehen.

Das Mädchen, taumelig geworden, blieb ruckartig stehen, sie sagte bestimmt: „Ich kann zusammen sein, mit wem ich will."

„Kannst du nicht. Ich bin dein Freund!"

„Wer sagt das denn?"

Ulli trat an Kalinke heran, sah ihn an, dass er den Blick senkte. Kalinke schluckte und murmelte: „Würdest - möchtest du - meine Freundin sein?"

„Ich meine – könntest – würdest du mit mir gehen - wollen?"

Boris spürte ein unerträgliches Brennen in den Handflächen. Er zog die blutigen Hände aus dem Hundsrosenbusch und drückte sie in den sandigen Boden.

„Ich?"

Ulli schüttelte wie über sich selbst erstaunt den Kopf, sagte auf Russisch: „Tschjort!", was *verflixt* und *Teufel* hieß. Dann sagte sie: „Tja also – ich weiß ja nicht."

In Boris flatterte es, sein ganzer Körper bebte. „Aber du weißt es doch!", stieß er hervor. „Du musst es wissen!" „Hast du denn was - gegen mich?"

Kalinkes Stimme, gewöhnlich blaffend, klang sanft. Ähnlich hatte Boris sie gehört, nachdem er Kalinke am Waschplatz versichert hatte, dass ihn das Mädchen nicht interessierte. Es war, als steckte in dem bulligen Körper noch ein anderer Junge, der sich gar nicht so sicher war.

„Ich?"

Boris ballte die Hände im Sand. Ulli wollte doch nur Zeit gewinnen. Sie sollte Kalinke abblitzen lassen. Warum nur kam er nicht weg von hier? Er war ja so ein verdammter Schwächling.

„Ich habe nichts gegen dich", sagte Ulli. Sie ließ das Drahtseil rhythmisch an den Mast schlagen. „Es ist nur ..."

„Was ist? Sag's mir. Bitte."

„Ich weiß ja nicht. Du bist nicht so ..."

„Wie denn? Wie bin ich denn?"

„Ach, hör doch auf", sagte Ulli. Sie lachte gepresst. „Ich weiß doch auch nicht. Wir werden's ja sehen."

„Was werden wir sehen?"

Boris hatte leise mitgesprochen.

„Bin ich vielleicht eine Wahrsagerin?" Ulli lachte nun überdreht. „Bin ich etwa Kassandra, die den Trojanischen Krieg vorhergesagt hat? Du hast doch im Unterricht gut aufgepasst, Kleiner? Oder bin ich gar eine Pythia aus Delphi?"

Das Mädchen bewegte den Oberkörper geschmeidig wie eine Schlange, erstarrte in der Bewegung, verdrehte die Augen, als sei sie in Trance. Über ihre leicht geöffneten Lippen kamen unverständliche Laute. Sie tat, als käme sie langsam wieder zu sich, sah Kalinke streng an und sagte: „Nun deute mal, großer Priester, was ich da von mir gegeben habe."

Kalinke, noch ganz unter dem Eindruck von Ullis Verwandlung, war baff.

„Vielleicht bin ich ja doch eine Pythia." Ulli warf den Kopf in den Nacken. Frech fügte sie hinzu. „Eine Jungfrau, wie die Pythien es wohl sein sollten, bin ich ganz gewiss noch. Das war's dann aber auch."

Wieder errötete Kalinke, er sagte: „Was? Ach so. Ja. Klar."

Die Fanfare rief vom Lager her zum Sammeln. Boris wartete, bis sich zuerst Ulli und dann Kalinke zu den Zelten davonmachten. Dann taumelte auch er los. Nur gut, dass er bald zuschlagen konnte.

13.

Am Abend klarte der Himmel doch noch auf. Die niedrig stehende Sonne schien heiß und hell, als wollte sie ihr langes Ausbleiben noch wettmachen. Der Austragungsort des Kampfes war kurzfristig vom Pionierlager nach Dranske verlegt worden. In den Kultur- und Speisesaal des Gewerkschaftsheimes.

Ali gab bekannt, dass Kalinke und Boris den Vorkampf bestreiten würden. Die drei Hauptkämpfe würden von Genossen der hier ansässigen Grenztruppen ausgeführt. Für die Urlauber und die Einheimischen sei die Veranstaltung eine großartige Bereicherung des hiesigen Kulturangebotes.

Dschugaschwili drückte eine gerade angerauchte Zigarette aus und ergänzte kurzatmig: „Der Genosse 1. Sekretär der Insel hat sein Kommen zugesagt. Da bitte ich mir von den Pionieren ein geschlossenes Auftreten und disziplinarisch tadelfreies Verhalten aus."

Der Lehrer sah sich mit seinem „Zickzack-Blick" unter den strammstehenden Jungen und Mädchen um. Anstelle des Pionierleiters kommandierte er dünn: „Seid bereit!"

Der Chor antwortete kraftvoll: „Immer bereit!" Ein Mädchen kicherte verhalten, weil ihre Nachbarin sie geschubst hatte.

„Abtreten!", befahl Dschugaschwili mit sich überschlagender Stimme. Er drehte sich weg wegen einem seiner plötzlichen Hustenanfälle, die ihm anscheinend peinlich waren. Noch räuspernd zündete er sich eine neue Zigarette an.

„Verrecke!"

Boris drehte sich jäh um. Diese Feindseligkeit hatte er Ralle nicht zugetraut. Irgendwas stimmte mit Malisch nicht. Boris hatte selbst genug am Hals. Dschugaschwili war, wie er war. Irgendwie unheimlich. Manchmal auch beklemmend komisch. Nie lachte einer über ihn. Es hieß, er habe überall seine Hände drin. Bruno meinte: „Mit manchen Menschen kommt man am besten zurecht, wenn man ihnen aus dem Weg geht."

Ali prüfte, ob alle ordnungsgemäß Pionierkleidung und das rote Halstuch trugen. An anderen Schulen war es inzwischen unüblich, dass Thälmannpioniere zu den Appellen Pionieruniform trugen. Doch der Pionierleiter achtete an seiner Schule und auch hier im Ferienlager weiterhin streng darauf. Er nickte knapp Dschugaschwili zu und befahl: „Abmarsch."

Boris lief am Schluss des Zugs, der denselben Weg durch die Heide nahm, den er schon am Nachmittag gegangen war. Ulli befand sich in einer Gruppe von Mädchen, die immer einen Grund fanden, die Köpfe zusammenzustecken und sich vor Lachen auszuschütten. Manchmal sprang Ulli mit einem Jauchzer hoch und wandte Boris ihr erhitztes Gesicht zu. Die Spitze des Trupps bildeten Ali und Dschugaschwili. Obwohl sie auf gleicher Höhe gingen, war ein Abstand zwischen ihnen, der deutlich machte, dass sie eigentlich nicht zusammengehörten. Schon äußerlich waren sie ein ungleiches Paar. Lehrer Standke war um die eins neunzig groß. Unter dem zerknitterten Anzug mit dem polierten Parteiabzeichen am Revers schien sich ein Skelett zu verbergen. Das Gesicht war schmal, hatte eingefallene Wangen, eine hohe Stirn und ein Kinn wie ein Meißel. Das einzig Lebendige waren wohl die fiebrig glänzenden Augen. Über seinen straff nach hinten gekämmten gelben Haaren stieg Zigarettenqualm auf. Sein Hüsteln war für seine Schüler ein Warnsignal, sein röhrender Husten machte ihnen Hoffnung, dass es mit ihm bald ein Ende hatte. Dschugaschwili stakste wie auf Krücken, den Kopf gesenkt, als suchte er was.

Daneben wirkte Ali von hinten wie ein Junge aus dem Lager. Immer wieder drehte er sich unverhofft um und überblickte die Gruppe. Seine bei einem Kampf gebrochene Nase, die eigensinnig aufgeworfenen Lippen und der abschätzend strenge Blick machten ihn älter als er war. Sein Gesicht drückte bedingungslose Entschlossenheit aus. Manchmal kippte ihm eine wellige Haarsträhne in die Stirn. Das gab ihm, wenn er gut gelaunt war, etwas Pfiffiges. War er schlecht drauf, ließ es ihn verwegen erscheinen, was die Mädchen offensichtlich am liebsten mochten. Bisweilen war Alis Gesicht einfach nur müde, da sah er aus wie ein Alter, der sein Leben hinter sich hat. Schon im nächsten Moment ging von ihm eine Energie aus, dass das eben gesehene Bild augenblicklich vergessen war.

Vor den Schülern demonstrierten der Pionierleiter und der Lehrer Einigkeit. Bei Versammlungen und Feiern beteuerten beide, treue Kämpfer für Frieden und Sozialismus zu sein. Und doch war unschwer zu erkennen, dass sie einander im Grund spinnefeind waren. Was da wirklich zwischen ihnen war, wusste keiner. Aber es musste mehr sein, als dass der eine den anderen nur nicht mochte. Boris schwor auf Ali, er mied Dschugaschwili.

Ralle hatte sich zurückfallen lassen und trottete nun neben Boris. Keiner sagte was. Malisch hatte im Gesicht und an den Unterarmen rote Striemen. Er zog ein Bein nach, was seinen watschelnden Gang noch linkischer machte.

„Hallo, Alter. Du lachst doch nicht etwa?", sagte Ralle erleichtert. „Ich dachte schon, du bist sauer wie ein Liter Essig."

„Ich lache nicht", entgegnete Boris scharf. „Du bist ein Spinner."

„Also bist du doch sauer."

„Muss ich ja", sagte Boris nach einigen Schritten.

„Musst du nicht." Ralle bot Schokolade an, die Boris kopfschüttelnd ablehnte. „Du haust dem Kalinke deine Handschuhe aufs Auge, dass er umfällt. Dann bist du der King. Und alle lieben dich."

„Hör auf mit dem Scheiß."

„Ist keiner, Alter."

„Ist es doch."

Boris zog die Sandalen aus und lief barfuß weiter. Ralle tat es ihm nach. Das Heidekraut dampfte, es strich angenehm kratzig um die Knöchel. Der sandige Boden war warm und schien zu federn. Schwalben schossen auf sie zu und bogen so knapp vor ihnen ab, dass sie meinten, ihre Flügel hätten sie berührt. Wenn das Meer in der Ferne zu sehen war, blieb Ralle stehen, hielt schützend die Hand über die Augen und seufzte.

„Du hinkst ja", sagte Boris. „Dein Gesicht und deine Arme sehen aus, als hätte dich ein Mähdrescher überfahren."

Ralle betrachtete seine Unterarme und tastete sein Gesicht ab, als wüsste er nichts von den Verletzungen.

„Wie ist denn das passiert?"

„Hm", machte Ralle. „Vielleicht haben wir im Zelt ja Flöhe. Im Traum ist der Mensch nicht für sich verantwortlich. Da kratzt man sich schon mal, wenn´s juckt."

„Du lügst doch! Ich weiß alles."

Ralle pfiff vor sich hin, die Töne fanden nicht zusammen.

„Was weißt du denn?", fragte Ralle tastend.

„Ich war zufällig in der Nähe."

„Und?"

„Warum machst du so was?"

Ralle schwieg, dann sagte er störrisch, ja wütend: „Dieser Klapperkasten nervt doch!"

„Das ist - Sabotage!" Boris war unwillkürlich in Dschugaschwilis beunruhigende Fistelstimme verfallen. Er hustete, sagte einlenkend: „Das bringst du wieder in Ordnung, klar. Aber ganz schnell."

Ralle war stehen geblieben. Boris ging zu ihm zurück. Sie standen sich gegenüber wie Fremde. Das war nicht mehr der weiche, nachgiebige Junge, der da Boris´ Blick standhielt. Das war einer wie Kalinke, vielleicht noch entschlossener, wobei er nicht auf schnelle Fäuste und harte Muskeln vertrauen konnte.

„Niemals", erwiderte Ralle gepresst. „Das nächste Mal reiße ich die Berieselungsanlage ganz runter."

„Tunte!"

Boris stieß mit der Stirn gegen die seines Gegenübers.

„Na los, hau doch zu! Mach schon!"

Malisch hielt mit seiner Stirn dagegen. Seine Augen waren groß und weiß, in der Mitte mit dunklen in die Tiefe gehenden Kreisen, wie Murmeln, mit denen Boris früher gespielt hatte. In den Pupillen sah er zwei Gesichter, in jedem Auge eins, es mussten seine sein.

Boris zog den Kopf zurück, er sagte: „Ich muss dich melden. Das ist klar."

„Klar."

Malisch stapfte mit schwingenden Armen los, um zu den anderen aufzuschließen.

Boris überholte den Jungen, drückte sich an Ulli vorbei, die auflachte, dass er kurz stockte. Hinter Kalinke und Horst reihte er sich ein. Ali drehte sich um, sein Blick streifte ihn und strich dann über die Kolonne. Der Trainer lief stumm neben dem paffenden Lehrer weiter.

Boris´ Beine waren steif, die Schritte ungelenk, er versuchte, sie in einen gleichmäßigen Rhythmus zu bringen, was ihm schließlich auch gelang. Sollte er Malischs Vergehen wirklich Ali melden? Er war ja schließlich nicht mit Ralph Malisch befreundet. Ali war sein Freund. Der einzige. Es wäre Verrat, wenn er Ali gegenüber schwieg. Erst einmal musste er den Kampf gewinnen. Ali sollte wissen, dass auf ihn Verlass war. Schließlich konnte Boris sich auch auf Ali verlassen. So war das unter Freunden. „Alles ganz einfach, ist es. Musst nur begreifen, musst."

Sie hatten das Fischerdorf erreicht. In der untergehenden Sonne empfing der Ort sie ebenso öde, wie Boris ihn auch schon vorher angetroffen hatte. Am Bodden, an dem Strandstück vor dem Ferienheim, jagten Kinder einem bunten Wasserball hinterher. Von ihnen unbeachtet saß in sich zusammengesunken noch immer der Mann auf dem Stuhl, dessen Füße sich anscheinend ein Stück tiefer in den Sand gebohrt hatten. Der Alte, es konnte kein junger Mann sein, wirkte nicht lebendig, aber auch nicht wie eine mit Männersachen ausstaffierte Puppe. Als er dann diese wischende Handbewegung machte, hatte die zugleich etwas Menschliches wie Maschinelles. Am äußeren Ende des Bootsstegs saßen zwei Angler, die Rücken gekrümmt, einen Kasten Bier zwischen sich. Der Fischkutter gleißte rot und gelb, als stände er in Flammen. Die Boote lagen zur Seite gekippt auf dem schmalen Uferstreifen. Aus dem Wasser ragten hier und da Stangen, auf denen Möwen hockten, als gluckten sie ohne Nest. Ohne die herumspringenden Kinder hätte man meinen können, auf eine ins Unendliche führende Ansichtskarte zu blicken.

„So ein Kaff", sagte Horst, der an einem kratzenden Transistorradio drehte, zu Kalinke. „Nur gut, dass du hier gleich für Stimmung sorgst."

„Quatsch nicht", rüffelte Kalinke. Im Vorbeigehen zischte er Boris zu: „Du hast dein Versprechen nicht gehalten, du Hund. Nun mach ich dich fertig."

Boris drehte sich weg. Es war sinnlos, Kalinke erklären zu wollen, dass er die Begegnung mit dem Mädchen nicht gesucht hatte. Bruno hatte schon recht, wenn er sagte: „Die Leute hören doch nur, was sie hören wollen. Also sag's ihnen. Besser noch, du hältst die Gusche." Der Großvater hatte sich geräuspert und hinzugefügt: „Es ist so, die kleinen Leute fallen immer wieder drauf rein, was die falschen Propheten ihnen predigen."

„Was ist denn ein Prophet?", hatte Boris nachgehakt.

„Zum Beispiel der Jesaja aus dem Alten Testament", hatte Anna aus dem Küchenfenster gerufen. „Jesaja sagt, dass Gott nur die retten wird, die allein ihm vertrauen."

Bruno hatte abgewinkt und geknurrt: „Ein falscher Prophet ist einer, der vorgibt zu wissen, was für alle gut und richtig ist."

„Und was ist das, Großvater?"

„Käse ist's", hatte Bruno gerufen, dass es auch Anna hören musste. „Einer, der zum Himmel stinkt."

Der Großvater hatte einen tiefen Zug aus dem braunen Zigarrenstummel genommen und den bleiernen Qualm in alle Ecken des Schuppens geblasen.

Die Doppeltür des Ferienheims war weit geöffnet. Auf dem breiten Treppenaufgang standen Feriengäste und klatschten. Ali ließ die Gruppe antreten und dreimal den Pioniergruß mit gesteigerter Lautstärke rufen. Im Gebäude spielte gängige Schlagermusik. In der Küche klapperte Geschirr.

Boris suchte den Blick des Trainers. Ali wusste, was für Boris gut war. Er war bestimmt kein falscher Prophet. Er war nicht Jesaja aus Großmutters Bibel, die fast mehr Merkzeichen als Seiten hatte. Ali war jung und stark. Unbesiegbar. Er brauchte Gott nicht.

Drei Lastwagen fuhren mit dröhnenden Motoren auf dem weitläufigen Platz vor. Hier parkten auf dem Schotter schon einige Autos von Urlaubern und Mopeds. Soldaten in Ausgehuniform sprangen, einander laut zurufend, von der Ladefläche. Ali hatte im Lager informiert, dass sie hier mit der Grenzbrigade „Fiete Schulze", benannt nach einem Widerstandskämpfer gegen den Nationalsozialismus und Kampfgefährte Ernst Thälmanns, zusammentreffen würden. Ein Offizier und der Pionierleiter schüttelten einander fest die Hände. Sie lachten, als sähen sie sich nicht zum ersten Mal. Der Kopf einer jungen Frau erschien für einen Moment an einem der Küchenfenster. Ein übermütiger Jodler schwang sich zu den Soldaten hinüber. Die Musik von drinnen wurde noch lauter, mehr und mehr Urlauber drängten vor die Tür. Aus dem Dorf kamen Jugendliche zu Fuß und auf Rädern. Auch ein paar Alte, deren runzlige und gebräunte Gesichter an Gemälde erinnerten, hatten sich eingefunden.

Die Grenzer, allesamt junge Männer, von denen einige noch wie Oberschüler aussahen, luden Pfosten, Seile und anderes Zubehör für den Ring von einem der Lastwagen ab. Kalinke und einige Jungen aus dem Lager packten eifrig mit an. Auch Boris wollte Hand anlegen, wurde aber von Kalinke weggestoßen, dass er zu Fall kam. Als er aufsprang, stand der Trainer nur ein paar Schritte von ihm entfernt. Boris klopfte verlegen seine Hose ab und drängte sich ins Gebäude. Auf der Toilette ließ er das Waschbecken voll kaltes Wasser laufen und tauchte das Gesicht hinein, bis ihm die Luft ausging. Er stand vor einem Spiegel und drückte die Faust auf die blutende Stirn.

Widerstrebend näherte er sich dem fleckigen Glas, das ihm eine Fratze zeigte. Es war hier am Meer nun schon das zweite Mal, dass ein Spiegel ihn festhielt. Boris mochte Spiegel nicht, sie zeigten ihm Bilder, mit denen er nicht einverstanden war. Das sollte er sein? Aber da fehlte ja was. Es gab eine Nase. Einen Mund. Zwei Augen. Eine Stirn. Alles, was die anderen auch hatten. Und doch fehlte was.

Sah so ein Sieger aus? Ein Verlierer? Noch näher heran konnte er nicht. Er sah sich quasi selbst ins Auge. In zwei Augen. Sternenaugen hatte die Mutter mal gesagt. Ihr Lächeln war wie eine Schaukel gewesen. Er hatte sich draufgesetzt und war sanft geschwungen. Auf und ab. Nun, seine Augen wichen nicht aus, sie waren blau oder grau, vielleicht auch grün. Ob sie wirklich mal gestrahlt hatten? Mütter sollten ja Dinge sehen, die sonst keiner sah.

Seine Nase war noch nicht gebrochen wie bei vielen anderen Boxern. Vielleicht fehlte ihm gerade das, die gebrochene Nase, eine Narbe, später würde er sich einen Bart wachsen lassen. Sein Mund war weibisch, zu rot, zu weich. Ja, das Kinn war kräftig, doch, er konnte was wegstecken, sagte auch Ali. Die Stirn war einfach nur glatt und gebräunt. Die Haare waren wie Kornstoppeln. Im Winter trug er sie länger, da bekamen sie dunkle Strähnen. Zwei Ohren, klar, das rechte etwas abstehend, die Mutter hatte es korrigieren lassen wollen. Dagegen hatte er sich gewehrt.

Er kehrte zu den Augen zurück. Sie waren wie winzige Türen, die verschlossen waren. Keiner, nicht mal er selbst wusste, was dahinter vor sich ging. Alles oder nichts.

Die Blutung an der Stirn war gestillt. Langsam vergrößerte er den Abstand zwischen Gesicht und Spiegel. Es war, als müsste er sich losreißen. Er war auf einen durchdringenden Schmerz gefasst. Mit einer heftigen Bewegung drehte er sich weg und stürzte aus dem Raum. Vor der Tür wurde ihm übel. In ihm war die Kälte der Fliesen, der beißende Geruch nach Urin haftete ihm an. Es ekelte ihn.

Auf dem breiten Flur stand das Mädchen an einen Mauervorsprung gelehnt. Er senkte den Blick, wollte an ihr vorbei, sie sprang ihm in den Weg. Wich er auf die eine oder andere Seite aus, tat sie es auch, wie wenn sich auf der Straße zwei begegnen, die einfach nicht aneinander vorbeikommen.

Er gab auf, schob seine Hände in die Hosentaschen. Ihr Oberkörper bewegte sich spielerisch nach links, nach rechts, sie sagte: „Das ist ja tatsächlich wie verhext." Mit hochgezogenen Augenbrauen fügte sie hinzu: „Oder machst du das etwa mit Absicht?"

„Blödsinn", sagte er ruppig. Er war wie berauscht von ihrem Geruch, für den er keinen Namen hatte. Er dachte, sie riecht nach dem Meer. Falsch. Nach der Heide. Auch falsch. Nach dem Wald, nach irgendeiner Blüte, nach dem Wind, der von weither kam. Alles falsch.

Er musste sie einfach ansehen. Ihr gebräuntes Gesicht glänzte leicht, die schwarzen Augen funkelten, die Lippen, etwas geöffnet, rot und samtig, dazwischen das Glitzern ihrer kleinen weißen Zähne. Er meinte, ihre Haare wie ein kleines Feuer knistern zu hören. An der weißen Pionierbluse waren die beiden oberen Knöpfe geöffnet. Die Blüte einer Heckenrose steckte im unteren Knopfloch. Vom roten Pionierhalstuch standen die Zipfel kess ab.

„Was hast du denn da?"

Sie berührte mit dem Zeigefinger seine Stirn. Er zuckte zurück.

„Entschuldige nur", sagte sie wie zu einem kleinen Kind. „Warum sind Männer nur so furchtbar empfindlich?"

„Das ist nichts", sagte er. „Eine Schmarre eben."

Sie stellte sich auf Zehenspitzen, obwohl sie fast so groß war wie er.

„Sieh mich mal an, Junge."

„Na, du hast ja Augen", sagte sie und näherte sich seinem Gesicht, dass er einen Schritt zurücktrat. „Blau wie der Himmel. Grün wie das Meer. Und grau wie ein Regentag."

„Lass mich durch", sagte er. „Ich hab´s eilig."

„Ich weiß. Der Kampf." Sie zog etwas unter ihrer Bluse hervor, hielt es aber in der Hand verborgen. „Wirst du denn gewinnen?"

Boris hörte Alis Stimme. Er trat hinter einen großblättrigen Gummibaum. Ulli folgte ihm verschwörerisch. Sie schlug die Augen nieder und flüsterte: „Für mich? – Ich meine, wirst du für mich gewinnen?"

„Für alle", sagte er schnell. „Ich gewinne für alle."

Sie wölbte schmollend die Lippen, drehte sich weg, stieß einen langen Seufzer aus und wandte sich ihm wieder zu.

„Ich habe hier was für dich." Bevor er es verhindern konnte, hatte sie ihm was zugesteckt. Schon war sie in der Damentoilette verschwunden.

Boris öffnete die Faust, in der Senke seiner Hand lag ein dünnes Kettchen. Es hatte einen Anhänger, der Kreuz, Anker und Herz darstellte. Das „Seemannsgrab" war unter jungen Leuten beliebt. Fast alle Mädchen trugen so ein Kettchen. Selbst Jungen, die sonst allen Schmuck als „weibisch" ablehnten, hatten so ein Kettchen um den Hals. Die Anhänger gab es an Kiosken, die Zeitungen und Andenken verkauften, für wenig Geld.

Boris ließ das Kettchen in seiner Geldtasche zwischen den paar Markstücken, die ihm Anna auf die Reise mitgegeben hatte, verschwinden. Er lief in den Saal, in dessen Mitte gerade der Boxring aufgebaut wurde. Es roch nach Erbsensuppe und gebratenem Fleisch. Unter der Saaldecke hing ein dichtes Geflecht von Girlanden.

Boris setzte sich auf einen Stuhl gegenüber der Essenausgabe, wo eine Menschenschlange nach Getränken anstand. Er starrte auf die kleine Bühne mit zwei mannshohen Lautsprecherboxen. Im Hintergrund war auf einer Leinwand ein von Scheinwerfern angestrahltes Segelschiff bei Gewitter und Sturm unterwegs.

14.

Boris konnte keine Ruhe finden, auf welche Seite er sich auch wälzte, wie er seinen Kopf auf der prallen Luftmatratze auch drehte. Seine Zeltgenossen schliefen anscheinend fest. Durch den Spalt am Eingang leuchtete es wie aus einer starken Taschenlampe herein. Das Zelt, das ihn manchmal in Wohlgefühl, als befände er sich in einer Höhle, versetzt hatte, beengte ihn. Der vergangene Abend ging ihm in schnell wechselnden Bildern durch den Kopf: Das Warmmachen, zusammen mit Kalinke, in einer Abstellkammer zwischen gestapelten Kartons und vollgestellten Regalen. Der wogende, mit Menschen überfüllte Saal, tropisch heiß, Musik und Stimmengewirr drücken auf die Ohren. Der Gong ruft blechern zum Kampf. Kalinkes schweißiges Wutgesicht, der erste verbissene Schlagabtausch, hinter seiner Stirn hämmert der Befehl zum Sieg, Rundenpause, die Stimme Alis, der beide Kontrahenten betreut, zum ruhigen Atmen ermahnt und Boris anweist, die Deckung höher zu nehmen. Runde zwei, er erwischt Kalinke mit einem Aufwärtshaken am Kinn, der kommt ins Taumeln, er setzt mit beidhändigen Haken wild nach, Kalinke steht, der Ringrichter geht dazwischen, sie haben den Gong überhört. Dritte und letzte Runde, nach dem ersten Schlagwechsel die Schwäche, Gummibeine, Blei in den Lungen, der verzweifelte Angriff, Treffer an seine Schläfe, die Erlösung. Eine warme, weiche Welle schwappt von den Füßen durch seinen Körper bis unter die Schädeldecke, er schmilzt dahin, eine breiige Masse, die auf dem Ringboden aufplatscht ...

Boris trat das Deckenknäuel von sich und robbte nach draußen. Er hockte vorm Zelt und atmete mit offenem Mund die frische Nachtluft ein. Die Zelte standen ein paar Meter entfernt voneinander im Kreis, der sich auf der einen Seite zum Waschplatz und auf der anderen zum Essenszelt hin öffnete.

Der Mond beherrschte als imposanter Ball aus weißer Glut den Himmel. Sekundenlang verfiel Boris der Täuschung, die ihm seine Umgebung wie unter frisch gefallenem Schnee zeigte. Das flutende Mondlicht tat ihm gut. Es schien ihn kühl zu durchleuchten. Der gestrige Abend rückte weg. Ja, er würde dem, was ihm morgen begegnete, standhalten können. Nein, die Niederlage hatte ihn nicht vernichtet. War das die Erklärung für die Worte des kubanischen Fischers, die er nie verstanden hatte? Was hatte der alte Santiago doch gesagt, als die Haie ihm den riesigen Fisch von der Harpune gefressen hatten?

"Es ist einfach, wenn man geschlagen ist. Ich wusste nie, wie einfach es ist."

Boris hatte nicht das Gefühl, schwächer geworden zu sein. Es war hell um ihn, anders als am Tag, die Helligkeit versteckte nichts, stellte aber auch nichts bloß. Er fühlte sich erleichtert. Seit Langem spürte er wieder ein Lachen in sich. Es war in seinem Bauch, stieg in die Brust auf wie Sprudel, der ihm über die Lippen wollte. Doch er hielt an seinem selbst auferlegten Verbot fest. Noch immer fand er nur Bruchstücke und Umrisse vom Bild der Mutter, aus denen er mühsam ein Schattenbild zusammensetzen konnte. Das aber machte ihn traurig, es war ohne Leben.

„Klocks", klang es wie fragend zu ihm herüber. Etwa fünfzig Meter entfernt stand das mit Flicken übersäte Bergzelt, das Ali „Kumpel" nannte und mit dem er in Osteuropa schon oft unterwegs gewesen war. Im Käfig vor Alis Zelt schüttelte Sandra ihr Gefieder. Sie schien sich in einen weißen Raben verwandelt zu haben, der behaglich im Mondlicht badete.

„Klocks!"

Sandra hielt den Kopf schräg, als suchte sie das Gespräch mit dem Mond, der sich ausschwieg.

Also kam nach der Niederlage morgen auch noch ein Tag. Boris erwartete ihn, egal, wie Kalinke und die anderen ihn ansehen und über ihn reden würden. Doch wie sollte er Ali begegnen? Wie würde der Trainer sich verhalten? Alles andere war nebensächlich. Ali als Freund zu verlieren - der Gedanke war ihm unerträglich.

Boris war es, als ginge er ein zweites Mal k. o.. Die weiche Welle rollte aus den Füßen durch den Körper und erreichte siedend heiß die Stirn. Er stand schwankend auf, hob schützend die Arme vors Gesicht und taumelte ein paar Meter.

„Klocks! Klocks, klocks!"

Der große Vogel flatterte aufgeschreckt in seinem Käfig. Boris ließ die Arme fallen und sah beschämt umher. Der Kolkrabe schillerte nun wieder dunkelblau, der Schnee war verschwunden, alles hatte seine nächtliche Farbe zurück. Gleich musste sich ein Zelt öffnen. Jemand würde zu ihm heraustreten.

Boris schaute zu Alis Zelt hinüber. Dort rührte sich nichts. Auch Ralle kam nicht aus seiner Behausung gekrochen. Boris überblickte den Zeltplatz, verweilte auf der Seite der Mädchenzelte. Da hatte er sich wohl getäuscht. Er hätte Ulli gefragt, ob sie auch gesehen hatte, dass eben noch alles wie mit einer feinen Schneeschicht bedeckt gewesen war.

Ein Zelt aber öffnete sich doch. Es war Dschugaschwili, der, in Sachen eingepackt, als wollte er den Nordpol durchqueren, gebückt aus einem Betreuerzelt trat. Er blickte kurz zu Boris, zündete sich eine Zigarette an, verschwand zu den Toilettenhäuschen, kehrte bald zurück und blieb vor seinem Zelt stehen.

Boris hätte genügend Zeit gehabt, inzwischen im Zelt zu verschwinden. Auch jetzt verdrückte er sich nicht, obwohl der Lehrer erkennen ließ, dass er ungestört bleiben wollte.

Standtke zündete sich an der Kippe eine neue Zigarette an, hustete, als würde lustlos ein alter Hund anschlagen, und ging vor dem Zelt auf und ab. Drei lange Schritte hin. Drei lange Schritte her. Dabei war sein Blick nach unten gerichtet.

„Haben Sie den Schnee auch gesehen?"

Boris hatte etwas sagen müssen. Er wollte eine Stimme hören, irgendeine Stimme.

„Was?"

Das klang unwirsch, aber nicht abweisend.

„Als ich aus dem Zelt kam", sagte Boris, „da sah es aus, als hätte es gerade geschneit."

Des Lehrers kontrollierender Blick huschte über den Zeltplatz.

„Da haben deine Augen sich von den Lichtverhältnissen wohl was vormachen lassen."

„Kann sein", sagte Boris, der das mühsam begonnene Gespräch in Gang bringen wollte. „Aber es war schön."

Standke sah zu dem Jungen rüber, als würde er abwägen, ob es Sinn machte, zu antworten. Boris überlegte, was er noch sagen könnte, da meinte der Lehrer: „Am schönsten ist meistens das, was nicht wirklich ist."

Leise, wie zu sich selbst, sagte er: „Was wirklich wird, das ist meist nicht mehr schön."

„Aber ist denn nicht alles, was man sieht, wirklich?"

Boris hatte vorsichtig gesprochen, er wollte keine Dummheit sagen. Ali hatte ihn gelehrt, dass eine Frage niemals dumm sein kann, wohl aber die Antwort. Aber er hatte auch gesagt, dass zu viele Fragen nur Verwirrung schaffen.

Standke beeilte sich, hinters Zelt zu kommen. Boris hörte ihn husten und angewidert ausspucken.

Der Lehrer kam zurück, eine neue Zigarette zwischen den Lippen. Er nahm sein Hin- und Hergehen nicht wieder auf, rekelte den Kopf zwischen den Schultern, als müsste er ihn einrenken. Er sagte: „Bist wohl ein Philosoph, was?"

„Was ist denn ein - Philosoph?"

„Marx und Engels sind Philosophen. Lenin war einer. Hegel, Fichte, Kant waren welche. Desgleichen Descartes, Kopernikus. Aristoteles, Platon, Konfuzius und einige mehr."

Standke war sichtlich aufgelebt, wie immer, wenn er etwas erklärte.

„Ich weiß", sagte Boris bestrebt, dem Lehrer zu zeigen, dass er Bescheid wusste. Er ratterte herunter: „Das Kommunistische Manifest. Von Karl Marx und Friedrich Engels verfasst."

„Der Anfang", sagte der Lehrer streng, als sei mündliche Prüfung. „Wie beginnt das Manifest?"

In Boris kam unwillkürlich Spannung. „Ein Gespenst geht um in Europa – das Gespenst des Kommunismus. Alle Mächte des alten Europa haben sich zu einer heiligen Hetzjagd gegen das Gespenst verbündet, der Papst und der Zar, Metternich und Guizot ..."

„Schon gut."

Standke hob den Arm und machte ein paar Schritte auf Boris zu. Der Lehrer lachte, was selten war und gespenstisch klang, und verstummte gleich wieder. Er hatte aufgehört, seinen Kopf zu drehen. Überhaupt wirkte er nicht mehr so steif und unzugänglich wie sonst. Seine Bewegungen, von denen seine Schüler sagten, sie könnten dabei das Gerippe krachen hören, waren nicht mehr so abgezirkelt. Auch sein Blick, von dem man sich durchschaut und schuldig fühlte, war nachsichtiger.

Standke sagte anerkennend: „Das kommt ja wie aus der Pistole geschossen." Und er fragte: „Wie kommt es, dass du das so abschnurren kannst?"

Boris spürte, dass er rot wurde. Das Lob des Lehrers tat ihm wohl. Es war überhaupt gut, dass jemand mit ihm sprach. Er sagte verlegen: „Sie selbst haben uns im Unterricht davon erzählt. Ich habe den Anfang im Geschichtsbuch gelesen. Die Worte gefielen mir – sie sind so – stark."

Boris wunderte sich selber, dass er den Text so fehlerlos hatte wiedergeben können.

„Ich denke, du bist ein Boxer?" Standke führte die Zigarette, die er mit spitzen Fingern hielt, zum Mund und machte einen tiefen Zug. Erst als er wieder sprach, entwich der Qualm aus den Nasenlöchern. „Ist denken da nicht eher hinderlich?"

„Ali sagt, der Kampf wird mit dem Herz entschieden", antwortete Boris prompt.

Standke kam Boris ein paar weitere Schritte entgegen, dass nur noch zwei, drei Meter Abstand zwischen ihnen war. Boris hätte nie gedacht, dass er dem Lehrer einmal so nahe kommen würde. Er war gespannt, wie es weiterging. Manchmal war es bei den Menschen wie bei den Matroschkas: Wenn man die zwei Hälften der Holzpuppe auseinanderzog, kam eine neue Puppe zum Vorschein, die nur kleiner und der anderen sonst zum Verwechseln ähnlich war.

Standke räusperte sich und sagte mit seiner hohen Stimme, die Boris nicht mehr so nervend empfand: „Vielleicht hast du gestern Abend doch zu wenig gedacht?"

Die Bilder des Kampfes durchzuckten Boris wie Irrlichter, sie glommen hier und da auf, dass keine Orientierung möglich war.

„Gedacht habe ich eigentlich gar nicht."

„Also bist du doch einer von Lothar Womackas *Rohlingen*."

Das klang deutlich geringschätzig. Dschugaschwili hatte Alis wirklichen Namen genannt, der unter Schülern wie Lehrern nicht gebräuchlich und manchem wohl nicht mal bekannt war. Die beiden konnten einander tatsächlich nicht ausstehen.

Aber sie waren doch in derselben Partei, Genossen, bei einer Schulfeier hatten sie sich „Kampfgefährten" genannt.

„Du hast also Prügel bezogen", sagte Standke. „Vielleicht solltest du doch mehr den Kopf einsetzen."

„Kopfstoßen ist ein schweres Foul."

„Ich meine denken, junger Freund." Standke deutete mit seinem langen Zeigefinger auf Boris' Kopf. „Was meinst du, wozu der hoch komplizierte Apparat, den nie ein Mensch nachbauen kann, da ist?"

„Ich ... Ali sagt ..."

„Ach, hör doch auf."

Standke verschwand abermals überstürzt hinter den Zelten, kehrte steifbeinig zurück und sagte: „Lothar Womacka. Ihr nennt ihn Ali. Er ist euer Pionierleiter. Er war einmal kein übler Boxer. Aber dann ist er doch schwach geworden."

„Ali ist nicht schwach!", erwiderte Boris hitzig.

„Ich sagte doch, dass die Wirklichkeit nicht immer schön ist." Standke lachte knapp. „Darum bemühen wir uns ja, unser Leben lebenswerter zu machen. Was meinst du?"

Boris zuckte mit den Schultern. Wenn Standke über Ali sprach, war er eben doch Dschugaschwili. Bruno meinte: „Bevor ein Mensch sich ändert, müsste er ja gescheit werden. Aber das ist weit und breit noch keiner geworden."

„Und doch kann er sich ändern, der Mensch", hatte Anna widersprochen. Bruno hatte abgewinkt und war auf den Dachboden zu seinen Tauben gestiegen. „Glaub's nur, Junge." Anna hatte heißen Pudding in Schälchen geschüttet und Boris den Topf zum Ausschlecken gegeben. „Wenn er nur den Glauben hat, schafft der Mensch viel."

„Du magst Womacka – den Ali wohl?" Dschugaschwili neigte sich Boris zu, es knarzte wie altes Gebälk.

„Klar doch", antwortete Boris trotzig. „Alle mögen Ali."

Er dachte, dass er nicht nur knapp nach Punkten verloren hatte. Womöglich mit umstrittenen zwei Richterstimmen gegen eine. Nein, er war k. o. gegangen. Abermals hüpften vor seinen Augen Funken, die ihn bald in diese, bald in jene Richtung lenken wollten. Er biss sich auf die Unterlippe, bis es salzig schmeckte.

„Wie ist er denn so, Womacka - der Ali?"

„Er ist in Ordnung. Er ist – unser Vorbild!"

Standke richtete sich knarrend auf und zerrieb die noch brennende Zigarette zwischen den Fingerspitzen. „Ein Vorbild also."

„Ali ist ein Kämpfer. Er ist mutig, er fürchtet sich vor nichts, mit ihm ist alles einfach. Was er sagt, das stimmt."

Der Lehrer kramte in seiner Anoraktasche, zog eine krumme Zigarette heraus, schob sie sich zwischen die schmalen Lippen. Wohl auf der Suche nach Streichhölzern durchstöberte er nervös seine Taschen, konnte aber nichts finden und stakste aufs Neue - drei lange Schritte hin, drei her.

„Was – was sagte er denn so, der Ali?"

Dschugaschwilis Stimme klang unangenehm hoch. Boris verstummte, wie der Großvater, wenn er genug hatte.

„Es ist nur, Lothar Womacka – also der Ali, er soll eine Auszeichnung bekommen", erklärte Dschugaschwili. „Ausgezeichnet werden aber nur unsere Besten."

„Ali ist der Beste", sagte Boris nachdrücklich.

„Ja, warum willst du mir dann nicht sagen, was Euer Freund so denkt?"

„Was soll er denn denken?"

Dschugaschwili blieb stehen, beugte sich erneut steif seinem Gegenüber zu. „Das ist der Punkt, Junge. Ich soll zu seiner Ehrung sprechen. Da sollte ich schon wissen, über wen und was ich spreche."

Boris druckste: „Ali sagt, alles ist Kampf. Den man gewinnen muss, ist so."

„Jaja", sagte Dschugaschwili, beugte sich ein weiteres Stück herunter, dass Boris ätzender Nikotingeruch entgegenschlug. Wie der Lehrer so dastand, das sah befremdlich, ja grausig aus. Wie eine gebrochene mit einem knittrig grauen Anzug behangene Stange, auf die ein Schrumpfkopf gespießt war.

Dschugaschwili ballte und streckte seine Hände, dass sie knackten.

„Ich meine, was sagt euer Pionierleiter denn so - zum Westen? Die da drüben haben ja nun mal mehr als wir hier im Osten. Klasse Autos, VW, Mercedes, BMW. Edle Jeans, echte Levis, klasse, was. Amerikanischer Kaugummi, Chewinggum, hm. Fußballer, Walter, Seeler, der Beckenbauer, Schuster, alle Spitze. Bunte Magazine, wie sie alle so heißen. Die Leute können reisen, wohin sie wollen."

„Darüber reden wir nicht."

„Ja, worüber redet ihr denn dann?"

Als würde er hochgekurbelt, richtete sich Dschugaschwili auf. Ihm war anzusehen, dass er dabei Schmerzen hatte.

„Über den Kampf eben", antwortete Boris. „Und dass man vernichtet werden kann, aber nicht aufgeben darf."

Standke winkte ab, er sagte schrill: „Das sind doch olle Kamellen. Hemingway. Jagen. Hochseefischen. Stierkampf. Und natürlich Boxen. Der unbesiegbare Mann."

Standke lachte unterdrückt. „Darum hat der Macho sich wohl auch eine Kugel in den Kopf geschossen."

Erst nach einer Weile wurde Boris bewusst, was der Lehrer da gesagt hatte.

„Nein!", rief er. „Das ist nicht wahr!"

Dschugaschwilis Lachen, sonst eher ein lustloses Gebell, klang überlegen. „Frag doch mal Womacka, den Ali, was er dazu sagt."

Boris wandte sich ab, er schlich geduckt zum Zelt, jeder Schritt bereitete ihm Mühe. Ohne sich noch einmal umzudrehen, rief er: „Aber Sie lügen ja!"

Er kroch ins Zelt, vergrub den Kopf unter der Decke und heulte vor sich hin. Irgendwann erlöste ihn der Schlaf.

15.

Am nächsten Morgen hatten viele verschlafen. Obwohl Sonntag war, hätte der Lautsprecher sie wie jeden Morgen um sieben wecken sollen. Aber er hatte wieder einmal keinen Ton von sich gegeben. Erst eine halbe Stunde später blies Horst mit etlichen Misstönen, aber laut genug, um jeden aus dem Schlaf zu reißen, eine Stelle aus Verdis „Aida-Fanfaren".

Ali schimpfte auf dem Waschplatz, dass er den Lautsprecher doch schon mehrmals eigenhändig repariert hätte. Es sei schon erstaunlich, dass so ein kleiner Kasten so großen Ärger macht. Er ließ sich Zange und Schraubenzieher holen und kletterte gewandt den Baum hoch. Nach ein paar Minuten wies er Kalinke an, ins Essenszelt zu laufen und den Lautsprecher einzuschalten. Bald darauf erklang wie jeden Morgen: *„Wir tragen die blau-e Fah-ne, es ruft uns der Trommel Klang. Stimm fröhlich ein, du Pi-onier, in un-se-ren Ge-sang!"*

Obwohl Boris zu Ali sah, wie der wohl auf seine beschämende Niederlage reagieren würde, bemerkte er Ralles Versuche, mit ihm Blickkontakt aufzunehmen. Auch Ulli machte auf sich aufmerksam, indem sie andere Mädchen mit Wasser spritzte und laut mit dem Chor aus dem Lautsprecher mitsang. Boris wagte nicht, hinzusehen. Er konnte sich nicht vorstellen, dass ihr auffälliges Verhalten ihm galt. Ulli war ein Mädchen für einen Sieger. Boris aber war ein Verlierer. Er spürte noch den Kampf in den Knochen. Sein Kopf schmerzte, ihm war flau im Magen, und er war kaputt, als wäre er gerade dreitausend Meter gelaufen.

Ein Dritter sah immer wieder mal zu ihm herüber. Kalinke reichte es wohl nicht, ihn auf die Bretter gelegt zu haben. Das tröstende Schulterklopfen anderer oder ihre hämischen Bemerkungen beachtete Boris nicht. Da halfen ihm wieder mal Brunos Worte. Wenn Boris ihn manchmal nach dem Krieg fragte, wie er denn aus dem tödlichen Kessel von Stalingrad rausgefunden hatte, sagte der Großvater: „Wenn die Kälte dir den Pups in der Hose gefrieren lässt, Junge, da kannst du nur noch alles geschehen lassen. Prinimaj eto. Nimm´s hin."

Nach dem Appell ging Boris eilig zum Essenszelt. Zu allem Überfluss humpelte er auch noch. Er musste sich während des Kampfes den rechten Fuß verzerrt haben. Bestimmt gab er ein jämmerliches Bild ab. Er biss sich auf die Lippen, drückte den Rücken durch und trat fest auf. Ali sollte ihn nicht immer noch schwach sehen.

Im Essenszelt saßen sie zu den Mahlzeiten an mehreren langen Tischreihen. Am Anfang, zur besseren Aufsicht durch die Betreuer, hatten die zusammengesessen, die ein Zelt miteinander teilten. Inzwischen, nach Zankerei und neu geschlossenen Freundschaften, hatten einige die Plätze gewechselt. Kalinke und Horst waren in Ullis Nähe gerückt, während Boris und Ralle sich noch immer gegenübersaßen.

Boris hatte keinen Appetit, er trank mehrere Tassen Tee, den sie „Katzenpisse" nannten. Ralle, sonst eher ruhig und besonnen, wirkte angespannt, was ihn aber nicht hinderte, drei dick mit Butter und Marmelade bestrichene Brötchen zu verdrücken. Als er aufgegessen hatte, deutete er sein Interesse für das letzte Brötchen im Korb an.

Boris zuckte mit den Schultern. Es war ihm unverständlich, wie man so viel in sich hineinstopfen konnte. Ralle schaffte auch das Brötchen ohne Mühe und schlürfte nun in kleinen Schlucken warme Milch, die er mit einigen Löffeln Honig gesüßt hatte.

Die beiden waren inzwischen allein im Zelt. Die anderen machten sich für einen Ausflug zur Nachbarinsel Hiddensee fertig. In einer Stunde würden Lastkraftwagen der LPG sie abholen und zum Schiff bringen. Hinter einem geblümten Duschvorhang, der ein kleines Küchenabteil vom übrigen Raum trennte, wurde gekichert und mit Geschirr geklappert.

Boris spürte, dass Ralle mit ihm reden wollte. Er hatte keine Lust darauf, blieb aber dennoch sitzen. Als Ralle sich erneut Milch eingoss und reichlich Honig nahm, fuhr Boris hoch. Ralle fasste rasch sein Handgelenk und sah ihn bittend an, dass er sich zögernd wieder setzte.

„Was ist?"

„Es ist", sagte Ralle. „Nichts."

„Was soll das denn?"

„Nichts, Alter. Nichts ist nun mal nichts."

„Da kann ich ja gehen."

Der dicke Junge sagte leise: *„Unsere Schiffe fahren weit hinaus, unsere Gestirne bewegen sich weit im Raum herum, selbst im Schachspiel, die Türme gehen neuerdings weit über die Felder."*

Boris dachte, dass Ralles Augen ungewöhnlich groß und hell waren. Nicht wie Murmeln und schon gar nicht aus Glas. Sie waren lebendig, machten neugierig auf den Menschen, dem sie gehörten.

„Das habe ich gelesen", sagte Ralle wie nebenbei. *„Da ist schon viel gefunden, aber da ist mehr, was noch gefunden werden kann."*

Boris verstand nicht, er wurde unruhig, ob nun durch den auffordernden Klang der Stimme oder durch die Worte selbst. Am liebsten wäre er aufgesprungen und losgerannt.

„So geht's mir auch, Alter", sagte Ralle. „Jeden Tag neu. Selbst in der Nacht könnte ich losgehen."

„Entschuldige", sagte Boris. „Ich meine, dass ich Tunte zu dir gesagt habe."

Ralle winkte ab, was lässig sein sollte, aber verkrampft wirkte. Er schlürfte von der Milch und sagte: „Vielleicht bin ich ja auch schwul." Er lachte holpernd. „Keine Angst. Ich glaube, ich bin's nicht. Oder nur ein bisschen. Was weiß denn ich."

Ralle sah Boris an, als könnte der ihm eine Antwort geben. Diesmal war kein abwehrendes Lächeln in dem weichen Gesicht. Für einen Moment war es, als könnte Boris in den Jungen hineinsehen. War es das eigene heillose Durcheinander, in das er blickte?

Ralle gestand: „Ich möchte auch so sein wie die andern. Blödsinn, nicht wie die andern. Wie du."

„Wie ich?"

„Sage ich ja."

„Aber warum denn – wie ich?"

„Wenn ich du wäre, würde mich hier längst keiner mehr sehen."

„Spinne bloß nicht wieder, Mann. Von deinen Cookinseln. Den freundlichen Polynesiern. Ihrem Gott Io. Vom Singen des Seewinds in den Palmen. Und von Held Maui, der die Sonne vom Himmel holt."

„Das hast du dir alles gemerkt!" Ralle sprang elastisch auf, sein schwerer Oberkörper neigte sich Boris zu, als wollte er ihn umarmen. Boris zuckte unwillkürlich zurück. Ralle ließ sich auf seinen Stuhl fallen und goss sich noch ein Glas Milch ein.

Boris war mit einmal von Sehnsucht überwältigt. Er staunte selbst, dass er noch wusste, was Ralle ihm bei dem Ausflug nach Kap Arkona vorgeschwärmt hatte. Wieder schien Ralle zu wissen, was er fühlte: „Ich sage doch, Alter, so geht es mir auch. Die ganze Zeit schon. Komm, lass uns abhauen. Zusammen schaffen wir das."

„Du spinnst doch wohl!" Boris stand auf, setzte sich aber wieder. „Ich muss dich sowieso melden. Du weißt schon warum."

Ein Junge kam aus dem Küchenabteil, schimpfte, dass sie noch immer hier hockten, räumte das restliche Geschirr ab und säuberte den sandigen Boden mit einem Rechen. Mit Stößen nach den Füßen der beiden Bummler vertrieb er sie schließlich nach draußen. Sie gingen gemeinsam zum Zelt, packten ihre Campingbeutel und füllten am Waschplatz ihre Wasserflaschen.

Die Fahrzeuge waren noch nicht da. Sie setzten sich auf den fürs Lagerfeuer zusammengetragenen Holzstapel.

„Melde mich nur." Ralle klang mit einmal erschöpft. „Es hat doch alles keinen Sinn. Dann fahr ich eben in das Kaff zurück. Ob nun früher oder später."

Boris widerstrebte es, den Vorfall anzuzeigen. Aber es war seine Pflicht. Malisch hatte Volkseigentum beschädigt. Das war ein schweres Vergehen. Boris musste endlich Entscheidungen treffen. Einige. Er hätte sich gern davor gedrückt. Doch so wankelmütig konnte es nicht weitergehen. Es hieß immer noch: *Wir oder die.*

„Warum frisst du auch so viel?", sagte Boris derb, als wäre das der Grund für ihre Nöte.

Ralle lachte lasch. „Ein paar Tage schaffe ich es, das süße Zeug liegen zu lassen. Ich habe auch schon mal alles an die Mastschweine meines Erzeugers verfüttert. Aber dann bringt meine Frau Mutter wieder eine Waggonladung mit und sagt: ´Iss nicht so viel.´ Und ich kippe wieder alles in mich rein wie in einen Mülleimer."

„Deine Eltern", sagte Boris, „die kenne ich gar nicht. Ich weiß nur, dass ihr neu gebaut habt und im schönsten Haus vom Dorf wohnt."

„Mir war das alte Haus lieber", sagte Ralle. „Da war alles kleiner und irgendwie näher zusammen. Im Dachboden rumorten nachts die Katzen. Ich hatte einen Schuppen ganz für mich allein. Von Dach aus habe ich mit dem Fernglas die Sterne beobachtet."

„Und jetzt?"

„Inzwischen ist mein Erzeuger ja Oberhäuptling in der LPG. Der ist mehr bei seinen Schweinen als zu Hause. Meine Mutter sehe ich den ganzen Tag nicht mehr. Sie arbeitet in der Stadt. Weiß der Himmel, was sie da macht."

Boris schwieg. Ralle sagte verletzt: „Die sagen, ich soll mehr tun. Die Einsen reichen ihnen nicht. Die meinen, auch nach der Schule soll ich ran. Für die Gesellschaft. Damit könnte man gar nicht zeitig genug anfangen. Das würde sich später mal für mich auszahlen."

„Wie denn – auszahlen?"

„Die rechnen doch alles aus. Ihr ganzes stinkiges Schweineleben."

Ralle rutschte vom Holzstapel. Sein Gesicht war fleckig rot, er unterdrückte mühsam einen Schrei.

Boris sagte: „Die Laster kommen. Wir müssen los."

„Was ist eigentlich mit deinen Eltern?", fragte Ralle, als Boris sitzen geblieben war. „Du kommst ja aus der Stadt. Jetzt bist du bei deinen Großeltern. Es wird eine Menge gequatscht, aber keiner weiß was Genaues."

Boris sprang vom Holzstapel herunter auf die harte Grasnarbe. Der stechende Schmerz in seinem Bein kam ihm recht, sich um eine Antwort zu drücken. Er humpelte in Richtung Treffpunkt und sagte: „Das mit dem Schiff und so, das gefällt mir."

Ralle hüpfte wie ein übergroßer Ball neben Boris her und rief: *„Unsere Schiffe fahren weit hinaus!* Jaja, sie tun es, sie tun es!"

„Ich habe auch was gelesen", sagte Boris. „Es ist aus ´Der alte Mann und das Meer´."

„Hat Ali nicht mal davon erzählt?"

„Kennst du die Geschichte?"

„Ich weiß nur, dass da ein alter Fischer ziemlich am Ende ist."

„Als der Alte den Fisch seines Lebens an die Haie verloren hat, sagt er ..."

„Was denn, Alter, was?"

„Aber der Mensch darf nicht aufgeben. Man kann vernichtet werden, aber man darf nicht aufgeben."

„Das klingt ganz nach Ali." Ralle schien wenig begeistert.

„Hemingway", sagte Boris düster. „Der die Geschichte geschrieben hat – er soll sich eine Kugel durch den Kopf geschossen haben."

Ralle schwieg, dann sagte er altklug: „So sind die Leute. Die sagen dies und tun das."

Sie hatten den Sammelplatz an dem Schotterweg zwischen Wald und Heide erreicht. Das Gedränge um die besten Plätze auf den Ladeflächen der Lastwagen hatte schon begonnen. Bevor die beiden Nachzügler einen Wagen bestiegen, sagte Ralle noch: „Übrigens, die blöde Hauerei gestern Abend. Ich find´s ganz gut, dass du verloren hast."

„Was?"

Ralle zuckte mit den Schultern. Die Motoren sprangen bullernd an. Boris sprang auf den Laster und verkniff sich den Schmerz. Er reichte Ralle die Hand und zog ihn unter spöttischen Bemerkungen der Jungen hoch.

Sie fuhren los, holpernd, die bleierne Benzinfahne des vorausfahrenden Fahrzeugs unter der Plane, mit übermütigem Geschrei und Vorfreude auf die viel gelobte Insel.

Boris zog seinen Schuh aus und massierte den Knöchel. Es tat gut, Ralle neben sich zu wissen. Vielleicht war ja doch nicht alles verloren.

16.

Mit einem Schiff der „Weißen Flotte" setzten sie von Schaprode auf dem Bodden nach Hiddensee über. Es hieß, dass die kleine Insel der sonnenreichste Ort in der ganzen Republik sei. Vielleicht wurde das Eiland ja auch darum „Sötes Länneken", *süßes Ländchen*, genannt, wie ein Mädchen wusste, das mit ihren Eltern schon mal hier war.

Als das Schiff ablegte, stand Boris an der Reling und ließ sich vom Seewind die nackte Haut kitzeln. Er war aufgeregt, als hätte gerade ein Abenteuer begonnen, dessen Ausgang ungewiss war.

Immer mehr Ballast fiel von ihm ab, ein Lächeln entspannte sein Gesicht. Obwohl das kleine Schiff mit Menschen fast überfüllt war, fühlte er sich nicht bedrängt. Ali stand mit Kalinke und Horst am Bug und erklärte etwas, mit ausgestrecktem Arm darauf hindeutend. Das Mädchen, er hörte es, befand sich mit ihren Freundinnen auf der anderen Seite des Decks. Ralle saß an einen Rettungsring gelehnt auf einem zusammengerollten Tau, mit angezogenen Knien, grün im Gesicht. Hinter einem Rettungsboot stiegen in kurzen Intervallen Qualmwolken auf. Boris war allein, ohne sich einsam zu fühlen. Das war wie ein unerwartetes Geschenk.

Im kleinen Hafen von Vitte gingen sie an Land. Ralle schloss sich Boris wieder an. Er schob seine Schwäche darauf, dass sein Bauch vom Frühstück zu voll gewesen wäre. Eigentlich sei er seetüchtig, in seinen Gedankenreisen zu den Cookinseln hätte er schon schwere Stürme überstanden. An Vittes leuchtend weißem Sandstrand ließ Ali sich zu einer Badepause überreden. Erfrischt wanderten sie auf der Dammkrone in langer Reihe, zu zweit oder zu dritt nebeneinander, nach Kloster hinüber. Der weiße Leuchtturm, der auf dem Dornbusch, der höchsten Erhebung der Insel stand, leitete sie. Im Konsum von Kloster kauften sie Eis, vor dem Laden versammelten sie sich um Standke. Der Lehrer erzählte ihnen von der wechselvollen Geschichte der Insel, über Flora und Fauna, Klima und Geologie. Wie immer war seine Rede trocken und langatmig. Da hörten sie schon eher hin, als Ali ihnen sagte, dass „Hedinsey", der ursprüngliche Name der Insel sei und schon in den altnordischen Dichtungen der Edda auftauche und so viel wie „Insel der Hedin" heiße.

Als er sagte: „Es soll ja der legendäre Norwegerkönig Hedin hier um eine Frau gekämpft haben", spürte Boris den brennenden Blick des Mädchens und wandte sich ab. Standke kündigte barsch an, dass sie nun das Gerhart-Hauptmann-Haus besuchen würden. Er bitte sich tadelsfreie Disziplin und absolute Ruhe aus. Er wolle den großen deutschen Dichter, der hier zeitweise gelebt und gearbeitet habe, mit seinen schlichten Worten entsprechend würdigen. Die Ansage wurde mit verhaltenem Stöhnen aufgenommen. Im eher düster wirkenden Haus mit den alten Möbeln wollte dann auch keine rechte Freude aufkommen. Obwohl sie dem Lehrer gehorsam durch die Räume folgten und sich ihm bei seinen Erklärungen schweigend zuwandten, schienen doch alle mit etwas anderem beschäftigt. Als der Lehrer dann abrupt seine Führung beendete und nach draußen eilte, drängte ihm die Horde freudig drauflos schwatzend nach.

Auf dem Weg zum kleinen Inselfriedhof, wo der Dichter begraben lag, schob Kalinke Ralle beiseite. Der kräftige Junge lief eckig neben Boris her, es war ihm anzumerken, dass er sich unwohl fühlte. Schließlich sagte er: „Jetzt hasst du mich, was?"

Boris sah Kalinke verblüfft an. „Warum soll ich dich denn hassen?"

„Na ja", druckste Kalinke. „Weil ich dich umgehauen habe."

„Quatsch. Ich hasse niemanden."

Kalinke atmete vernehmlich auf und stieß hervor: „Dann ist jetzt alles klar, oder?"

„Was denn?", fragte Boris vorsichtig.

„Na, dass Ulli zu mir gehört."

„Ich weiß nicht", sagte Boris zögernd, er dachte, dass er das ziemlich oft sagte. Das Mädchen bummelte mit ihren Freundinnen der Gruppe hinterher. Seine Hand drückte die Geldtasche, in der er das Kettchen mit dem Anhänger aufbewahrte.

„*Was* weißt du nicht, Mann?"

Boris hörte den jähzornigen Unterton in Kalinkes Stimme, der ihn aufbrachte. Warum nur hatte er Kalinke nicht besiegen können? Der Trainer hatte nach dem Kampf noch kein Wort, nicht einmal einen Blick für ihn übrig gehabt. Das steigerte seine Wut.

Boris wollte zu Ralle aufschließen, der ein paar Schritte vor ihnen ging. Er lief aber weiter neben Kalinke, sagte grimmig: „Ich sagte doch – ich weiß nicht."

Dass er nichts Vernünftigeres herausbrachte, machte ihn noch unsicherer, ihm war beklemmend heiß, hinter seiner Stirn klopfte der Schmerz. Seine Erbitterung richtete sich nun auch gegen das Mädchen, das nichts Besseres zu tun hatte, als herumzualbern. Sie hätte Kalinke nur sagen müssen, dass sie nie im Leben seine Freundin würde. Und warum hatte Dschugaschwili ihm vom Betrug dieses Hemingway erzählt? Wenn er nur endlich das Bild seiner Mutter wieder in seinen verdammten Schädel bekommen würde.

Wenn er jetzt zusammenbräche, brauchte er vielleicht nie wieder aufzustehen. Das war verlockend. Er war ein Verlierer, ja, aber kein Schwächling.

Sie hatten den Friedhof erreicht. Boris blieb am Eingang stehen. Auch Kalinke ging nicht weiter. Die anderen bildeten einen Halbkreis um Dschugaschwili. Der Lehrer stand, alle überragend, vor einem mit frischen Blumen geschmückten Grab.

Standkes Stimme schwappte flau herüber. Kalinke rückte an Boris heran und drohte: „Reicht dir denn die Abreibung noch nicht, he? Wenn du noch hundertmal gegen mich antrittst, haue ich dich eben hundertmal auf die Bretter. Ist das klar?"

Boris war sicher, dass er Kalinke nie würde besiegen können. Für den Moment war er erleichtert, dann aber umso verzweifelter. Es gab nichts mehr, an dem er sich festhalten und sich ausbalancieren konnte. Ein Strudel zog ihn aus dem Licht in einen Schacht, der umso enger wurde, je tiefer er fiel. Kalinke, wohl um seine Drohung zu bekräftigen, hob seine rechte Schlaghand. Nun ging alles automatisch. Boris landete einen Schwinger an Kalinkes Schläfe, sein Gegner verdrehte die Augen und sank wie in Zeitlupe zu Boden.

Er sah überrascht zu, wie Kalinke sich aufrappelte und mit glasigem Blick auf wackligen Beinen stand. Boris verließ den Friedhof und setzte sich vor einem Haus auf einen Stapel Ziegelsteine. Langsam wurde ihm bewusst, was passiert war. Sein Verhalten war unsportlich, er machte sich Vorwürfe wegen seiner Unbeherrschtheit. Er empfand aber auch Genugtuung, als hätte er sich genommen, was ihm zustand. Die anderen kamen, es war ihnen nichts anzumerken. Ralle grinste und sagte: „Wie die Steinzeitmenschen. Aber gut hat´s doch getan."

Sie wanderten weiter nach Norden, wo auf dem „Hochland" der Insel sich der Leuchtturm erhob. Ralle hielt sich ab und zu in Kalinkes Nähe auf und teilte grinsend Boris mit: „Du bist ein guter Kerl, Alter. Hast Kalinke zu einem himmlisch blauen Auge verholfen. Der Bullenbeißer fantasiert immer noch. Er meint, er wäre gegen einen Grabstein geprallt, als er eine Inschrift lesen wollte."

Als sie den Leuchtturm auf dem hügeligen Gelände erreichten, war es Mittag. Der Zugang zum Turm war versperrt. Vor allem Ralle bedauerte das, er hatte Boris zeigen wollen, wie es „da ganz weit draußen" ist. Der Blick reichte dennoch über die lang gestreckte schmale Insel bis hin nach Rügen und auf der anderen Seite auf die grün flackernde Ostsee. Ali gab das Kommando zur Rast. Eine Gruppe Kiefern, die Kronen vom West- und Nordwind gekappt, die Stämme gegen Osten geneigt, spendeten etwas Schatten vor der stechenden Sonne. Standke erklärte, dass sie sich hier auf einem 72 m hohen Moränenzug

befänden, der von den Einheimischen auch „Schluckswiek"
oder allgemein „Bakenberg" genannt wurde. Wieder entfernte er
sich eilig von der Gruppe.

Boris verspürte inzwischen Hunger, aber noch immer keinen Appetit. Er schob Ralle seine belegten Brote hin und trank widerwillig lauwarmes Wasser aus der Flasche. Ob Ali mitbekommen hatte, was auf dem Friedhof passiert war? Ihm entging fast nichts, man sagte, dass er einen Gegner, der ihn von hinten angriff, ebenso schnell erledigen würde, wie den, der ihm gegenüberstand.

Der Trainer kam dann auch zu Boris herüber. Er raunte Ralle etwas zu, worauf der sich ein paar Meter entfernt an den Dünenrand setzte. Der Trainer nahm Ralles Platz ein, rieb an seinem Pulli einen Apfel blank, biss kräftig hinein und sagte: „Und?"

„Ja", sagte Boris beflissen. „Ja, Ali." Gern hätte er ihm alles erklärt, was sollte er sagen, wie?

„Was *ja*?"

„Ich – weiß nicht."

„Komm nicht so, so nicht", sagte Ali. „Hast was zu sagen, was?"

„Zum Kampf? – Du meinst - weil ich umgefallen bin?"

„Wieder aufgestanden, bist du", sagte Ali. „Weißt noch, der alte Santiago, sagt?"

Boris wollte schon Santiagos Spruch hersagen. Stattdessen hörte er sich fragen: „Stimmt es, dass sich der Hemingway – dass der sich selbst getötet hat?"

Ali schluckte würgend und warf den angebissenen Apfel weg. Der Trainer sah mit seitlich gesenktem Kopf zu Dschugaschwili hinüber, der an der abgesperrten Tür des Leuchtturms rüttelte.

„Hast du von wem?"

„Von ..."

„Standke", sagte Ali förmlich. „Der Mann heißt Standke, heißt er."

„Er hat das behauptet. Das stimmt doch nicht, Ali. Sag mir, dass das eine verdammte Lüge ist!"

„Hübsch ruhig, bleib mal. Durchatmen, genau, ein - aus."

Der Trainer atmete langsam und tief. Boris tat es ihm gleich.

„Standke und du. Habt geredet, wann?"

Boris berichtete von der vergangenen Nacht, dass er nicht schlafen konnte und schließlich aus dem Zelt gekrochen war. Plötzlich hatte der Lehrer vor seinem Zelt gestanden.

„Was hat er gewollt, was?"

„Ich habe ihn gefragt, ob er den Schnee auch gesehen hat?"

„Schnee, wie?"

„Es war Vollmond. Als ich aus dem Zelt kam, war alles wie mit einer Schneeschicht bedeckt."

„Was weiter?"

„Dschugaschwili, also der Lehrer sagte, dass die Lichtverhältnisse wohl meine Augen getäuscht hätten."

Ali spähte wieder zum Lehrer hinüber. „War alles?"

Boris fühlte sich unbehaglich, wie bei Dschugaschwili, als der ihn ausgefragt hatte. Wieder fiel ihm einer von Brunos Sprüchen ein: „Wenn einer viel wissen will, soll er ins Lexikon gucken."

Ali war nicht Dschugaschwili. Dem Trainer konnte er alles sagen. Fast alles. Für manches fand man kein Wort. Jedenfalls nicht das richtige. Für *Menschen*, zum Beispiel. Man konnte viele Worte über sie sagen, aber sie brachten keine Klarheit. Dazu fiel ihm gleich Ulli ein. Der Vater. Ja, die Mutter. Auch Vera. Ralle. Eigentlich alle Menschen, die er kannte. Jeder lebte in seinem Haus. Sie empfingen dich vor der Tür. Oder sie machten ein Fenster auf und schauten heraus. Aber hinein ließen sie dich nicht.

„Er hat da was gesagt, Ali."

„Gesagt, was?"

„Ich weiß nicht, ob ich´s noch zusammenkriege. Er hat gesagt – am schönsten ist, was nicht wirklich ist. Und – dass meistens nicht schön ist, was wirklich ist."

„Hat er gesagt, hat er?"

Ali schien verblüfft. Er sah abschätzend zu Dschugaschwili, der mit gesenktem Kopf auf der Stelle trippelte und quarzte.

„Hieße ja ...", sagte Ali grüblerisch. „Davon halten, soll man, was?"

Er ballte die Hände, dass die Muskeln wie Seilstränge an seinen Unterarmen hervortraten.

„Hat er – wollte wissen, was?"

„Was denn?"

„Meine, über mich, hat er gefragt?"

Bevor Boris antworten konnte, sprang Ali fluchend auf, sagte grimmig: „Was war da bloß los, auf dem Friedhof? Bring das in Ordnung, hurtig."

Der Pionierleiter gab das Zeichen zum Aufbruch. Während sie sich auf dem Weg hinunter nach Kloster befanden, schob Boris sich an Kalinkes Seite. Sie liefen wortlos nebeneinander. Boris sagte: „Das war – unfair."

„Hat aber gesessen", sagte Kalinke und lachte.

„Aber es war nicht in Ordnung", sagte Boris selbstanklägerisch. „Es ist nur ..."

„Was ist?"

„Ach nichts." Es war sinnlos, sich gerade Kalinke mitteilen zu wollen. Er musste selbst mit sich klarkommen. Dann kam er auch mit den anderen klar. Und die mit ihm. So war das.

„Na, sag schon", sagte Kalinke verträglich. „Mich haut nicht gleich was um. Ich bin ein Steher wie mein Vater. Meine Mutter kann auch was wegstecken."

Boris hätte Kalinke gern nach seinen Eltern gefragt. Er kannte sie flüchtig von Elternabenden, bei denen die Schüler dabei waren. Beide waren eher beleibt, und es war schwer vorstellbar, dass der durchtrainierte Kalinke ihr Sohn war. Manchmal war Boris ihnen flüchtig im Dorf begegnet, wenn sie mit einem knatternden Motorrad mit Beiwagen unterwegs waren. Warum nur hatten seine Eltern nicht zusammenbleiben können?

„Spuck's schon aus." Kalinke wehrte ärgerlich Horst ab, der ihm etwas zuflüsterte. Horst konnte nicht ertragen, wenn Kalinke sich jemand anderem zuwandte. Um auf sich aufmerksam zu machen, zuckte er am ganzen Körper, gab tierische Laute von sich oder fing mit dem Nächstbesten zu streiten an.

„Nichts", sagte Boris. „Es ist nichts. Also entschuldige."

Sie standen vor dem kleinen Museum, der früheren Seenotstation. Standke sagte, dass er ihre Disziplin, die sie heute an den Tag gelegt hätten, mit einem kleinen Vortrag über das Leben und Brauchtum der Insulaner durch die Jahrhunderte belohnen wollte. Die Eifrigsten, Interesse vortäuschend, drängten hinter dem Lehrer in das schilfgedeckte Häuschen. Kalinke hielt Boris zurück.

„Zum letzten Mal: Hände weg von Ulli." Verlegen erklärte Kalinke seine Drohung: „Was soll ich denn machen, wenn du nicht aufgibst? Da muss ein Mann doch zuhauen. Du verstehst?"

Boris nickte finster. Er folgte den anderen ins Museum, ließ Dschugaschwilis ermüdende Predigt über sich ergehen, antwortete ausweichend auf Ralles Fragen, was Ali und Kalinke gewollt hatten. Als der Lehrer endete, verließ er mit den anderen fluchtartig das erdrückend enge Haus.

Es war Nachmittag, sie hatten noch Zeit bis zur Abfahrt des Schiffes. Aus der Gruppe kamen allerlei müde Vorschläge, noch was zu unternehmen. Keiner fand Zustimmung. Also gab Ali das Zeichen zum Abmarsch. Birgit Seidemann, eine von Ullis Freundinnen, die wegen ihrer Mitgliedschaft in der evangelischen „Jungen Gemeinde" auch Maria gerufen wurde, fragte, ob sie sich noch die kleine Inselkirche ansehen dürfte? Mit flinker Zunge wusste sie gleich zu erzählen, dass die Kirche das letzte Bauwerk des ehemaligen Zisterzienserklosters sei, eine kleine, aber feine Orgel und ein Tonnengewölbe mit einer schönen Rosenbemalung habe.

Dschugaschwili kam sogleich heran. Er ließ Maria ausreden, sah zu Ali, der sich bückte und die Schnürsenkel seiner Turnschuhe neu band, und sagte: „Interessant, Seidemann." Er zog seine Taschenuhr aus der Jacke, schüttelte sie, hielt sie hoch, sagte: „Also Abmarsch" und ging mit langen Schritten los.

„Aber ...!", rief Maria ihm nach. Sie war klein und unscheinbar, galt aber als zäh. Bei Laufwettbewerben ließ sie auf langen Strecken selbst die Jungen hinter sich. „Das dauert doch nicht lange." Wie ein trotziges Kind stampfte sie mit dem Fuß auf und sagte: „Und ich gehe doch."

Ali richtete sich auf und sagte: „Tu was, musst nicht beten."

„Wer spricht denn von Beten", sagte Maria schnippisch.

„Der Aufstand, warum?"

Ali bedeutete den anderen, sich dem Lehrer anzuschließen. Nur die Kettnerzwillinge und die Sommer, Standkes Vorzeigeschüler, folgten der Anweisung.

„Herrje", sagte Maria, die es genoss, im Mittelpunkt zu stehen. „Ich will ja nur gucken. Mich mal kurz hinsetzen."

„Schon hundert, was? Renne, macht munter."

„Rennen ist doof. Sitzen ist besser. Da sieht man mehr."

Ali fasste Maria leicht am Oberarm, aber sie riss sich los. Der Pionierleiter sah dem Lehrer hinterher, sagte: „Da drin, was gibt´s schon zu sehen, was?"

„Komm doch mit, Ali", sagte Maria, lachte und streckte ihm keck die Hand hin. Auch die anderen Mädchen lachten.

„Fehlte noch", sagte Ali an die Jungen gewandt. „Haus für Knechte, ist das. Unterschlupf für Alte, Kranke, Schwache. Kriegt mich keiner rein. Nicht als Leiche, niemals."

„Ach was", sagte Maria fröhlich. „Es gibt immer was zu gucken. Jede Kirche ist anders. Wie jeder Mensch auch anders ist."

„Zwitschere ab."

Maria überrumpelte Ali mit ihrer Umarmung und rannte, ihr buntes Taschentuch schwenkend, zu der kleinen Kirche. Alis Gesicht verschloss sich. Er hielt nichts von „Gefühlsduseleien", die würden nur den Charakter verderben.

„Nur Seidemann", kommandierte er, als zwei Mädchen Maria hinterher wollten.

„Dauerlauf!"

Die Mädchen und Jungen setzten sich lustlos, aber gehorsam in Bewegung. Nachdem sie ein Stück gerannt waren, besserte sich ihre Laune. Bald hatten sie Dschugaschwili und seine Begleitung eingeholt.

Auch Boris fühlte sich durch das Laufen erfrischt, obwohl er wieder Schmerzen im Bein hatte. Er staunte über Marias Mumm, die sich offen zu Gott bekannte. Damit war sie in der Schule allein. Im Unterricht lernten sie, dass Religion „Opium des Volkes" sei. Karl Marx hatte das gesagt. Ali sagte: „Macht dumm und schläfrig, Opium, macht es. Wach und klug, müssen wir sein."

Maria war weder dumm noch schlafmützig. Sie hatte ebenso gute Zensuren wie Dschugaschwilis Musterschüler. Die hatten viele Urkunden und Medaillen eingeheimst. Maria bekam nie eine Auszeichnung. Ihre gesellschaftliche Mitarbeit wurde mit *ungenügend* bewertet. Sie spielte irgendwo in der „Jungen Gemeinde" Theater, manchmal sang sie in einer der Dorfkirchen. „Zwecke", wie sie auch gerufen wurde, war schon ein erstaunliches Mädchen. In der Schule war Boris ihr fast täglich begegnet, ohne dass er sie bewusst wahrgenommen hatte. Sie gehörte zu den Menschen, die sich veränderten, wenn man mit ihnen zu tun bekam. Nein, man selbst veränderte sich dabei.

Als sie im Hafen von Vitte ankamen, wartete bereits das Schiff. Von Maria war weit und breit nichts zu sehen. Die Mädchen versuchten ihre Abwesenheit zu vertuschen, benahmen sich aber so auffällig, dass Standke misstrauisch wurde. Ali fluchte vor sich hin, er erzählte holpernd über den kleinen Hafen, den er nicht kannte. Der Schiffsführer, ein muffliger Alter mit blütenweißer Kapitänsmütze, Vollbart und Pfeife, eine lebendig gewordene Karikatur, drängte zur Abfahrt. Dschugaschwili war inzwischen mit seinen Lieblingsschülern an Bord. Er rief dem Pionierleiter zu, doch mehr auf Disziplin zu achten.

Ali konnte den Aufbruch nicht länger hinauszögern. Boris überlegte hektisch, wie Zeit zu gewinnen war. Auf dem Bootssteg stieß er Ralle ins Wasser und sprang kopfüber hinterher.

Als sie endlich unter dem Gelächter der Zuschauer klatschnass an Bord kamen, war auch Maria da. Ali ließ Boris und Ralle sich nackt in ein Rettungsboot setzen, warf ihnen eine fischige Decke zu und hängte ihre Sachen in den Wind. Er verlor kein Wort dabei. Standke war nichts anzumerken.

Boris wollte sich Ralle erklären, der sagte nur: „Ich bin zwar fett, aber nicht blöd."

Sie hockten frierend unter der Decke. Es war Wind aufgekommen, das Schiff schaukelte leicht. Ralle begann wieder zu würgen, Boris drohte: „Wenn du reiherst, gehst du noch mal auf Tauchstation."

Ralle lachte leise, sie sahen auf die Sonne, die sich wie ein roter Ballon aufblähte und am Horizont wie über ein dünnes Seil glitt.

17.

Boris hatte die Nacht durchgeschlafen. Anscheinend auch ohne Traum, der ihm sonst am Morgen schwer auf der Brust lag. Er ließ die Augen noch zu, dachte, dass Montag war, eine neue Woche begann. Was würde wohl werden? Er war nicht mehr ohne Hoffnung. Wenn man sich gut fühlte, brauchte man sie nicht.

Dann wurde ihm bewusst, dass nicht der Lautsprecher, sondern die unwirsche Stimme eines Betreuers ihn geweckt hatte. Sein erster Blick galt Ralle. Er drängte ihn aus dem Zelt, entdeckte frische Schrammen in seinem Gesicht. Boris hetzte zum Waschplatz, erklomm die Fichte und wickelte am Lautsprecher einen abgerissenen Draht um eine Öse. Der Kinderchor erklang, als hätte er nie mit Singen aufgehört und würde es auch niemals mehr tun.

„*Der Som-mer ist zu lo-ben! Es wächst der fet-te Wei-zen. Die Son-ne scheint ganz o-ben, die Er-de fern-zu-hei-zen ...!*"

Boris kletterte vom Baum und wollte sich davonstehlen, da stand Ali vor ihm und packte ihn fest an den Schultern. Sein

Gesicht war zornrot, er sagte: „Kann´s nicht glauben! Darf nicht wahr sein!"

Boris dachte, dass ihm nichts Schlimmeres hätte passieren können.

„Nie gedacht, hätte nicht. Alles auf dich gesetzt, alles. Machst Mist, Mensch, verdammt!"

„Ich – ich ..."

„Sag bloß nicht *Ich weiß nicht*! Sag nichts, absolut nichts."

Die Ersten trudelten auf dem Waschplatz ein und schauten zu ihnen herüber. Ali schubste Boris in Richtung Zeltplatz. Er lief hinter Boris, stieß ihn, wenn er langsamer wurde oder sich umdrehen wollte, weiter. Kurz vorm Zeltplatz drehte Boris sich dann doch um und sagte: „Ich habe den Lautsprecher doch nur repariert."

„Hast du?", sagte Ali noch immer aufgebracht. „Wer hat ihn, außer Betrieb gesetzt, wer? Stimmt nicht, vorn und hinten, absolut nicht."

„Das Ding ist doch Schrott", sagte Boris. „Ich habe den Draht um die Öse gezurrt. Der geht nicht wieder ab."

„Denkst du, was, ja." Ali war etwas beruhigt, aber noch argwöhnisch. „Soll ich sagen, was ich denke, soll ich?"

„Was denn, Ali?"

Der Pionierleiter gab Boris erneut einen Stoß und knurrte: „Hau ab. Den ganzen Dreck, wasch runter."

Beim Waschen ging Ralle Boris nicht von der Seite, er sagte vorwurfsvoll: „Hast etwa du die Kiste wieder zum Plärren gebracht?"

„Du tickst doch falsch, Malisch", konterte Boris. „Ich hätte gleich Meldung machen sollen. Wie es meine Pflicht war."

„Ich habe dich nicht um Hilfe gebeten, Mann."

Ralle, der sonst viel Wert auf Körperpflege legte, fuchtelte mit dem trockenen Waschlappen herum und zog dann ungewaschen seinen ergrauten Bademantel an.

„Ich brauche keinen verdammten Beschützer! Ist das klar?"

Boris war aufs Neue von Ralph Malisch überrascht. Der Junge schien aus mehreren, ganz unterschiedlichen Personen zu bestehen. Mal war er feige, dann wieder mutig. Er konnte tagelang schweigen, aber auch endlos schwärmerisch reden. Manchmal war er unbeweglich wie ein abgestellter Sack, dann aber hüpfte er trotz seiner Körperfülle leicht umher. Obwohl er so verschiedenartig war, schien doch alles irgendwie zusammenzupassen.

„Du Sau", sagte Boris umgänglich. „Nicht waschen, aber im Schwulenfrack, was?"

Ralle lachte verunsichert, er wollte wissen, was denn nun Sache sei? Boris winkte ab, sie mussten zum Zelt zurück und sich umziehen. Ein paar Minuten später standen sie am Waschplatz stramm um den Fahnenmast, die rechte Hand zum Pioniergruß erhoben. Die fünf Finger mussten dabei fest geschlossen sein. Sie sollten sinnbildlich die fünf Erdteile darstellen, die im Kampf um den Frieden zusammenstehen mussten. Die blaue Fahne wurde hochgezogen, ein Mädchen sprach die Losung des Tages, der Chor wiederholte sie. Eine Lehrerin stimmte an: *„Wir danken euch, Soldaten ..."* Alle stimmten kräftig ein: *„... weil ihr bei Tag und Nacht die Städte und die Dörfer in unserm Land bewacht ..."* Die meisten Schüler wie auch die Ferienhelfer kannten trotz der ständigen Wiederholungen von den Liedtexten nur die Anfangszeile und tönten mit, was der Lautsprecher vorgab. An den heimatlichen Schulen fanden zwar auch Fahnenappelle statt, aber nur ein paar Mal im Jahr und zu besonderen Anlässen wie am ersten und letzten Schultag.

Boris nickte in Richtung des Lautsprechers und flüsterte Ralle streng zu: „Und hör endlich auf mit dem Scheiß. Versprich mir das."

„Kann ich nicht", raunte Ralle zurück.

„Warum denn nicht?"

Ralle zuckte mit den Schultern, sah Boris versonnen an und übertönte den Chor mit einer hellen fröhlichen Stimme, dass alle zu ihm blickten.

„Nehmt, liebe, tapfre Freund, zum Dank den Blumenstrauß...!"

Ralle sang ganz selbstverständlich, als hätte er das schon oft vor Publikum getan. Es war kein Zittern in seiner Stimme, sie klang so rein und frisch, dass der Chor verstummte und er das Lied allein zu Ende sang.

„... Es las-sen auch schön grü-ßen die El-tern von zu Haus."

Es war still unter Schülern und Betreuern, einerseits waren sie angenehm überrascht, andererseits verunsichert.

Maria war es, die zuerst leise, dann heftiger in die Hände klatschte. Einige Mädchen taten es ihr nach, Jungen schlossen sich an, schließlich brandete der Beifall von überall her auf.

Ralle errötete, er sah Boris verlegen an und machte schließlich eine unbeholfene Verbeugung.

Boris tuschelte Ralle zu: „Verstehe nicht. Erst stellst du den Kasten ab, dann gibst du selbst ein Konzert."

„Es kam einfach so über mich, Alter." Ralle kicherte in sich hinein. „Essen und Singen sind mir das Schönste."

„Wir konzentrieren uns wieder!"

Ali informierte knapp über den Tagesablauf. „Fragen?" Er war bereit, das Kommando zum Wegtreten zu geben. Der Lehrer war aus der Gruppe der Betreuer getreten und hatte sich neben den Pionierleiter gestellt. Boris und Ralle tauschten einen fragenden Blick.

Dschugaschwili stand vor der Gruppe, fremd und einschüchternd, man wusste nie, was kam. Seine gelben Finger umschlangen einander, wobei die Daumen im Handballen versteckt waren. Der Lehrer hob ruckartig den Kopf, richtete zielsicher den engen Blick auf Maria. Er wartete, sagte, als keiner mehr schwatzte: „Seidemann. Vortreten."

Maria gluckste nervös, trat zögerlich einen Schritt nach vorn und schaute sich zu den Mädchen um. Sie tuschelte etwas, doch keine ihrer Freundinnen verzog eine Miene.

Dschugaschwili wartete. Der Schatten eines Lächelns huschte über sein Gesicht. Maria trat einen weiteren Schritt vor, was Unterwerfung bedeuten konnte, aber auch Gegenwehr.

„Du hast Dich beim gestrigen Ausflug ohne Erlaubnis von der Gruppe entfernt und die Abfahrt zum Zielort verzögert. Ist das richtig?"

Maria schwieg, den Kopf zur Seite gewandt, sagte dann aber mit trotzigem Unterton: "Ja."

„Wie ich gehört habe, warst Du in einer – in dieser Kirche."

Ralle flüsterte Boris zu: „Wer ihm das wohl gesteckt hat."

Horst stand so dicht bei Kalinke, dass der etwas abrückte.

„Das ist doch nicht verboten", entgegnete Maria störrisch. Sie blickte sich wieder zur Gruppe um.

Aus seiner Zeit im Heim kannte Boris das niederdrückende Gefühl, wenn einem bewusst wurde, dass man allein war.

„Du bist Mitglied der Thälmannpioniere, Seidemann. In Bälde werdet ihr feierlich in die Mitgliedschaft der Freien Deutschen Jugend aufrücken und Jugendweihe feiern. Muss ich dich an deine Pflichten erinnern?"

Dschugaschwili nickte einem der Kettnerzwillinge zu, worauf beide sogleich flott deklamierten:

„Wer auf einen Gott vertraut,
der hat auch gleich auf Sand gebaut.
Wir Pioniere glauben nicht,
dem Pionier ist Wissen Pflicht.
Wir wollen der Partei ..."

Dschugaschwili gebot Schweigen und sagte: „Du wirst zu Deiner Jugendweihe wie alle anderen auch das Gelöbnis sprechen, Seidemann. Weißt du, wie es da heißt?"

Maria schüttelte den Kopf.

Dschugaschwili gab ein Handzeichen, wieder schnarrten beide Kettners los: *„Seid ihr bereit, als junge Bürger unserer Deutschen Demokratischen Republik mit uns gemeinsam, getreu* *der Verfassung, für die große und edle Sache des Sozialismus zu arbeiten und zu kämpfen und das revolutionäre Erbe des Volkes in Ehren zu halten, so antwortet!"*

Der Chor der Pioniere schmetterte zurück: *„Ja, das geloben wir!"*

Dschugaschwili nickte, als dirigierte ihn im Nacken eine unsichtbare Hand, sein ausgemergeltes Gesicht zeigte keine Regung.

„Also entschuldige dich bei deinen Kameraden, Seidemann."

Alle atmeten auf. Maria würde mit einer Entschuldigung davonkommen. Doch sie sagte: „Wofür soll ich mich denn entschuldigen?"

Der Lehrer war für den Moment verdutzt und stieß dann gereizt hervor: „Du entschuldigst dich jetzt!"

„Nein", sagte Maria zaghaft, aber deutlich. „Wenn ich nicht weiß, warum, mache ich es nicht."

Dschugaschwili belferte zurück: „Ich spreche dir hiermit eine Rüge aus! Bei der zweiten gibt´s einen Verweis! Und das bedeutet: Ab nach Hause!"

Mit einem ungeduldigen Schlenker der langen knochigen Hand bedeutete der Lehrer dem Mädchen, sich in die Reihe zurückzustellen.

Endlich endete der Auftritt. Dschugaschwili hatte wieder einmal allen gezeigt, wer das Sagen hatte. Das Ganze hatte etwas Unwirkliches. Maria schluchzte wütend, sie stammelte, dass sie ohnehin nicht in die FDJ eintreten und konfirmiert würde.

„So ein Schwein", flüsterte Ralle.

„Du spinnst doch."

Boris kam sich feige vor, er war durcheinander. Warum hatte Ali nicht gesagt, dass Maria mit seiner Erlaubnis in die Kirche gegangen war? Aus Alis Gesicht war nichts abzulesen. Fürchtete Ali etwa den gespenstischen Dschugaschwili? Er konnte doch mit einem einzigen Schlag das ganze Gerippe zusammenbrechen lassen.

Der Pionierleiter ließ abtreten, die Jungen und Mädchen beeilten sich, zu den Zelten zu kommen. Boris stolperte den Weg zurück, sein Fuß tat wieder weh, die Beine wollten ihm nicht gehorchen. Überhaupt schienen ihm alle Gliedmaßen nicht mehr zu passen. Er war enttäuscht, wütend auf sich, auf Ali, ja, auf ihn, er fauchte Ralle an: „Halt den Sabbel, verdammt noch mal!"

Als er sich umschaute, war es, als seien Ali und Dschugaschwili, die zurückgeblieben waren, aneinandergeraten. Er hoffte auf einen entsetzten Schrei des Lehrers. Alle Welt sollte erfahren, dass Ali Dschugaschwili niedergestreckt hatte!

18.

Nach dem Frühstück kamen sie zum Volleyballturnier zusammen. Dschugaschwili, einem umgekehrten und schräg nach vorn geneigten Ausrufezeichen gleich, war scheinbar weit ab auf Patrouille. Boris dachte missmutig, dass das Gute wohl nur in der Wunschvorstellung passierte. Der Lehrer erschien ihm unsterblich wie der Zauberer Koschtschej aus einem russischen Märchen. Aber hatte nicht der Zarensohn Iwan auf der Suche nach seinem Mädchen Tausendschön, das Koschtschej gefangen hielt, herausgefunden, dass dessen Tod in einem Ei war? Er hatte mit Hilfe des Habichts, des Bären und des Hechts das Ei aufgespürt und zerdrückt. Der Zauberer war nun tot, und Iwan Zarewitsch heiratete seine Braut. Wie hieß es doch am Schluss? *„Auch ich bin dabei gewesen, habe Honigbier getrunken, es ist in den Bart geflossen, der Mund hat nichts genossen."*

Aber die Zeit der Märchen war vorbei. Alles war wirklich, vieles tat weh. Boris Abendroth war kein Zarensohn, sondern *Sohn elternlos* und ein Verlierer. Er sah zu Ali hinüber, der einem Mädchen erklärte, wie man den Aufschlag schmetterte. Ob der Pionierleiter jemals offen gegen den Lehrer antreten würde? Ali war stark wie Iwan Zarensohn, genauso mutig, alles passte – und doch hatte Ali seine Braut nicht bekommen. Sandra.

Nun hieß der Kolkrabe so, den Ali verhätschelte. Das war schon sonderbar, dass er den Vogel samt dem riesigen Käfig durch das ganze Land mitschleppte.

Boris setzte sich auf den Erdboden, zog den rechten Schuh und Strumpf aus und rieb mit einer Salbe aus dem Sanikasten den Fuß ein. Ralle nahm ihm die Elastikbinde aus der Hand und legte sie ihm geschickt an. Boris wollte ihn abwehren, doch Ralle lachte und sagte vergnügt: „Lass mal. Ich knutsche dich ja nicht. Ich verbinde dich nur, alter Kriegskamerad."

Boris sah sich um, niemand schaute her. Ulli machte Dehnübungen. Ihre Bewegungen waren kraftvoll und elastisch, sie strahlte Energie und unbändige Lust aus. Eben noch hatte Boris sich schlapp gefühlt, jetzt freute er sich auf das Spiel.

„Nicht ganz schlecht." Ralles Nähe, seine fröhliche Bemutterung taten Boris wohl. „Bist ein Kumpel, Ralle."

„Sag ich doch, Alter. Ob du Mumps, Masern oder Dünnpfiff hast, komm zum Medizinmann Ralle, der macht dich wieder heil."

Drei durchdringende Pfiffe ertönten. Die ersten beiden Mannschaften betraten das Spielfeld. Ali fungierte als alleiniger Schiedsrichter. Horst stand außerhalb des Spielfeldes am Netz auf einem Hocker, er sollte den jeweiligen Spielstand notieren. Mit einem weiteren Pfiff gab Ali das Spiel frei. Standke verdünnisierte sich vom Sportplatz, die ohnehin schmalen Schultern zusammengezogen, als wollte er in sich selbst verschwinden. Der Lehrer betrachtete Sport als ein „bestenfalls notwendiges Übel", wobei er den Denksport als „Krone der Bewegung" bezeichnete. Die einen sagten, er sei früher als Gedächtniskünstler aufgetreten. Die anderen behaupteten, er gehöre zu den besten Schachspielern des Landes.

„So", sagte Ralle zufrieden. „Das haben wir ganz gut hingekriegt. Nun kannst du dir den Hals brechen. An deinem Bein soll´s jedenfalls nicht liegen."

Die Einreibung und die Binde machten Boris fast schmerzfrei. Er entschied sich, barfuß zu spielen, streifte auch den anderen Schuh und Strumpf ab und sagte: „Vorhin, du singst ja wie dieser - Orpheus. Der sang so schön, dass selbst die Felsen weinten."

Ralle winkte ab, seine großen Augen glänzten.

„Aber doch, ja", bestätigte Boris, er freute sich mit Ralle. „Singst du oft?"

Ralles feingliedrige Finger glitten über die Schrammen in seinem Gesicht. „Oft – nein. Manchmal, wenn einfach nichts mehr läuft."

„Wie - nichts mehr läuft?"

„Ich wollte schon mal – alles hinhauen ..."

„Wie hinhauen?"

„Ach, Quatsch – ich meine ja nur, da singe ich dann eben ein bisschen. Im Keller. Im Auenwald. Auf dem Mond."

„Aha."

„Oder in der Mastanlage vor den Schweinen meines Alten. Die sind immer ganz gerührt. Was meinst du, wie die gucken."

Ralle lachte bitter.

Boris hatte ein ungutes Gefühl, er fragte: „Alles hinhauen – wie meinst du das, Ralle?"

„Ich sagte doch: Quatsch!" Ralle reagierte entgegen seiner sonstigen Sanftheit heftig. Gleich entspannte er sich wieder und sagte versöhnlich: „Du liest wohl viel, was?"

Boris wollte nicht weiter in Ralle dringen. Auch er verschloss sich, wenn jemand ihn bedrängte. Hatte Ralle vielleicht schon mal daran gedacht, sich – umzubringen? Und er selbst? Traute er sich zu, *wenn nichts mehr läuft*, Schluss zu machen? Die Möglichkeit gab es immer, das beruhigte ihn. Nur gut, dass Ali nicht in seinen Kopf sehen konnte. Was würde der wohl zu so viel Schwäche sagen?

„Was hast du gesagt?"

„Ob du gern liest?"

„Meine Mutter hat mir oft Bücher mitgebracht." Er konnte also wieder von seiner Mutter sprechen. „´Hier, lies´, hat sie gesagt. ´Da erfährst du, wie es wirklich ist´."

„Was denn?"

„Das habe ich sie auch gefragt. ´Was denn, Mama?´"

„Und was hat sie geantwortet?"

„´Das Leben, Boris. Alles eben. ´"

Boris wollte, dass Ralle ihn weiter nach seiner Mutter fragte. Und er wollte es auch nicht. Das war so weit weg und bedrückte ihn doch. Ja, was er alles gelesen hatte: Kinderbücher, Abenteuergeschichten, Märchen, immer wieder Märchen. Die der Brüder Grimm, knapp und eindringlich, die wundersamen Geschichten aus TausendundeineNacht, die von Andersen, für die er erst in seinen Träumen ein gutes Ende fand. Und dann die geliebten Russischen Volksmärchen, wo Iwan, der aber auch zu gar nichts nütze war, dann doch noch sein Glück machte. Märchen aus aller Welt, deren Helden und ihr Bemühen das Gute zu tun sich ähnlich waren. Seine Mutter hatte gewusst, was er gerade brauchte. Er hatte auch Bücher in die Hände bekommen, von denen er nur einige Sätze begriff, wobei die Geschichte unentdeckt geblieben war. Das war geheimnisvoll und auf eine andere Art spannend gewesen. Er würde diese Bücher später lesen und verstehen. Darauf freute er sich.

Ralle saß, den massigen Oberkörper mit nach hinten gestemmten Armen abgestützt, die Augen geschlossen, der Sonne zugewandt. In seinem zarten Gesicht, das die intensive Sonne weder bräunte noch verbrannte, wirkte der rote Mund wie geschminkt. Zwischen den Lippen steckte der Stängel einer Grasnelke. Die lila Blüte zitterte leicht, von einer Wespe umsurrt.

Boris fand das Gesicht des dicken Jungen anziehend, anders als das von Ulli und Vera. Es weckte kein Verlangen nach Berührungen wie bei den Mädchen, aber es machte ihn ebenso neugierig. Bisher hatte der Junge ihn immer wieder überrascht. Gern hätte er in Ralle geblickt. In die „Seele", von der Anna manchmal sprach, wenn sie über einen Menschen nachdachte. Da sagte sie mit leise schwingender Stimme: „Der Frenzel Albert, der ist kein Dieb. Der hat, glaube ich, eine gute Seele." Benno murrte, weil ihm wieder ein Kaninchen fehlte, da beteuerte sie: „Die Seele ist wahr, die kann nicht lügen."

Ali rief, ob der Herr denn eine schriftliche Einladung benötige, um endlich anzutreten. Ulli, als Mannschaftskapitän, fauchte Boris an: „Nimm deinen Platz ein!" Von der gegnerischen Mannschaft war Kalinke der Kapitän. Seine Körperhaltung und sein Gesicht drückten den festen Willen zum Sieg aus. Boris fühlte sich dagegen ungenügend. In ihrer Leidenschaftlichkeit passten Ulli und Kalinke gut zueinander. Neidvoll blickte er zwischen den beiden hin und her.

Der Ball wurde ihm zugespielt, er versuchte ihn hoch ans Netz zu servieren, um Ulli die Vorlage für einen ihrer gefürchteten Schmetterbälle zu geben. Sein Zuspiel kam zu tief, Ulli schlug den Ball ins Netz. Sie bedachte ihn mit einem wütenden Blick und wetterte: „Ja, pennst du noch?" Auf Russisch schickte sie hinterher: „Sarasa! Seuche!"

Boris fühlte sich verletzt, umso mehr, wenn Kalinke bei jedem gewonnenen Punkt aufjubelte und lautstark seine Spieler anfeuerte. Er suchte nach einer Entschuldigung für sein schwaches Spiel. An Ralles Verband lag es jedenfalls nicht, der Fuß war weitgehend schmerzfrei.

Der erste Satz ging verloren. Ulli nahm ihn beiseite, sah ihn strafend an und schimpfte drauflos: „Was ist los, he? Du spielst ja wie meine Großmutter! Das ist wirklich das Letzte! Kannst du denn das Ei nicht höher zuspielen? Mit ein bisschen mehr Fahrt! Ich kippe schon nicht um!"

„Ja", sagte Boris, er musste sich zwingen, überhaupt zu antworten. Gern hätte er gesagt: „Ich weiß nicht." Aber damit brachte er schon Ali in Wut. Der Trainer stand bei den Betreuern, die auf einer Decke saßen, er trank aus einer Flasche. Boris drehte sich weg.

„Oder", sagte Ulli, noch immer in Rage, „hat Kalinke dich vielleicht für immer k. o. gehauen?"

„Du bist doch blöd!" Boris wünschte, dass ihm ein Junge gegenüberstände, den er gehörig verprügeln könnte. „Du bist doch so was von blöd!"

„Ach ja! Bin ich das? Und was bist du?"

„Halt bloß die Klappe", raunte Boris mehr bittend als befehlend.

Sie sagte weithin hörbar: „Verlierer!"

Spieler und Zuschauer, aufmerksam geworden, sahen her. Ali pfiff mehrmals und platzierte sich eilig am Spielfeldrand. Ulli ordnete mit Schubsern die Aufstellung ihrer Mannschaft. Boris nahm widerstrebend seinen Platz ein. Nach dem Zornesausbruch war er wie gelähmt. Bestimmt gab er ein erbärmliches Bild ab, geknickt, verschwitzt, mürrisch. Nun fand er überhaupt nicht mehr ins Spiel. Selbst Alis suggestiv anspornende Blicke konnten ihn nicht aus der Teilnahmslosigkeit reißen. Wieder lieferte er Ulli eine unverwertbare Vorlage. Sie nahm eine Auszeit und wechselte Boris, ohne ihn eines Blickes zu würdigen, gegen ein als völlig talentlos geltendes Mädchen aus.

Boris schlich an den Spielfeldrand, setzte sich weit ab von den anderen. Ulli hatte ihm hinterher gerufen: „Paschol ktschjortu! Geh zum Teufel!" Er empfand sich wie ein tönernes Gefäß, in dem ein aufgeregter Wespenschwarm surrte. Ralle kam und ließ sich stöhnend neben ihn plumpsen.

„Na, Alter, Puls wieder normal?"

„Quatsch doch nicht."

„War wohl nicht ganz dein Tag heute. Kommt in den besten Familien vor."

Ralles Trost klang nicht überzeugend, er war sich wohl unsicher, ob er reden oder schweigen sollte.

„Aber die Alte – die Blau, Ulli, die muss dich ja nicht gleich vom Platz stellen."

„Sie hat mich *ausgewechselt*. Das ist was anderes."

„Ich sehe doch, wie du aussiehst. Wie ein Stück Hefe."

„Ich war schlecht", sagte Boris entmutigt. „Sie ist der Mannschaftskapitän. Also was willst du?"

„Sieh dir doch die Pauli an." Ralle deutete mit ausgestrecktem Arm auf die Einwechselspielerin. „Da spiele ich ja besser. Die boxt doch nur daneben."

„Beim Volleyball wird nicht geboxt, Junge."

Ralles Bemühen um ihn beschämte Boris. Er setzte sich gerade. Nicht wegen Ali oder Ulli oder irgendeinem anderen. Allein wegen Ralle. Das erstaunt ihn. Er sagte: „Du hast wohl überhaupt keine Ahnung, was?"

Ralle erwiderte heiter: „Ich sage doch, dass das ein blödes Spiel ist. Alle Spiele sind blöd, weil sie kein Spiel mehr sind, wenn alle ernst machen."

„Sonst macht´s doch kein Spaß", wandte Boris ein. „Da würde doch jeder nur – in die Luft boxen. Wie die Pauli."

Ralle lachte. Boris konnte sich gerade noch zurückhalten. Sein Versprechen, erst wieder zu lachen, wenn er das Bild seiner Mutter zurückhatte, würde er nicht brechen. Er versuchte, sich ihre Augen vorzustellen. Wenn sie ihn wieder ansehen würden, fände sich auch alles andere dazu. Wenigstens die Augenfarbe musste ihm doch einfallen. Braun? Hellbraun? Wenn die Mutter ihn angesehen hatte, war es um ihn hell gewesen. Das wusste er.

„Ist was, Alter?"

„Die Pauli trifft wirklich keinen Ball. Die verlieren auch den dritten Satz."

„Du zitterst ja."

„Du guckst schief, Mensch."

Kalinkes Mannschaft gewann überlegen. Boris verkniff es sich, Ulli anzusehen. Ralles Blick wich er aus. Während der weiteren Spiele des Turniers wechselten Boris und Ralle kein Wort mehr miteinander.

Der Nachmittag war frei. Boris hatte Post bekommen. Nach dem Essen stahl er sich davon an die Steilküste, in eine Sandkuhle, um die ein paar von den Stürmen kurz geschorene Kiefern standen.

19.

Boris hatte zwei Briefe erhalten. Zuerst öffnete er den von Anna. Die Ränder und der verleimte Verschluss waren mit Klebeband versiegelt. Der Umschlag war aufgerissen und mit einem Aufkleber „Beschädigt" versehen. Als Boris den weißen Briefbogen in den Händen hielt und Annas gleichmäßige alte deutsche Schrift - die „Sütterlin Schreibschrift", wie sie ihm erklärt hatte – sah, durchströmte ihn wohlige Wärme. Er mochte die wie gemalten Buchstaben mit ihren Geraden und Rundungen, die wie Bilderfolgen von ihm erst zu entschlüsseln waren. Es roch mit einmal nach Großmutter, nach Kamillentee und Baldrian, nach Aschkuchen und Kaninchenbraten und anderem, für das er keinen Namen wusste. Er sah die alte Frau, wie sie jeden Morgen ein Kalenderblatt abriss, es mit Daumen und Zeigefinger gefasst sich vor Augen hielt, zerknüllte und in die Kiste neben dem Küchenherd warf. Anna zählte die Tage, bis er zurückkam, sie fragte, ob es ihm auch an nichts fehle, ob er genügend zu Essen habe und nicht zu weit hinausschwimme? Am Ende des Briefes stand nur ein Satz über Bruno und sich selbst: *Bei uns Alten ist alles beim Alten.* Das war Großmutter, kein Schmus, jedes Wort war echt, und wie die Wörter in kurzen Sätzen zusammenstanden, konnten sie nur von ihr sein. Zwischen ihm und den Großeltern kam es kaum zu Zärtlichkeiten, höchstens, dass Anna ihm kurz übers Haar strich oder Bruno ihn an den Oberarm knuffte. Boris bekam ihre Liebe einfach aus ihrem Dasein zu spüren. Es brauchte keine Liebkosungen, die ihn nur verlegen gemacht hätten und mit der Zeit womöglich lästig wurden. Im Heim hatte ihm die Reinigungskraft, Frau Köhler, oft was zugesteckt, Süßigkeiten oder Obst. Sie hatte ihn mit ihren Umarmungen überrumpelt und vor Rührung geweint. Boris drückte Annas Brief an seine Wange und rief sich für ein paar Herzschläge lang die beiden Alten herbei.

Für den zweiten Brief setzte er sich. Er war von Vera. Die Finger zitterten ihm leicht. Sein schlechtes Gewissen, von den Ereignissen verdrängt, bohrte in ihm. Der Abschiedsbrief an Vera kam ihm Wort für Wort in den Sinn. Damals, dabei war das ja nur ein paar Tage her, hatte er noch gedacht, zu den Siegern zu gehören. Inzwischen war er ein Verlierer. Ob das für Vera wohl eine Rolle spielte? Er wusste es nicht. Was schon wusste er über sie.

Er musste nicht nach Veras Bild suchen. Sie war da. Zum Berühren nahe. Wie bei ihrer ersten Begegnung lächelte er über ihre roten „Westschuhe". Er hatte sie insgeheim „Rotschuhchen" genannt. Ihr Körper ähnelte mehr einem schlanken Jungen. Und doch war er unverkennbar der eines Mädchens. Das wurde vor allem deutlich, wenn sie sich bewegte. Ihr Gesicht war so ganz anders als das von Ulli. Dass Veras Hautfarbe und ihre Haare heller waren, war nicht der Grund. Alles, das ganze Mädchen war stiller, nicht so wild wie Ulli, aber irgendwie fröhlicher, obwohl Ulli mehr lachte. Unerklärlich war, dass Vera älter als Ulli wirkte, wo sie doch kindhafter aussah. Dabei erschien Ulli ihm manchmal wie eine erwachsene Frau, die ihm überlegen war. Es brachte ihn durcheinander, die beiden Mädchen miteinander zu vergleichen. Wenn er meinte, etwas erkannt zu haben und festhalten zu können, entdeckte er etwas, das alles wieder infrage stellte. Woher nur kam Veras stille Fröhlichkeit? Er selbst hatte sie auch schon gespürt, ein freudiges Gefühl der Gewissheit, dass alles gut wird. Doch das lag schon so weit zurück, dass er kein Bild mehr dafür fand.

Boris sah noch einmal über den Rand der Sandkuhle zum Meer und entfaltete langsam den Briefbogen. Es regnete daraus goldene Sterne, die auf seinen nackten Beinen das Sonnenlicht reflektierten. Veras Handschrift war leicht und verlief in unregelmäßigen Wellen, als hätte da ein Schmetterling seine Flugspur hinterlassen. Wobei er nur ab und zu mal auf einer Blüte ausgeruht hatte. Das stimmte ihn froh, und er las:

Lieber Boris!

Wenn ich Dir nicht mehr schreiben soll, warum hast Du dann Deine Adresse auf den Brief geschrieben? Komisch, was? Aber ob ich Dir schreibe oder nicht, das ist doch meine Sache. So. Und meinen Brief wirst Du doch lesen. Weil nicht nur die Frauen neugierig sind, sondern auch die Männer.

Du schreibst, Du bist mir nicht böse. Hm. Was habe ich denn verbrochen? Vielleicht kannst Du es mir ja sagen. Wäre nicht schlecht. Oder soll ich vielleicht dumm sterben? Du schreibst, Du magst mich noch. Und ich mag Dich auch. Irgendwie. Obwohl Du nicht einfach zu verstehen bist. Wie mein Vater. Der meint vieles nicht so, wie er es sagt. Später sagt er dann das Gegenteil. Da müssen wir beide lachen. Und Mama weiß wieder mal von nichts. Jaja.

Du musst also kämpfen. Dann kämpfe doch. Mir gefällt's, wenn Männer kämpfen. Vielleicht auch einmal um mich. Wer weiß. Frauen kämpfen ja auch. Und sie wollen auch gewinnen. Na klar. Was soll das eigentlich heißen, „wir" oder „die"? Gut, wir sind Du und ich und was weiß ich wer noch. Aber wer sind „die"? Damit ich Dich verstehen kann. Das willst du doch. Und ich will's auch.

Ich sagte doch schon, dass Männer nicht einfach sind. Sonst wäre es ja auch langweilig. Sterbenslangweilig.

Du kommst ja bald wieder zurück. Bring mir was Schönes mit. Einen Stein, einen Hühnergott. O ja. Oder eine Handvoll weißen Sand. Lass Dir was einfallen.

Liebe Grüße von hier nach dort.

Vera

Boris faltete den Brief so klein es ging zusammen und steckte ihn zu dem Kettchen in seine Geldtasche. Er ließ sich auf den Rücken fallen und schaute in die Sonne, die ihn für den Moment blind machte. Wie aus Tausenden bunten Mosaiksteinchen setzte sich Veras Bild zusammen, fiel wieder auseinander, um im gleißenden Licht neu zu entstehen. Ja, sie war in seiner Nähe. Eigentlich war sie ihm die ganze Zeit über nah gewesen. Er wünschte, dass sie hier neben ihm läge und er ihren Atem spüren könnte.

Es kam Ruhe in ihn, bis er dann aus der Schwebe zwischen Schlaf und Wachsein hochschreckte.

Ulli stand auf dem Rand der Grube und warf ihren Schatten auf ihn.

„Du versteckst dich wohl?"

Sie lachte, setzte sich neben ihn, reichte ihm einen Apfel und biss selbst herzhaft in einen.

Boris rieb den Apfel unschlüssig an seinem Pulli.

„Entschuldige", sagte Ulli beiläufig. „Wenn du vielleicht noch beleidigt bist - aber ich musste dich aus dem Spiel nehmen. Du warst heute einfach pflaumenmäßig schwach."

„Verloren habt ihr trotzdem", gab Boris zurück und rubbelte den Apfel nun am nackten Unterarm.

„Kalinke ist eben unschlagbar." Von Ullis Apfel war nur noch der Stiel übrig. Mit dem zerfransten Ende kitzelte sie ihre Innenhand. Es schüttelte sie wohlig. „Was Kalinke auch macht, er gewinnt. Das muss man ihm lassen."

Boris war wütend über sein Versagen beim Volleyball. Am meisten aber machte ihm Ullis Lob für seinen Widersacher zu schaffen. Er sagte von oben herab: „Weißt du überhaupt, was du da eben gegessen hast?"

„Einen Apfel, denk ich mal. Sah jedenfalls so aus und schmeckte auch so."

„Nicht irgendeinen Apfel." Er wollte es nicht, aber er musste es tun, wie Dschugaschwilis Musterschüler zeigen, wie schlau er war. Dafür würde er nur gehasst werden, wie die beiden Besserwisser des Lehrers von allen Schülern gehasst wurden. Er hielt den Apfel hoch und plapperte aus, was er auch nur von Anna, die sich in ihrem Hausgarten auskannte, wusste: „Das ist ein James Grieves. Den hat nämlich der Engländer James Grieve in Edinburgh gezogen. Der Baum übersteht jeden Winter. Der Apfel ist noch nicht reif. Daher ist er auch noch grün. Reif ist er rot gestreift und saftig. Aber man muss ihn dann bald essen, sonst wird er mürbe."

Ulli sah ihn zweifelnd an und sagte: „Du machst wohl Spaß, was? Vielen Dank auch für deinen Vortrag über Apfelkunde." Sie rülpste leise und meinte: „Aber geschmeckt hat er. Der alte James ist schließlich auch ein Kulturapfel, was auf Lateinisch *Malus domestica* heißt."

Boris schämte sich für sein Gewäsch, und doch wollte er sich nicht geschlagen geben.

„Malus ... Das hast du dir doch schnell ausgedacht."

„Mein alter Herr ist Biologe. Hast du eine Ahnung. Bei uns im Haus schwirren die lateinischen Ausdrücke wie Stechmücken der Gattung *Anopheles* durch die Luft. Die übertragen zwar keine Malaria, dafür aber schlechte Laune."

Ulli lachte auffordernd. Boris hätte fast eingestimmt. Sie meinte missbilligend: „Eigentlich ist Biologie ja die Wissenschaft von den Lebewesen. Das scheint unser Herr Doktor aber manchmal zu vergessen. Jedenfalls interessieren ihn anscheinend die *Protisten* – Einzeller, die weder Pflanze noch Tier sind – mehr als Menschen."

„Und deine Mutter?", fragte Boris. „Was ist mit der?"

„Meine Mutter?" Ulli zögerte einen Moment, dann sagte sie lässig: „Die hat einen Liebhaber. Er arbeitet auf dem Bau und ist Fußballer. Der Junge ist ein halbes Jahrhundert jünger als meine alte Dame. Ich habe sie mal zusammen in einem Café in der Stadt gesehen. Später habe ich Mama gefragt, was das soll? Sie sagt, er sei nichts fürs Herz. Nur für so."

„Für – so?"

„Na, fürs Bett eben. Ein bisschen Spaß. Was weiß denn ich."

Was das Mädchen da erzählte, tat Boris irgendwie weh. Er hätte nicht fragen sollen. Doch nun wollte er mehr wissen. Ulli schien nicht unter den Verhältnissen in ihrer Familie zu leiden. Jedenfalls ließ sie sich nichts anmerken.

„Dein Vater - was sagt der dazu?"

„Mein Vater. Na ja." Ulli kitzelte mit dem Apfelstiel ihre Stirn. Ihre Wangenmuskeln traten hervor und ließen ihr Gesicht mager und maskenhaft erscheinen. Sie lachte gezwungen und sagte nachdenklich: „Ich denke, der weiß was. Ich glaube fast, Manfred ist erleichtert. Er sagt so was wie ..."

„Wie was?"

„Er wäre nicht der Mann, der eine Frau an die Kette legt. Dann noch: Auch in einer Beziehung muss jeder sich nehmen können, was er braucht."

Boris wagte nicht, Ulli zu fragen, wie sie darüber denkt. Ob sein Vater auch so gedacht hatte, als er sich in den Westen absetzte? Und Mutter? Hatte sie vielleicht auch einen Freund gehabt, von dem Boris nichts wusste? Er drückte den kühlen Apfel gegen seine heiße Stirn.

„Nun beiß schon rein", forderte Ulli. „Lass hören, ob er süß oder sauer schmeckt."

Boris führte gehorsam den Apfel zum Mund.

„Wie du nur bist", sagte Ulli, rückte näher an ihn heran und stupste mit dem Apfelstiel seine Hand, die den Apfel hielt.

„Warum bist du nur manchmal so - du denkst einfach zu viel nach, Junge."

„Ist das vielleicht falsch?" Boris saß angespannt, bereit aufzuspringen. Aber er wollte sitzen bleiben, neben dem Mädchen, das ihn immer mehr gefangen nahm.

„Manchmal schon."

„Und wann soll das sein?"

Sie lehnte sich leicht an ihn, er erstarrte.

„Wenn man etwas fühlt", sagte sie leise.

„Fühlst du denn was?", fragte er zögernd.

„Und du?", wollte sie wissen.

„Ali sagt, Kämpfen ist Menschenpflicht."

„Und was sagt Ali über Gefühle?"

Boris biss krachend in den Apfel. Sein Gesicht verzog sich. Ulli lachte und bohrte weiter: „Na, was sagt nun der große Meister?"

„Über Gefühle reden Männer nicht, ist so", antwortete Boris.

„Das heißt ja noch lange nicht, dass sie keine haben." Sie schlang die Arme um seinen Hals und legte den Kopf an seine Brust.

„Ich höre dein Herz. Wie schnell es schlägt. Es klingt wie eine Trommel, die etwas mitteilen will."

„Unsinn!" Boris richtete sich auf, dass sie zurückfuhr. Er schleuderte den Apfel weg. Er hasste sich. Seine Steifheit, sein Flattern, die Worte, die nicht seine waren.

„Was ist denn?", fragte Ulli ungewohnt befangen. „Habe ich was Falsches gesagt?"

„Nein, nein. Hier war nur was." Er fuchtelte mit den Händen in der Luft herum.

„Ach ja."

Boris sagte hastig: „Bleib doch."

„Und warum soll ich bleiben?" Sie rückte wieder an ihn heran und pinselte mit dem Apfelstiel Sand von seinem Knie.

„Nur so." Eifersüchtig hakte er nach: „Oder hast du noch was vor?"

„Kann warten", sagte sie leichthin. „Hast du denn mein – dein Kettchen noch?"

„Glaube schon."

„Warum hast du es dann nicht um?"

„Ich bin ja nicht schwul."

„Gib mal her."

Er nahm das Kettchen aus der Geldtasche und reichte es ihr.

Sie nestelte den Verschluss auf und legte es ihm um den Hals.

„Sieht doch schmuck aus", sagte sie zufrieden. „Weißt du, was der Anhänger bedeutet?"

Er schüttelte den Kopf.

„Glaube, Liebe, Hoffnung. Das hat mir Maria erklärt. Das soll so ein Apostel gesagt haben. Ich glaube – Paulus, ja, er hat sich für die Christen eingesetzt. Dafür haben sie ihn im alten Rom einen Kopf kürzer gemacht."

„Diese Maria", sagte Boris, von dem Geschehen beim Morgenappell erneut unangenehm berührt. „Also die Rüge von Dschugaschwili ist ungerecht."

„Maria meint, die Liebe ist die allergrößte Macht."

„Maria? Wen – liebt sie denn?"

Ulli lachte glucksend. „Ich glaube, Jesus."

„Und wen magst du?" Boris drehte den Kopf, als läge ihm das Kettchen zu eng um den Hals.

„Tja." Ulli sah ihn versonnen an und sagte mit samtiger Stimme: „Weiß nicht wie, weiß nicht was. Da ist dies und da ist das. Was wird wohl das rechte sein? Das weiß nur das Glück allein."

Boris zauderte, dann stieß er hervor: „Du liebst Kalinke. Gib es zu!"

Das Mädchen rückte kaum merklich ein Stück von ihm weg. „Tschjoknulssja? Kann es sein, dass du mächtig spinnst?"

„Ich weiß schon, was ich sage."

„Prasstiti phasalussta. Entschuldigen Sie bitte. Aber ich wusste nicht, dass ich mit einem Alleswisser rede."

Boris hatte Ulli schon hin und wieder Russisch sprechen hören. Da war sie wütend gewesen. Oder in Bedrängnis geraten.

„Ich habe euch gehört – also dich und Kalinke. Am Waschplatz. Er hat dich gefragt, ob du - seine Freundin sein willst?"

Sie schnippte den Apfelstil weg, stand auf, rekelte sich und gähnte laut. „Ja, und was habe ich da gesagt?"

„Sag´s doch selbst."

„Als ob ich heute noch weiß, was ich vor tausend Jahren gesagt habe."

Boris sprang auf. Er trat an Ulli heran. Sie roch nach Apfel und irgendwas anderem, das ihn herausforderte. Er sagte anklagend: „Du hast gesagt – du hast jedenfalls nicht Nein gesagt!"

Sie stieß ihm ein verächtliches „Pah!" entgegen, was sie mit einem russischen Fluch bekräftigte: „Ni gawari tschjusch!"

„Ich rede keinen Quatsch! Aber du lügst!"

Sie stemmte die Hände in die Hüften, holte tief Luft, wippte sich auf die Zehenspitzen und fauchte: „Weißt du was? Du kannst mich mal!"

Ulli legte die Hände auf den Rand der Kuhle, zog sich kraftvoll hoch, rannte die ersten Meter, dreht sich um und schrie: „Du bist doch der oberdümmsteallergrößtehundsgemeinste Besserwisser!" Laut pfeifend ging sie weiter.

Boris wollte zurückschreien, aber ihm fiel nichts ein, was seine tobende Wut ausdrücken und sie so tief verletzen würde, dass er die Oberhand hatte. Also schwieg er und erstickte fast daran. Er zerrte sich das Kettchen über den Kopf, presste es in seiner Hand, als sei es eine giftige Schlange. Er wollte es wegwerfen, besann sich aber und steckte es mit zitternden Fingern zurück in seine Geldtasche.

Die Wut hatte ihn aufgepeitscht, nun war es in ihm kalt und leer. Ermattet stieg er aus der Bodenmulde, sah sich um, fand alles verlassen und fremd. Er ließ sich den Steilhang hinuntergleiten. An dem schmalen und steinigen Strand legte er die Sachen ab und ging schleppend ins Meer. Es war erlösend, als es ihn lautlos schluckte.

20.

Der Tag war ungewöhnlich heiß gewesen, auch der Abend sorgte nicht für Kühle. Im Sanitätszelt hatte Andrang geherrscht. Trotz der Warnungen der Betreuer, sich vor Sonnenbrand zu schützen, gab es wieder einige Jungen und Mädchen, die sich Gesicht, Arme und Schultern verbrannt hatten. Fräulein Lämmsel war nach zwei Portionen Mittagessen, die ihr sonst nichts ausmachten, blau angelaufen und zusammengerutscht. Als die „Schnelle Medizinische Hilfe" dann endlich mit Martinshorn und Blaulicht kam, konnte die Lämmsel bereits wieder auf den jungen Arzt einschwatzen und ihn nach empfangener Kreislaufspritze und Ermahnung zur Diät „abbusseln". Beim Volleyballturnier hatte sich ein Mädchen die Schulter verrenkt. Zwei Jungen klagten über Zerrungen. Die hoffnungsvolle Nachricht ging um, dass Dschugaschwili wie „drei Reiher gekotzt" hätte und wohl bald „abkratzen" würde.

Das Lagerfeuer, an dem sie sich allabendlich versammelten, brannte nur schwach. Sie saßen im Kreis wie sonst, aber in einem größeren Abstand zum Feuer. Das gewohnte anheimelnde Gefühl wollte sich nicht einstellen. Nach hochschlagenden Flammen, die sie sonst in Erregung versetzten und ihren Mut herausforderten, verlangte es sie schon gar nicht.

Sie sangen schwunglos die alten Kampflieder wie „Dem Morgenrot entgegen" und „Rote Matrosen", von denen die meisten von ihnen kaum noch Text und Melodie kannten. Selbst „Spaniens Himmel", das allen geläufig war, erklang diesmal nicht, als würde ein Panzer der Interbrigaden die Bastionen der Francofaschisten stürmen. Eher als würde nach verlorener Schlacht ein Karren durch Schutt und Asche gezogen. Ali, der bei Ermüdung sonst neu zu begeistern wusste, reagierte nicht. Er saß abseits neben dem Käfig und fütterte den Kolkraben mit nackten Mäusen, die Jungen ausgegraben hatten.

„Das ist ja eine großartige Stimmung", sagte Ralle, der später gekommen war. „Wie zu einer Beerdigung." Seine Hosentaschen wölbten sich von süßem Zeug, für das er sogar bis zum Kiosk nach Dranske mit dem Rad strampelte. Er bot Boris eine Handvoll kleiner bunter Bonbons an. Als der abwinkte, schüttete er sie sich selbst in den Mund.

„Ich frage dich, warum wir hier wie die Indianer herumhocken müssen, wo es doch meilenweit nach Langeweile stinkt?"

Boris antwortete nicht. Er war erleichtert, dass keiner ein neues Lied anstimmte. Lieber hätte er irgendwo auf der Klippe gesessen und aufs Meer gesehen. In ihm war es noch immer leer und er selbst war sich fremd. Er hätte nicht mehr leben wollen, wenn er immer so fühlen müsste. Das war, als spielte sich alles in einem Raum ab, der ihm nicht mehr zugänglich war. Sein Platz darin war von anderen besetzt. Er rieb sich das Bein. Irgendwie vermisste er den Schmerz.

„Ich weiß schon, wohin du guckst." Ralle hielt ihm abermals ein Bonbon hin, nickte hinüber zu Ulli, die mit einer Freundin bei Kalinke und Horst saß, und auflachte, dass es wie brechendes Glas klang.

Boris dachte, wie veränderbar doch das Lachen des Mädchens war. Vera dagegen lachte gleichbleibend unbeschwert. Ulli setzte ihr Lachen ein, um etwas zu erreichen. Mal als Lockung, dann wieder als Belohnung, auch als Anweisung. Manchmal meinte er herauszuhören: „Ich brauche dich nicht. Ich brauche euch alle nicht." Ihr Lachen war unmissverständlicher als Worte, die man jederzeit anzweifeln konnte. Es war wohl leichter, mit Lachen etwas mitzuteilen, als mit Worten.

Ulli konnte alles damit sagen, sogar jenes, für das es kein Wort gab, und sie wurde von allen verstanden.

„Ich gucke nirgendwohin", sagte Boris. „Und wenn ich wohin gucke, sehe ich nichts."

Ralle lachte, es klang, als würde aus einem Ballon die Luft stoßweise entweichen. „Bist plötzlich blind, was, Alter?"

„Mach den Mund zu beim Lutschen", forderte Boris. „Das klingt ja, als würde ein Schwein gefüttert. Und knirsche nicht mit den Zähnen."

„Dir zuliebe", sagte Ralle und stöhnte. „Wenn´s so auch nur noch halb so gut schmeckt."

„Ich verstehe gar nicht, wie man das süße Zeug kiloweise in sich reinstopfen kann."

„Ich brauche das eben, Alter. Für die Nerven und so. Dafür hast du ja was anderes."

„Was soll denn das sein?"

„Ich habe gesehen, wie du mit dieser – Ulli zusammen warst."

„Schnüffelst du mir etwa hinterher?"

Ralle machte eine wegwerfende Handbewegung. „Jeder beobachtet doch jeden. Oder ist dir das noch nicht aufgefallen?"

„Ich beobachte niemand." Boris sah wieder zu Ulli hinüber, die unter Anfeuerungsrufen sich mit Kalinke im Armdrücken versuchte.

„Und wohin siehst du gerade?"

„Ich sagte doch, dass ich nichts sehe, wenn es auch so aussieht, als würde ich was sehen."

„Fieber hast du nicht, Alter?"

Fräulein Lämmsel, die als Einzige auf einem Stuhl saß und sich mit einer zusammengefalteten Zeitung Luft zufächelte, stimmte unvermittelt ein allen bekanntes italienisches Partisanenlied an:

„*Una mattina mi son svegliato – Eines Morgens bin ich erwacht ...*"

Ihre klangvolle tiefe Stimme, die weniger kämpferisch als traurig klang, ließ alle aufhorchen, aber keiner stimmte ein. Nur Ralle antwortete ihr mit dem Refrain: „*O bella, ciao! Bella ciao! Bella, ciao, ciao, ciao! – Oh, Schönheit ade, Schönheit ade! Ade! Ade!*"

„*O partigiano, portami via, ché mi sento di morir – Oh Partisan, bring mich fort, denn ich fürchte bald zu sterben ...*"

„*O bella, ciao! Bella, ciao! Bella, ciao, ciao, ciao!*"

Es war, als ob die beiden sich mit ihrem Gesang etwas Unsichtbares, vermutlich kreisförmig Blaues, das für alle bestimmt war, zuspielten.

Boris spürte Traurigkeit, sie war wie ein kühler Brunnen, in den er langsam hinabtauchte. Er drückte die Hände aufs Gesicht, wehrte sich, dem schier übermächtigen Gefühl nachzugeben. Gleich würde er losheulen. Was bei einem Mädchen noch anging, war bei einem Mann nur peinlich.

„*Und begrabe mich auf dem Berge unter dem Schatten einer schönen Blume ...*"

Er sehnte sich nach einer großen befreienden Tat. Ja, warum konnte nicht auch er sein Leben opfern für die Freiheit, den Frieden, für irgendwas Großes. Er fand sich beschämend klein und zu nichts zu gebrauchen. Er sah sich immer mehr absinken. War er noch Mensch oder Tier, Stein oder Pflanze, da war nur noch ein heller Fleck, der im Dunkel zu verblassen begann.

Der Gesang hatte geendet. Ralle rüttelte Boris am Arm. „Was ist denn, Alter, Mensch, du siehst vielleicht aus?"

„Lass mich. Nichts ist. Nichts." Boris schmerzte der Nacken, die Arme und Beine, es gelang ihm nicht, sich aus der Verkrampfung zu lösen.

„Das ist doch nur ein Lied", sagte Ralle beruhigend. „Das nimmst du doch nicht etwa ernst? Das mit dem Partisan und dem Tod und so?"

Boris stand auf, das Stehen nahm etwas Druck von ihm, er trat aus dem Kreis und ging den Boden mit den Füßen abtastend zu Ali, der sich noch immer mit dem Kolkraben beschäftigte. Ihm war, als schaute Ulli ihm nach, und beinahe hätte er der Versuchung nachgegeben und sich umgedreht.

Boris blieb neben dem Käfig stehen. Er sah zu, wie Alis Zeigefinger und der klobige Schnabel des Vogels aneinander rieben. Das machte ihn verlegen. Da streichelte nicht nur jemand ein Tier, etwa eine Katze oder einen Hund. Diese Berührungen waren doch für einen Menschen bestimmt. Gebannt sah Boris zu. Gleich musste der Vogel sich in eine schöne junge Frau verwandeln.

Er wünschte sich ganz fest die Erlösung. Als könnte sie auch ihn befreien. Auch alle anderen: Ralle, Kalinke, Ulli, die Lämmsel, selbst Dschugaschwili, ja, die ganze Welt, die ihm verwünscht erschien. Stärker noch als sein Hoffen auf Veränderung war seine Furcht vor ihr. Was würde denn werden? War er dem auch gewachsen?

Boris wollte wieder in den Kreis zurück, da sagte Ali, ohne aufzusehen: „Verdammte Stimmung, heute. Kaum atmen, kann man."

„Ja", sagte Boris. „Ist so."

Ali zog behutsam seinen Finger zwischen den Käfigstäben zurück. Sandra hüpfte ein paar Mal hoch, als wollte sie auffliegen, schien sich der Unmöglichkeit zu besinnen, und versuchte es erneut. Boris fand, dass das für den sonst beeindruckenden Vogel eigenartig aussah, ja, lächerlich, es beschämte ihn, dass er wegsah.

„Kann ich mit dir sprechen, Ali?"

„Leg los, einfach."

Jemand musste Holz ins Feuer geworfen haben, es prasselte, aber nicht mit der Kraft, wie wenn Scheite brennen. Es waren Zweige und schwache Äste, die vielstimmig auflodertern, aber bald wieder verstummten.

„Maria", sagte Boris leise. „Das mit Maria, das war nicht in Ordnung."

„Weiß, weiß ich."

Ali wippte sich von den Knien in die Hocke und wandte sich dem Feuer zu.

„Du hattest ihr erlaubt, in die Kirche zu gehen."

„Weiß ich, ich weiß."

„Jetzt hat sie eine Rüge, Ali. Und Dschugaschwili ..."

„Standke. Herr, Standke, Lehrer."

„Der Standke findet auch einen Grund für eine zweite Rüge. Dann spricht er ihr einen Verweis aus und schickt sie nach Hause."

Die kurzzeitig hochschlagenden Flammen verfärbten Alis Gesicht. Glühte es vor Scham? Vor Zorn? Noch nie hatte Boris von Ali etwas gefordert. Dass es nicht für ihn war, machte es ihm leichter. Wenn er jetzt nicht mit Ali sprach, würde er es nie mehr tun. Er sagte, was Ali sonst ihm sagte: „Jetzt. Nicht gestern. Nicht morgen. Jetzt."

„Was, wie?"

„Du unternimmst doch was, Ali."

Der Pionierleiter warf Boris einen ebenso überraschten wie ungläubigen Blick zu. Dann drehte er sich weg und sagte: „In Ordnung, bringe ich, klar doch."

„Danke, Ali."

Boris hätte Ali gern die Hand gegeben, womöglich gar umarmt, kurz und fest, um sich zu versichern, dass sie beide wirklich waren. Im Heim hatte es begonnen, er dachte, dass alles nicht echt war. Ein paar ältere Jungen schlugen ihn zusammen und fesselten ihn im Heizungskeller an eine heiße Rohrleitung. Er hatte sie herausgefordert, er wollte den Schmerz, um zu wissen, dass da nicht nur ein Film ablief. Noch heute spürte er die Brandnarbe auf dem Rücken. Aber er misstraute auch dem Schmerz. Der konnte nichts beweisen. Mutters Berührungen hatten es gekonnt. Da brauchte er nicht fragen: Bin ich das? Er wusste: Ich bin´s.

Ali wollte aufstehen, Boris sagte: „Sag mir, dass es eine verdammte Lüge ist, dass der Hemingway sich umgebracht hat."

Der Pionierleiter sah zum Lehrer hinüber, der am Waldrand stand. Standke wirkte wie ein verkohltes Brett, das am oberen Ende ab und zu aufglomm und an einem Rußfaden hing.

„Keine Lüge, ist so", gestand Ali widerstrebend ein.

„Dann ist alles Lüge! Da hast du uns alle – du hast mich belogen."

Ali sprang auf und riss Boris, der sich abgewandt hatte, herum. Er hielt ihn an den Oberarmen gefasst, sah ihm zwingend in die Augen, sagte beschwörend: „Keine Lüge, ist nicht. Nicht verunsichern, lass dich nicht, von solchen ..."

„Das geht nicht zusammen, Ali. *Aber der Mensch darf nicht aufgeben.* Das hat der Hemingway doch den alten Santiago sagen lassen. Und dann schießt er sich eine Kugel in den Kopf. Nein!"

Ali umarmte Boris, es war eher eine Umklammerung, in die er seine ganze Kraft legte. Da wusste Boris: Ja, er war wirklich. Ali war es. Die anderen auch. Alles war wirklich.

Ali lockerte den Druck, er atmete schwer.

„Ist wahr, beides. Das eine, das andere. Verstehen, musst du. Hat's nicht geschafft, der Hemingway. Der Santiago, der hat's. Ist wahr, was er sagt. Immer, ist es."

„Und der Tod, Ali?"

Ali gab Boris frei, langsam, als befürchtete er, dass er straucheln würde. Dann trat er einen Schritt zurück.

„Was soll sein?"

„Weiß doch nicht."

Ali sagte grüblerisch: „Verliert jeder mal, irgendwann, jeder." Er machte eine wegwerfende Handbewegung. „Tod, kein Problem, kann man weglassen, leicht."

Ali zog Boris zu den anderen, die den Kreis nun enger machten. Jungen warfen Holzscheite ins Feuer. Die Stimmung hob sich, als begänne nun etwas, von dem die Erfahrung ihnen sagte, dass es sie begeistern würde. Ali erzählte eine Geschichte von einer Reise in den Kaukasus, wo er mit zwei russischen Freunden versucht hatte, den 5642 m hohen Westgipfel des Elbrus zu besteigen. Von den vielen Namen des höchsten Berges im Kaukasus habe ihm „Ort der Glücklichen" am besten gefallen. Leider habe er ihn nicht erreicht, da sie bei zwei Anläufen kurz vor dem Gipfel in schwere Schneestürme gerieten.

Aber aller guten Dinge seien ja bekanntlich drei, und so warte er nur auf eine erneute Einladung in die Sowjetunion.

„Einmal, ganz oben stehen, will jeder. Everest, geht nicht. Elbrus, geht. *Mein Berg*, ist er."

Nun sangen sie auch wieder voller Inbrunst „... *Und der Morgen leuchtet in der Ferne, bald geht es zu neuem Kampf hinaus!*" Mathemüller wusste mit Zauberkunststücken zu verblüffen. Die Lämmsel und ein Mädchen schleppten ein Paar Handkörbe voll Aprikosen heran, die mit Geschrei geleert wurden. Punkt zehn löschten sie das Feuer und krochen in ihre Zelte.

Der Tag hatte Boris erschöpft. Das war ihm selten passiert. Wenn er sich auch noch so angestrengt hatte, verfügte er immer noch über eine Reserve, die er jederzeit aktivieren konnte. Manchmal passierte wochenlang so gut wie nichts, dann wiederum gab es Tage, auch nur Stunden, eine Minute, in denen die Ereignisse zusammenkamen. Es war auch nicht die Menge an Erlebnissen, die ihn müde machte oder Kraft gab. Je tiefer etwas ging, umso nachhaltiger wirkte es. Manchmal konnte schon ein Wort zum Ereignis werden, ein Blick, eine Geste, sogar ein Nichts.

Er hätte Ralle gern gefragt, auf welchem Berg er einmal stehen wollte. Ralle lag in seine Zeltecke gedrückt. Er hatte in die Plane einen kleinen Dreiangel geschnitten und gesagt: „Ohne das Luftloch würde ich in dem Zeltbunker abkratzen wie eine überfressene Fliege." Der Junge röchelte leise, er hatte beim Abendbrot wieder unverschämt zugelangt, danach eine Packung Kekse verputzt und reichlich von den Aprikosen gegessen. Durch den Schlitz fiel Mondlicht auf einen Teil seines Gesichts und erinnerte an einen pausbäckigen mit Goldstaub besprühten Engel. Die andere Gesichtshälfte war blassblau wie aus Marmor.

Boris nahm sein Schreibzeug, zog sich die Decke über den Kopf, schaltete die Taschenlampe ein und schrieb an Vera. Er musste nicht nach Worten suchen, er brauchte nur schreiben, alles war leicht, selbst seine Schrift, sonst unstet und stellenweise holperig, war gleichmäßig. Die Buchstaben waren wie Läufer, kippten aber nicht nach vorn wie Sprinter, waren auch keine mageren Langstreckler, eher Mittelstreckler, die kraftvoll, aber nicht überhastet dem Ziel zustreben.

Liebe Vera!

Deinen Brief habe ich erhalten. Danke. Klar, dass ich ihn gelesen habe. Weißt du, ich bin neugierig. Auf andere Menschen. Auf alle. Auf Dich. Und ich habe eine Menge Fragen. Ich muß sie nur noch in Worte bringen. Wenn ich zurück bin, werde ich sie Dir dann stellen.

Vergiß meinen letzten Brief. Ich weiß schon gar nicht mehr, was drin stand. Aber es hatte nichts mit Dir zu tun. Manchmal springt was aus mir raus. Ganz plötzlich. Wie das Kaninchen aus dem Zylinder eines Zauberers. Ich weiß nur nicht, was ich bin. Das Kaninchen? Der Zylinder? Oder der Zauberer? Lache nur. Das ist ja zum Lachen. Ich weiß.

Du fragst, wer 'die' sind? Ich kenne sie ja nicht. Es sind aber auch Menschen. Ich weiß nur, dass wir sie besiegen müssen. Sonst besiegen sie uns. Wir oder die. Hüben oder drüben. Eins kann nur sein. So einfach ist das. Sagt Ali, mein Trainer, unser Pionierleiter. Und was Ali sagt stimmt. Er wird den Elbrus besteigen. Er ist mit 5642 m der höchste Berg des Kaukasus. Die Einheimischen nennen ihn 'Ort der Glücklichen'. Klingt das nicht wunderbar? Auch wir werden einen Berg besteigen, der dann unser Berg sein wird. Überlege schon mal, welchen Namen wir ihm geben wollen.

Manchmal ist alles schwer wie eine eiserne Hantel, die nur die Schwergewichtler und Weltmeister stemmen können. Selbst ein Käfer kann so schwer sein. Oder eine Blume. Sogar die Luft. Aber manchmal kann auch alles leicht sein. Wie eben eine Blume. Und eben ein Käfer. Leichter als Luft. Es ist Nacht. Im Zelt schlafen sie alle. Ich bin unter meiner Decke wie in einer Höhle. Ganz für mich. Und doch nicht allein. Es ist alles richtig. Nichts ist zu schwer. Nichts zu leicht. Ich wünsche mir, dass das dauert. Heute. Und Morgen. Ein Jahr. Viele Jahre.

Ja, ich bringe dir was mit, Vera. Ich lasse mir schon was einfallen. Verraten wird nichts.

Bis bald. Boris

Er faltete sorgsam den Brief ohne ihn nochmals durchzulesen, steckte ihn in einen Umschlag und klebte eine von Annas Briefmarken darauf. Es konnte ein paar Tage dauern, bis Vera den Brief erhalten würde. Aber sie würde ihn gelesen haben, bevor sie sich wiedersahen.

Er kroch nach draußen, spähte, ob Dschugaschwili gerade wieder auf dem Kriegspfad war. Die Luft war rein. Er schlich aus dem Lager, rannte durch die nächtliche Heide, aus der hin und wieder ein Vogel hochstob. Im Dorf steckte er den Brief in den Postkasten. Danach hatte er das gute Gefühl, getan zu haben, was er musste. Nun konnte passieren, was wollte. Er machte noch einen Umweg zum Boddenstrand am Ferienheim. Er wollte nach dem Alten auf dem Stuhl sehen. Kurz vor dem Strand bog er ab. Er fragte sich nicht warum. An manchem rührte man besser nicht.

21.

Boris wachte unruhig auf, die Zeltplane wurde zurückgeschlagen, draußen begann es gerade aufzuhellen. Ralle kroch schniefend ins Zelt. Er zog die Plane wieder zu und flüsterte: „Schlaft ihr auch alle brav?" Er wühlte sich unter seine Decken, es dauerte nicht lange, bis er pfeifend schnarchte.

Was Ralle wohl draußen gewollt hatte? Boris war zu müde, nach einer Antwort zu suchen. Er wehrte sich gegen den Schlaf, wollte nicht wieder in den Traum vom alten Haus zurück. Der Traum überkam ihn mitunter, nicht nur im Schlaf, auch im Wachsein. Manchmal passierte das ein paar Mal kurz hintereinander, dann wieder vergingen Tage. Jedes Mal fühlte Boris sich verschleppt, wusste nicht, wie er da reingefunden hatte und wie er wieder rausfinden sollte. Wenn er treppauf, treppab gegangen, durch die Zimmer gestreift war und vor dem leeren Sessel stand, war es nur noch ein Bild, eine flüchtige Zeichnung, in der er selbst nur ein Strich und bewegungsunfähig war. Nachts zog es ihn dann in den Schlaf zurück, der vergessen ließ, wenn er auch ungut blieb. Tags konnte er nur schwer vergessen, da war es ihm über Stunden seltsam und unbehaglich.

Zum Morgenappell hatte wieder einmal nur Horsts Fanfare gerufen. Von den Betreuern sagte keiner etwas zum abermaligen Ausfall des Lautsprechers. Es schien, als hätten sie sich abgesprochen. Die Jungen und Mädchen tuschelten unsicher. Boris versuchte, mit Ralle in Blickkontakt zu kommen. Ralle schaute mit den anderen zum Lautsprecher hinauf, der wie ein Nistkasten zwischen ausladenden Fichtenzweigen hing.

Nach dem Hissen der Fahne ließ Ali die Pioniergesetze aufsagen. Die Gruppe sprach zügig im Chor: *„Wir Thälmannpioniere lieben unser sozialistisches Vaterland ...!"*

Als sie geendet hatten, trat Ali vor sie hin. Seine Bewegungen, sonst geschmeidig, waren eher abgezirkelt, die Stimme klirrte etwas, als er sagte: „Kritik ist notwendig, wisst ihr. Sonst droht Stillstand. Selbstkritik ist wichtig, vor allem. Stillstand lähmt uns."

Boris und Ralle tauschten einen fragenden Blick. Auch die anderen sahen einander ratlos an.

„Ich habe beim gestrigen Appell einen Fehler gemacht", gestand der Pionierleiter ein, dabei ungewohnt flüssig sprechend. „Dafür muss ich mich entschuldigen. Vor allem bei dir, Genosse Standke."

Ali drehte den Kopf zu Dschugaschwili, ohne ihn dabei anzusehen. Der Lehrer ließ die eben angerauchte Zigarette fallen und trat darauf.

„Ich habe euren Lehrer durch mein Schweigen veranlasst, einem Pionier eine Rüge auszusprechen. Genosse Standke musste davon ausgehen, dass Birgit Seidemann keine Erlaubnis hatte, von der Gruppe wegzubleiben und eine Kirche aufzusuchen."

Ali verfiel wieder in seine gewohnte Sprechweise.

„Erlaubnis hatte sie, von mir, ist so."

Dschugaschwili war Ali näher gekommen und stand nun seitlich hinter ihm.

„Birgit Seidemann. Vortreten", kommandierte der Pionierleiter.

Maria löste sich widerstrebend aus der Mädchengruppe um Ulli. Der Pionierleiter ging ihr einen Schritt entgegen und sagte: „Auch bei dir muss ich mich entschuldigen, Seidemann."

Maria druckste „Danke", machte einen Knicks, errötete und flüchtete zu den Mädchen zurück.

Ralle grinste und raunte: „Wunder gibt es immer wieder."

„Quatsch nicht", fuhr Boris ihn an, noch ganz unter dem Eindruck von Alis Eingeständnis.

Der Lehrer trat neben den Pionierleiter, es war, als rempelten sie einander. Gleich machten beide einen Schritt zu Seite, dass ein deutlicher Abstand zwischen ihnen war. Dschugaschwili ruckte den Kopf nach hinten, wie immer, wenn er zum Reden ansetzte. Dabei rollte der Gurgelknoten wie ein verschluckter kleiner Ball den dünnen Hals hoch und runter, was von den Schülern jedes Mal mit Staunen wahrgenommen wurde.

Boris fühlte Ralles Hand auf der Schulter, warm und weich, irgendwie vertraut, er wollte sie abschütteln, tat es aber nicht. Die anderen starrten ohnehin auf Dschugaschwili.

Der Lehrer setzte noch mal zum Sprechen an, stieß nur einen Krächzer aus, drehte sich wortlos weg und kehrte mit kurzen staksigen Schritten auf seinen Platz zurück. Alle sahen betreten zu Boden. Der Pionierleiter vergaß die Morgengymnastik, was noch nie passiert war, und mit seinem Kommando „Abtreten!" löste sich die allgemeine Erstarrung.

Sie gingen zu den Zelten, um die Uniformen abzulegen, und anschließend zum Frühstück. Am Betreuertisch fehlten der Lehrer und der Pionierleiter. Während sonst drauflos geschwatzt wurde, war es heute still. Da schien sich was zusammenzubrauen, das für die verbleibende Zeit im Lager nichts Gutes bedeutete. Sie sahen wiederholt zum offenen Zelteingang, ob Ali nicht doch noch auftauchte und sein Lachen ihnen sagte: In Ordnung, ist es.

Selbst Ralle, dessen Appetit nie zu stillen war, nagte nur an seinem dick belegten Wurstbrot. Boris lief vors Zelt, kam zurück ohne jemand anzusehen. Ralle, wohl um Boris zu beruhigen, sagte: „Mensch, was war das denn für eine Morgenandacht?"

„Du verstehst nichts, gar nichts, du Pudding!"

„Was willst du denn, Alter?" Ralle war nicht beleidigt. Er wirkte besonnen, älter und erfahrener. „Dein Ali hat den Dschugaschwili doch glatt auf die Bretter gelegt. Mein Vater hatte mich mal zum Judotraining verdonnert. Die sagen dort: Siegen durch Nachgeben."

„*Du* warst doch niemals auf der Matte?"

Ralle gluckste und winkte ab. „Ich bin unbesiegt. Brauchte mich ja nur hinstellen und meine Gegner an meiner Bäckerjacke herumreißen und mir die Schienbeine blau treten zu lassen."

Boris starrte beharrlich zum Zelteingang.

„Schwerkraft, Alter, du verstehst? Zwei Massen ziehen sich gegenseitig an. Die Erde ist schon ein Koloss. Ich bin schließlich auch kein Leichtgewicht. Das pappt besser als angeschweißt."

Boris lief abermals vors Zelt. Den inzwischen vertrauten Zeltplatz hatte er noch nie so verlassen erlebt. Vom Meer her hörte er das gleichmäßige Schwappen der Brandung.

Ali würde nicht wollen, dass er ihn sucht. Seine Meinung war: „Wirkliche Hilfe kriegst du nur von dir selbst. Von keinem Gott, keinen Göttern, keinem Menschen. Von nichts und niemand. Nur du kannst helfen, dir und anderen."

Als Boris zurückkam, richteten sich alle Blicke auf ihn, er senkte den Kopf, setzte sich auf die vordere Kante der Bank und sagte leise: „Ich möchte nur wissen, was da los ist."

„Da ist gar nichts los", beschwichtigte Ralle. „Oder denkst du, die schlagen sich die Köpfe ein? Die beiden tun sich nicht weh. Darauf wette ich mein nächstes Fresspaket."

„Du hast absolut keine Ahnung." Ralles Beruhigungsversuche machten Boris wütend. „Du kennst Standke ja überhaupt nicht." Er beugte sich über den Tisch und tuschelte: „Der ist gefährlich wie eine Kobra."

„Was willst du eigentlich, Alter?", flüsterte Ralle zurück. „Dein Ali ist doch der große Sieger. Da kann ihm doch gar nichts passieren."

„Sie sind Gegner, Ralle", sagte Boris beschwörend. „Begreife doch. Feinde sind sie. Wenn Ali auch eine Runde gewonnen hat, sagt das noch gar nichts. Beim Boxen hat ein Kampf drei Runden. Die Profis im Westen boxen sogar zwölf, manchmal fünfzehn Runden. Dschugaschwili geht nicht k. o.. Der ist ein zäher Hund."

„Der bringt sich schon selber um, Alter", versprach Ralle grinsend. „Der ist schon schwer am Röcheln. Seine Lungen sind bestimmt schon löchrig wie Emmentaler Käse. Wir müssen nur noch ein bisschen warten, bis der abkratzt."

Daran konnte Boris nicht glauben. Wieder erinnerte ihn der Lehrer an den bösen Zauberer Koschtschej. Das wirkliche Leben aber war kein Märchen. Das war es nie gewesen. Und Ali war nicht Iwan Zarewitsch, der kluge Tiere zum Freund hatte, mit denen er gemeinsam Koschtschej besiegen konnte.

„Was denkst du, Alter?"

„Nichts weiter."

„Sieh mal", sagte Ralle behutsam. „Die beiden, dein Ali und der Standke, die sehen zwar so verschieden aus wie Tag und Nacht. Und doch sind sie gleich wie ein Ei dem anderen. Ich meine das, was sie so denken. Und was sie tun."

„Du musst es ja wissen", fuhr Boris Ralle an. „Was denken und tun sie denn deiner Meinung nach, das sie so gleich macht?"

Ralle überlegte, seine helle Haut blieb glatt, aber auf der Stirn, zwischen den Augen, zeigte sich ein roter Punkt, wie Boris ihn in einem indischen Film bei Frauen gesehen hatte

„Ich kann's dir nicht erklären, Alter", sagte Ralle schließlich missmutig. „Es ist eher ein Gefühl."

„Was für ein *Gefühl* denn?", höhnte Boris. „Bist du nun ein Mann oder ein Weib?"

„Auf mein Gefühl kann ich mich meistens verlassen, Alter."

Dass Ralle so gelassen reagierte, beschämte Boris.

„Glaub mir, die beiden sind sich viel ähnlicher, als du denkst. Irgendwann erkläre ich es dir auch noch."

Die Betreuer berieten kurz. Mathemüller übernahm nun das Kommando und führte die Gruppe zum Strand. Wie Ali ordnete er kleine Wettkämpfe und Spiele an, die nur lahm umgesetzt wurden.

Boris saß abseits im Sand, er hatte Magenbeschwerden vorgetäuscht, und dachte, dass Ali und Standke, die einander Feind waren, oft vom „Gegner" und „Feind" sprachen. Meist meinten sie damit den „Klassenfeind", der „drüben", also im „Westen" lauerte und sie hier im Osten vernichten wollte. Wie die meisten anderen kannte Boris die „Westler" nur aus dem „Westfernsehen", das der Großvater jeden Abend punkt zwanzig Uhr zur „Tagesschau" einschaltete. Boris hatte versucht, dahinterzukommen, warum all die Leute, die der flimmernde Bildschirm zeigte, seine „Klassenfeinde" sein sollten. Sie wirkten auf ihn nicht anders als die Lerchauer oder Leipziger. Er spürte keinen Hass gegen sie, wie Ali und auch Standke ihn offenbar empfanden. Wieder erschreckte ihn der Gedanke, dass er Ali würde nie genügen können.

Pünktlich zu Mittag fuhr der „Kalorienbomber" der Landwirtschaftlichen Produktionsgenossenschaft vor. Überraschend stiegen auch der Pionierleiter und der Lehrer aus. Ali half dem jungen Fahrer, der sich La Paloma nannte, die vollen Essenkübel ab- und die leeren aufzuladen. Dann schlüpfte er in sein Bergzelt, kam nur mit der Badehose bekleidet wieder heraus und rannte in Richtung Steilküste. Dschugaschwili hatte sich gleich schnellen Schritts zu den Toilettenhäuschen davongemacht. Die Mädchen fragten La Paloma, was denn passiert sei, dass er die beiden Betreuer mitgebracht hatte? Der mit Sommersprossen übersäte Rotschopf zuckte sich nicht. Mit ihm konnte man ohnehin nur über Autos reden, vor allem über den fabrikneuen Kleinbus vom Typ „Barkas", den er seit ein paar Tagen fahren durfte.

Zum Mittagsessen saßen Ali und Dschugaschwili wieder am Tisch der Betreuer. Sie verhielten sich, als sei nichts vorgefallen. Doch hatten ihre Bewegungen etwas merkwürdig Gespanntes, wie Boris es bei Dorfkatzen beobachtet hatte, wenn sie einander aus einigem Abstand belauerten. Es war, als kettete sie eine Gegnerschaft aneinander, die erst hinfällig wurde, wenn der andere aufgab. Manchmal prallten ihre Blicke im Vorbeihuschen aufeinander. Jedes Mal fuhr Boris zusammen. Die beiden Männer, die ihm mit einmal gleichermaßen fremd erschienen, warteten wohl, dass der andere einen Fehler machte. Hier ging es nicht nur um den Sieg, es ging um Leben oder Tod. Der Ausgang war ungewiss. Was Ali an Kraft und Schnelligkeit voraushatte, konnte Dschugaschwili womöglich mit Erfahrung und Tücke ausgleichen, vielleicht gar übertreffen.

Zwei Tage war eine Ruhe im Lager, die nicht nur die Menschen lähmte. Das Meer lag flach und glatt wie eine sich ins Unendliche ausbreitende Scheibe Glas. Sie war farblos und dünn, dass man einbrechen und ins Bodenlose fallen würde, wenn man nur einen Fuß daraufsetzte. Die Luft stand, die Sonne war ohne Glanz, die Sträucher und Bäume wirkten wie aus Kunststoff. Boris berührte einen Halm und ein Blatt, um sich zu überzeugen, dass sie lebten. Er musste es wieder und wieder tun, zu unecht erschien ihm alles. Die eifrigen, aschgrauen Eichhörnchen hielten sich fern. Der sparsame Gesang der Vögel war wie aus einem anderen Raum zu hören. Zwischen den Händen zerrann der feine Sand schneller und kitzelte nicht mehr.

Von außen her war es manchmal wie sonst. Doch alles geschah ja noch einmal in jedem Menschen selbst. Vielleicht auch in jedem Ding. Boris hatte festgestellt, dass *Draußen* und *Drinnen* nicht übereinstimmten. Er wollte sich jemandem mitteilen, da musste er nicht unter vielen Menschen auswählen. Ulli war jetzt häufig mit Kalinke zusammen, beim Baden, zu Ballspielen, auch sonst. Vera war weit weg. Ralle aber war ganz in seiner Nähe.

„Alles ist durcheinander", sagte Boris. „Ich meine, geht dir das auch so? Hast du auch das Gefühl, dass du - außer dir stehen bleibst? Während du in dir - weitergehst?"

Es war nach dem Abendessen, die anderen hatten sich bereits am Lagerfeuer versammelt. Boris saß mit angezogenen Knien am Rand der Klippe und suchte das Meer ab. War da nicht doch eine Stelle, wo sich was bewegte, eine winzige Welle, die wachsen und das gesamte Wasser wieder in Bewegung bringen konnte? Ralle, etwas weiter vom Klippenrand weg, war dabei, das neue Paket seiner Mutter aufzureißen. Er hielt inne, schwieg eine Weile und sagte dann: „Manchmal, Alter, manchmal fühle ich mich wie eine Uhr in meinem leer geräumten Zimmer."

„Verstehe ich nicht", antwortete Boris abweisend.

Er verstand schon, kannte das Gefühl von Leere, das anscheinend nie wieder von irgendwas zu verdrängen war. Ralle hatte das so deutlich benannt, dass er erzitterte. Er wollte es nicht wahrhaben, durfte es nicht, es machte ihn nur schwach, schwächer als er schon war. Er stand auf, zwang sich tief und gleichmäßig zu atmen.

Ralle sprang hoch, als wäre er ein Leichtgewicht, er sah Boris an, sagte aber nichts. Sie neigten sich einander zu, vielleicht berührten sie sich, irgendwo am Kopf oder Körper. Wenn es passiert war, hatte es nur einen Atemzug gedauert, aber der Schrecken des Alleinseins war verschwunden.

Zwischen den Fichtenstämmen hüstelte es. Horst trat hervor. Er sagte, der Chef lasse ausrichten, dass sie endlich am Lagerfeuer antanzen sollten. Ob sie vielleicht eine Extraeinladung brauchten? Dann verschwand er wieder im Schatten des Waldstreifens.

Ralle hob das noch unausgepackte Paket auf, holte Schwung, drehte sich wie ein Diskuswerfer um sich selbst, schleuderte es von der Klippe und rief: „Sollen dich doch die Fische fressen!"

Auf dem Weg zum Lagerfeuer sagt Ralle: „Lass uns endlich abhauen, Alter. Es reicht."

22.

Wieder wurde Boris in der Nacht geweckt. Seine Zeltgenossen schliefen, auch draußen war es ruhig. Bis er es hörte. „Sisisisisi srrrrr." Und dann die zweite Strophe, fein wie Spinnfäden, wehmütig flötend: „Tütütütü." Ihm war, als flöge der Vogel in ihm, und in den Pausen seines Gesangs klopfte er gegen seine Brust.

„Tütütütü." Es war ein Sehnen in ihm, ohne zu wissen wonach. Er war angefüllt, übervoll, und wusste nicht wovon. War das Glück? Oder Unglück? Wo kam das her? Er hatte ja nichts getan. Weder dafür noch dagegen. Und was denn tun? Wo war links? Wo rechts? Wo oben, wo unten? Wo vorn, wo hinten? Wo waren die anderen? Wo war er selbst?

In ihm war Feuer gelegt, er brannte, und wenn er nicht verbrennen wollte, musste er da raus. Er kroch nach draußen und verharrte. Sein Blick fiel auf Alis Zelt und den Käfig davor. Außerhalb des Käfigs, an die Längsstäbe gekrallt, das Köpfchen nach oben gereckt, hockte ein winziger Vogel. Es schien ihn an das Metall zu pressen, hielt ihn wie eine Leimrute fest.

„Düh – düh – düh."

Es war, als wollte der Winzling hinein zu dem riesigen Vogel, der wie ausgestopft und doch bedrohlich vor ihm saß.

Boris wagte nicht, sich zu bewegen. Das Vögelchen rührte sich nun auch nicht mehr, gab keinen Laut von sich. Das war wie ein Bild, ein Foto, das vor langer Zeit gemacht worden war und nun zusehends vergilbte. Die grüne Oberseite des Gefieders, die gelbe Brust und Kehle und am seitlich geneigten Kopf der gelbe Streif über dem Auge – alles verlor an Farbe.

Der Junge dachte, dass er wie zum Gebet kniete. An einem heißen Sommertag war er von der Feldarbeit in die verfallende Rittergutskirche von Lerchau gehuscht. Seitdem dort eingebrochen und die wenigen Kunstgegenstände entwendet worden waren, stand die Tür offen. Der kleine, nicht zu hoch gewölbte Raum versprach Schutz wie eine Höhle. Auf dem Altar lag ein Strauß frischer Feldblumen. Eine schwarz gekleidete Gestalt kniete davor. Sie hatte ihm den Rücken zugekehrt, ein grobes schwarzes Tuch bedeckte den Kopf, fiel über die Schultern bis auf die Dielen herab. Die Bewegungslosigkeit hatte ihn beunruhigt, auch dass er nicht wusste, wer das war, ob Frau, Mann oder ein Kind? Er hatte gehen wollen, aber etwas hielt ihn fest. Ihm war unheimlich, er hatte gedacht, dass die Gestalt vielleicht gar nicht lebendig sei. Oder betete sie und war dabei erstarrt? Schließlich hatte er sich doch von dem Anblick losreißen können. Ohne die Kühle genossen zu haben, war ihm kalt geworden. Draußen umfing ihn die Mittagsstunde heiß und grell. Er hatte sich durch die Auenwiesen zu den Lehmlöchern treiben lassen, wo sich die Dorfjugend zum Baden und Angeln traf.

Boris drückte den Rücken durch und hob langsam den Kopf in den Nacken. Die Mondsichel war wie ein goldenes Segel, das ohne Schiffskörper einsam im Himmel trieb, hier und da ein paar schattige Wolken, als wären sie Inselgruppen, passierend.

Ob er auch beten sollte? Aber zu wem denn beten? Zu Gott? Was sollte er ihm sagen? Ali hatte gesagt, Gott sei eine gebrechliche Krücke für Schwache. Wer aber stark und gesund ist, der wirft die Krücke ins Feuer, geht aus eigener Kraft und hilft anderen auf die Beine. Für Anna war Gott ebenso lebendig wie sie selbst. Wie Bruno. Wie Boris. Wie die Ziege im Stall. Oder die Stiefmütterchen im winzigen Vorgarten. Gott würde immer noch leben, sagte sie, wenn sie selbst nicht mehr war. Und alles andere auch nicht. „Gott hilft, Boris", hatte sie gesagt, als sie ihm das von seiner Mutter mitteilte. „Der Mensch muss nur fest daran glauben." Sie hatte sich weggedreht, ihr schmächtiger Körper zuckte.

Der Großvater sagte zu Großmutters Gottvertrauen nur „Pfaffenkram" und „Ammenmärchen". Er misstraute allen „da oben". Damit meinte er auch die Menschen, die über andere Macht hatten. Bruno fühlte sich von der „Obrigkeit" verraten und verkauft. Der kleine Mann müsse selber sehen, wie er mit dem Hintern an die Wand kommt.

In Annas Bibel fehlten etliche Seiten. Sie hatte Bruno in Verdacht, dass er sie als Fidibus zum Anzünden seiner Zigarren nahm. Der Großvater hob abwehrend die Hände und meinte: „Der Teufel wird´s rausgerissen haben. Oder Gott selbst. Er will nicht, dass du dir beim Lesen die Augen verdirbst."

Wie die Eltern es mit Gott gehalten hatten, wusste Boris nicht. Der Vater war ohnehin in eine Ferne gerückt, in die keine Brücke reichte. Die Großeltern sprachen selten von ihm. Obwohl er ihr Sohn war. Boris´ Mutter war ja nur ihre Schwiegertochter. Sie nannten sie „Tochter". Nie sagten sie ein schlechtes Wort über seine Mutter. Immer hatten sie zu ihr gestanden.

„Gott", sagte Boris so leise, dass nur er selbst es hören konnte. Er faltete die Hände nicht, lehnte sie nur mit den Handflächen aneinander.

„Gott."

Er empfand sich seltsam, als gäbe es ihn noch einmal, ähnlich einem Zwillingsbruder, irgendwie vertraut, aber doch auch anders. Er wusste nichts über den anderen in ihm, aber dass er da war, machte ihn froh.

„Gott", sagte er, und jetzt konnte er auch seine Stimme hören. „Gott, wenn du es kannst, dann mach doch, dass ich meine Mutter wiederfinde."

„Bitte", sagte er eindringlich. „Ich schaffe es nicht allein. Tu´s doch. Für mich."

Nichts geschah. Da war nur Stille um ihn.

Er hatte gelesen, alles wirklich Wichtige geschah in der Stille. In der Bewegungslosigkeit.

Der Vogel klebte noch immer an dem Gitterstab. Nun war er nur noch grau, und auch das Grau wurde blasser. Hinter den Stäben der Kolkrabe aber glänzte metallisch blau. Er schien im Käfig zu wachsen, indem der Vogel draußen kleiner wurde.

„Tütütü – düh, düh", pfiff der Junge hinüber.

Das Vögelchen bewegte sich nicht. Boris hielt es nicht mehr aus, den Vogel, dessen Gesang ihm noch sehnsüchtig in den Ohren klang, hinschmelzen zu sehen. Er richtete sich auf und klatschte in die Hände, dass es wie ein Schuss klang.

Der Vogel flatterte steil auf und verschwand im sperrigen Gezweig der Bäume.

„Sisisisisi srrrrr", schnurrte es wie von einer Nähmaschine schräg herab.

Boris legte sich vor dem Zelt auf den Rücken und drückte leicht die Hände auf seinen Magen. Er spürte in seinem Körper und den Gliedern, wie die Wärme sich in ihm ausbreitete bis in die Fingerspitzen und Zehen hinein. Es wurde ihm in sich selbst wohnlich, er sah im Blau noch immer das einsame goldene Segel treiben und ließ es geschehen, dass es ihn wegtrug.

23.

Am nächsten Tag wehte ein harter Wind von Norden. Der Himmel hing durch wie eine schmutzige Plane, die hier und da auf der Erde schleifte. Es war aber auch nicht ein Loch darin zu finden, das auf mehr Helligkeit hoffen ließ. Schon in der Nacht hatte es zu regnen begonnen, es schüttete, als sollte alles zu Wasser werden.

Die Jungen und Mädchen empfanden nach den Stunden der Lähmung selbst diese Düsternis als eine Art Befreiung. Nach dem Morgenappell und Frühstück gebärdeten sie sich wild. Sie kletterten waghalsig in die Bäume, versuchten einen schweren Findling wegzurollen, kickten scharf den nassen Lederball und zielten auf die Köpfe. Es verlangte sie nach Zerstören und Verletzen, sie wollten den Schmerz spüren, den der anderen und den eigenen. Nur die Anwesenheit der Erwachsenen hielt sie von einer größeren Dummheit ab. Die Betreuer sahen vom Eingang des Essenszeltes aus zu, teils bedenklich, teils amüsiert und wohl auch neidisch, weil ihr Erwachsensein ihnen so viel zur Schau gestellte Unvernunft verbot.

Aber bald ermüdeten die einen beim Gelabere, die andern beim Zuschauen. Die Gemeinschaft zerfiel in die üblichen kleinen Gruppen. Es dauerte nicht lange, da brach Zank aus. Zwei Jungen, zu den Schwächsten gehörend und sonst eher hasenherzig, zerrten einander an den Haaren, bespuckten und kratzten sich. Kalinke, auf ein Augenzeichen des Pionierleiters hin, unterband den mittlerweile blutigen Streit, indem er sich zwischen die beiden Widersacher stellte und ein paar schwächliche Schläge auf seinen ungedeckten Körper verpuffen ließ. Wie auf Kommando zogen sich nun alle in die Zelte zurück.

Boris und Ralle trafen am Waschplatz aufeinander. Sie mussten lächeln, denn sie hatten sich nicht abgesprochen. An der Holzsammelstelle legten sie sich nebeneinander auf gesammelten Reisig. Der Regen platschte auf sie herab. Vor dem kalt unter die Haut fahrenden Wind waren sie hier geschützt. Sie sagten nichts, es reichte ihnen, zusammen zu sein und den Regen zu spüren. Außer der Mutter hatte Boris sich noch nie einem Menschen so nahe gefühlt. Wieder war ihm, als gäbe es ihn noch einmal in anderer Gestalt. Vielleicht mit anderem Denken. Aber mit gleichem Fühlen. Indem er Ralle mochte, konnte er sich selbst mögen. Das war ihm bei Ali nie gelungen. Ralle gegenüber war er gelöst, musste nichts versprechen, etwas aus sich rauszuholen, was womöglich gar nicht in ihm war. Er konnte sein, wie er war. Aber wie war er denn? In letzter Zeit hatte sich das Gefühl von Fremdheit verstärkt. Aber er war bereit, sich neu kennenzulernen. Vielleicht brauchte er dann, wenn er Menschen begegnete, sich keinen Fluchtweg mehr offenhalten.

Sich einmal der Menschen sicher zu sein. Und ihnen sicher sein zu können. Was für ein Glück.

Er sah in helles Licht, das sich leise klingend über ihm ausschüttete. Wie in stark verzögert zerspringendem Glas blitzte die Erinnerung auf. Er blickte in zwei Augen, die seiner Mutter, sie waren braun, licht wie Bernstein, den er hier noch nicht gefunden hatte, und dennoch tief, ohne dass er Angst haben musste, sich darin zu verlieren. Es berührte ihn warm. Das dauerte nur kurz, zurück blieb eine Scherbe ihres Bildes, vielleicht der Anfang neuer Vertrautheit. So bereit hatte er sich lange nicht gefühlt.

24.

Dass die zurückliegenden Tage des Stillstandes so bald vergessen sein würden, hätte im Lager keiner gedacht. An den wiederkehrenden Ausfall des Lautsprechers hatte man sich gewöhnt und Horsts schadenfrohe Fanfarenstöße hingenommen. Doch bei der heutigen morgendlichen Katzenwäsche wurde getuschelt. Irgendwas musste passiert sein. Sie schauten zu Ali, der sich locker gab und mit den Schultern zuckte. Von

Dschugaschwili war nichts zu sehen. Wenn morgens die Ersten auf dem Waschplatz erschienen, war er sonst schon am Waldrand auf Kontrollgang. Inzwischen war es Zeit für den Morgenappell.

Boris vermisste Ralle, er sah zu den Toilettenhäuschen, wo sich vor dem Jungenklo die Schlange aufgelöst hatte. Am Anfang der Ferien war es vorgekommen, dass Ralle, um den Frotzeleien der anderen zu entgehen, sich im Klo eingesperrt hatte. Die Mädchen, die vor ihrem Häuschen gewöhnlich lange anstehen mussten, benutzten jetzt auch das der Jungen.

Nach dem Waschen schickte Ali sie zu den Zelten und wies darauf hin, dass zum Appell in Uniform anzutreten sei. Die unnötige Mahnung verstärkte die unterdrückte Aufgeregtheit noch. Boris zog sich hastig um, lief zur Klippe und suchte das Meer ab. Da draußen war es ruhig. Am Horizont war jeweils an dem einen und dem anderen Ende ein dunkler Punkt zu sehen, vielleicht zwei Schiffe vom Küstenschutz der Volksmarine. Auf den Buhnen hockten Möwen, andere schaukelten wie Papierschiffchen auf dem Wasser. Zwei Schwäne standen am Strand und schlugen mit den Flügeln, als suchten sie Gewissheit, ob die Luft ihre schweren Körper auch tragen würde.

Boris wandte sich verunsichert von der See ab. Was hatte er da draußen denn gesucht? Warum war er überhaupt zur Klippe gelaufen? Ralle ging nur widerwillig ins Wasser, und lediglich an heißen Tagen. „Wasser", hatte Ralle gesagt, „das brauche ich nur, wenn ich Durst wie ein Pferd habe. Und es muss den Kahn tragen, der mich zu den Cookinseln bringt." Sollte Ralle etwa das Weite gesucht haben?!

Boris presste die Fäuste gegen die Schläfen, konnte keinen Gedanken fassen, rannte zum Appellplatz. Ali hatte die Gruppe schon vor dem Fahnenmast antreten lassen. Auch hier war Ralle nicht. Dschugaschwili fehlte immer noch. Kalinke und Horst waren nicht da.

Als Boris zu Ulli sah, drehte sie den Kopf weg. Das Mädchen ging ihm einfach nicht aus dem Sinn, auch jetzt nicht, wo er sich um Ralle sorgte. Er nahm jede kleine Veränderung bei ihr war. Er wusste, was sie gerade für Sachen anhatte. Wie der Wind ihr die Haare ins Gesicht drückte, wie sie den Kopf in den

Nacken warf. Er wusste, wohin ihre Blicke gingen, wie sie Menschen und Dinge ansah. Wenn ihr Blick ihn streifte, richtete er sich auf. Ob sie in der Nähe war oder weiter weg, er konnte sie riechen. Ja, er schmeckte sie. Es war sinnlos sich dagegen zu wehren, er wollte es auch nicht.

Ali hatte Boris bestimmt, die Freundschaftsfahne zu hissen und die Grußworte zum Tag zu sprechen.

„Für Frieden und Sozialismus: Seid bereit!" Der Pionierleiter hob die rechte Hand über den Kopf.

„Immer bereit!", grüßte Boris zurück.

Boris hatte die Fahne zur Hälfte aufgezogen, als hinter ihm Unruhe entstand. Er fuhr herum, sah Standke mit stelzenden Schritten herankommen. Der Lehrer ging trotz seiner Klapprigkeit wie einer, den nichts aufhalten konnte, der wusste, was zu tun war. Hinter ihm hatten Kalinke und Horst Mühe Schritt zu halten. Zwischen sich, an den Oberarmen gefasst, führten sie Ralle, der durch ihr Drücken und Schieben stolperte.

Zwischen Boris' Händen rutschte das dünne Drahtseil hoch, wobei die Fahne wieder nach unten glitt. Ralles Blick sagte Boris: Bloß keine Aufregung, Alter. Alles in bester Ordnung.

Boris konnte sich denken, was passiert war, er suchte nach einem Ausweg für Ralle, aber sein Kopf war heiß und leer, ein Ballon, der drauf und dran war seinen Füßen den Boden zu entziehen.

Der Lehrer stellte sich so, dass er den Pionierleiter verdeckte. Mit einem Schlenker seiner wie skelettierten Hand verwies er Boris zurück in die Reihe. Er beugte sich zu Kalinke hinunter, raunte ihm etwas zu. Mit ein paar kräftigen Zügen zog Kalinke die Fahne auf und sicherte das Seil am Mast.

Horst hielt Ralle im Nacken gepackt wie einen Hund. Kalinkes Kuli genoss das sichtlich. Boris hatte ihn noch nie so verabscheut wie jetzt. Für gewöhnlich stand Horst im Schatten des eindrucksvollen Kalinke. Nur zu Schulfeiern nahm man ihn wahr. Auf der Bühne der Aula waren die Bewegungen des lang aufgeschossenen Jungen auf merkwürdige Art übertrieben. Als spielte er nicht wirklich Klavier, sondern gestaltete es pantomimisch und die Töne würden eingespielt. Wenn Boris

Horst ins Gesicht sah, konnte er sich sein Zimmer vorstellen, ordentlich und sauber. Jedes war an seinem Platz, an nichts war was auszusetzen. Aber es fehlte das Verbindende, das eine wollte mit dem anderen nichts zu schaffen haben. Die Augen blickten verschlagen, was der lineare Mund zu leugnen schien.

Boris verstand nicht, dass der poltrige, aber aufrichtige Kalinke mit solch einem Leisetreter befreundet war. Kalinke forderte die Unterwürfigkeit schließlich nicht. Er musste nicht andere vor sich knien lassen, um sich stark zu fühlen. Kalinke war stark. Vielleicht war Horst ja ein geborener Schleimer? Bruno sagte: „Manche Leute können nicht anders als kriechen. Wenn die gerade gehen sollen, pinkeln sie sich ein."

„Das Maß ist voll", schrillte es über den kleinen Platz.

Dschugaschwilis Stimme war nicht laut, sie hatte es nicht eilig, der Lehrer war sich seiner Sache sicher. Anstelle des Unberechenbaren, das alle verunsicherte, war verhaltene Freude, ein unterdrücktes Jauchzen. Wenn der Lehrer nicht unterrichtete oder sich nicht in langen Erklärungen erging, musste man ihm zuhören, wartete angespannt auf die nächsten Worte.

Boris wollte Ali warnen, er sollte doch vortreten, neben den Lehrer. Ja, vor ihn. Merkte Ali denn nicht, dass Standke dabei war, zurückzuschlagen? Hatte Ali ihn vielleicht unterschätzt? Oder war das Taktik? Er kam da nicht mehr mit.

Der Lehrer sagte anscheinend sachlich: „Der Verursacher der wiederholten Zerstörung von Volkseigentum ist gefasst. Wir loben ausdrücklich den Pionier Horst Winkler für seine Einsatzbereitschaft. Horst hat im Interesse des Kollektivs seine Nachtruhe geopfert, um den Schuldigen zu stellen."

Horsts übliches Augenzucken wurde hektischer, dabei hoben und senkten sich abwechselnd Nase und Oberlippe. Das Gesicht ähnelte einem zahnlosen Alten, der mümmelnd aß. Der Anblick verstärkte Boris' Nervosität. Ob Horst selbst das auch quälte? Dann konnte er einem leidtun.

Standke wandte sich Ralle zu und fixierte ihn von oben herab. Das kannte man vom Schulhof, wenn der Lehrer Aufsicht hatte und einen Schüler wegen eines Regelverstoßes rügte. Boris war das auch schon passiert. Standke schien Spaß zu haben, andere zu verunsichern.

Ralle hielt nicht wie ein reuiger Sünder den Kopf gesenkt, er hatte ihn erhoben, weder verlegen noch aufsässig. Er lächelte dabei. Das beunruhigte Boris noch mehr, er hätte verstanden, wenn Ralle unsicher, ja ängstlich war. Nichts dergleichen. Horst legte den zertrümmerten Lautsprecher vor Ralles Füße. Boris sah den Baum hinauf. Von der Astgabel, wo der Lautsprecher angebracht war, hing nur noch ein Stück dünnes Kabel herab. Er warf sich vor, Ralle nicht gestoppt zu haben. Nun war er mitschuldig. Er schob seinen Vordermann zur Seite, dass er Ali sehen konnte, der sich nicht rührte.

„Name?" Standke fistelte wieder, seine Stimme schnappt fast über, er hustete hohl dagegen an und wiederholte: „Name!"

Ralle schüttelte Horsts Hand, sanft, aber zwingend, von seinem Nacken.

„Ralph Malisch."

Der Lehrer war bekannt für sein enormes Gedächtnis. An der Schule wusste er von jedem Schüler den Namen. Er tat, als sagte ihm der Name nichts.

„Sie rufen mich auch Qualle." Ralle sah lächelnd auf die Gruppe.

„Tunte!", rief ein Junge aus der hinteren Reihe. Einige lachten.

Ralle schob die Hände in die Hosentaschen.

„Hände raus!"

Ralle zog die Schultern hoch, folgte der Aufforderung, drückte die Fäuste aber kurz darauf zurück in die Taschen.

„Hast du zu deinem körperlichen" - Standke bewegte seine dünnen Lippen, als schmeckte er das nächste Wort ab – „*Gebrechen* vielleicht auch solche, die geistiger Natur sind?"

Die Anspielung auf Malischs Körperfülle wurde verhalten belacht.

Boris sah sich drohend unter den Jungen um.

„Mir ist kalt", sagte Ralle. „Pinkeln muss ich auch."

Alle waren baff, der schwammige Junge, der so gut hin- und herzuschubsen war, stellte sich dem gefürchteten Dschugaschwili entgegen. Der Lehrer zog ein Etui aus der abgewetzten Jackentasche, nahm eine Zigarette heraus, klopfte sie ein paar Mal auf den Handrücken und steckte sie ins Etui zurück.

„Was für ein widersetzlicher Bursche. Malisch. Persönlichkeit und Tat. Da schließt sich der Kreis. Machen wir´s kurz. Gestehst du, dass du den Lautsprecher unseres Lagers mutwillig zerstört hast?"

„Ja", antwortete Ralle nahezu freudig.

Die allgemeine Verblüffung steigerte sich noch. Auch Dschugaschwili hatte Malischs Reaktion wohl so nicht erwartet. Es klang enttäuscht, als er nachfragte: „Du gibst also zu, dass du für alle *Sabotageakte* am Lautsprecher verantwortlich bist?"

„Ja. Das bin ich", antwortete Ralle feierlich und hob die rechte Hand wie zum Schwur.

„Du hast absolut keinen Grund frech zu werden!", bellte Standke nun los. „So viel Kaltschnäuzigkeit ist mir in all meinen Jahren als Lehrer und Erzieher noch nicht untergekommen. Sofort nimmst du die Hände aus den Taschen!"

Ralle lächelte und zog nur die Schultern noch ein Stück höher. Ein kurzer Blick sagte Boris: Du, ich kann nun mal nicht anders.

War Ralle denn völlig durchgedreht? Er ritt sich nur immer tiefer rein. Boris musste Dschugaschwili ablenken. Ihn womöglich in Furcht versetzte. Warum nur war Boris kein Held wie die Burschen in den Büchern, die er zuhauf gelesen hatte? Warum hatte er nicht die Kraft von Herkules, der zwölf große Taten vollbrachte und selbst den Höllenhund Kerberos aus der Unterwelt holte? Warum nicht den Mut Otto Lilienthals, der sich als erster Mensch mit seinem Hängegleiter immer wieder in die Luft gewagt hatte? Wenn er wenigstens über die List von Reinecke Fuchs, der schließlich seine übermächtigen Widersacher beschämt hatte, verfügen würde. Sie alle mussten viel erdulden, aber schließlich hatten sie doch gesiegt. Um Ralle zu retten, hätte er Dschugaschwili in einen Stein verwandelt. Es wäre für alle besser, wenn der Lehrer nicht mehr da wäre.

„Malisch."

„Hier."

„Hattest du bei deinem verwerflichen Tun Mittäter?"

Ralle schüttelte gefasst den Kopf.

„Sprich."

„Hatte ich nicht."

„Hast du uns sonst noch was zu sagen?"

Abermals schüttelte Ralle den Kopf und sagte, als Dschugaschwili die buschigen Augenbrauen hob: „Nein. Nichts."

Der Lehrer, der nach dem Geständnis eingeknickt war, richtete sich jählings auf und schien ins Unendliche zu wachsen. Er drehte sich halb dem Pionierleiter zu und sagte: „Als stellvertretender Direktor und Lehrer der Clara-Zetkin-Schule und Leiter dieses Zeltlagers bin ich befugt, dir, Ralph Malisch, einen Verweis auszusprechen und dich ..."

„Er war's nicht!"

Der Lehrer verstummte. Er begann zu würgen, als hätte ihm jemand was in den Mund gestopft und gab gurgelnde Laute von sich.

Boris trat aus der Reihe und sagte bestimmt: „Ich war's."

„*Was* warst *du*?"

Standke, der jederzeit auf alles gefasst schien, zeigte sich überrumpelt. Er wog wohl gerade ab, ob der Einspruch ihm in den Kram passte.

„Ich habe den Lautsprecher ..." Boris suchte nach einem Wort, das die Tat abmilderte, sagte aber mit plötzlicher Wut: „Zerschmettert!"

„Zer – schme – ttert?"

„Ich allein habe das getan."

Boris rückte an Ralle heran und versuchte ihn wegzudrängen. Aber Malisch behauptete seinen Platz.

„Hau ab", raunte Boris ihm zu. „Und halt bloß die Klappe."

„Der Mann spinnt doch!", rief Ralle aufgeregt. Der Punkt zwischen seinen Augen war wieder da und schien zu glühen. „Ich bin der Täter. Kein anderer."

Ali stieß einen Fluch aus, ging eilig zur Gruppe der Betreuer, kehrte aber um und blieb auf halbem Weg zu Dschugaschwili stehen. Kalinke gab Boris aufgeregt Zeichen, sich wieder in die Reihe zu stellen. Boris stand kerzengrade, die Hände an der Hosennaht, den Kopf im Nacken.

„Du?", sagte der Lehrer unwillig. „Boris. Ja? Boris – Abendroth. Richtig?"

„Ja."

„Wie heißt es in den Gesetzen der Thälmannpioniere?"

Boris rechte Hand zuckte zum Pioniergruß über den Kopf. *„Wir Thälmannpioniere lieben die Wahrheit, sind zuverlässig und einander Freund."*

„Der Abendroth lügt doch!"

Ralle, wild mit den Armen fuchtelnd, bedrängte Boris. Kalinke sprang vor und warf Malisch zu Boden. Schwerfällig stand Ralle wieder auf, zog umständlich ein weißes Taschentuch aus der Hosentasche, breitete es aus, spuckte darauf und rieb sich fahrig die schmutzigen Hände ab.

Der Pionierleiter war ein Stück näher an den Lehrer herangerückt. Standke machte eine abwehrende Schulterbewegung, legte Boris seine knochige Hand auf die Schulter und führte ihn beiseite.

„Abendroth", sagte der Lehrer mit gedämpfter Stimme. Boris hatte Standke noch nie so gehört – irgendwie mitfühlend, als ständen sie einander nahe. Boris rückte ein Stück ab. Standkes Hand fiel von Boris' Schulter und pendelte vor seinem Körper wie der Perpendikel eines Regulators.

„Abendroth. Hör mir zu, Boris", sagte der Lehrer. „Ich kenne dein Problem."

„Mein - Problem ...?"

„Dein Zuhause. Was so passiert ist. Das ist für dich – wahrhaftig nicht leicht."

„Mir geht es gut", entgegnete Boris.

Standke drückte die an Spinnenbeine erinnernden Finger auf seine Schläfen und machte massierende Bewegungen.

„Was mit deiner Mutter passiert ist – das tut mir aufrichtig leid."

Standke richtete sich anscheinend unter Schmerzen auf, beugte sich wieder zu Boris herab, sagte: „Manchmal passieren Dinge, die so keiner gewollt hat. Das zu verstehen ist schwer. Sehr schwer. Für uns alle."

Boris zögerte, schließlich fragte er: „Was ist denn mit meiner Mutter passiert?"

„Hat man dir – denn nichts gesagt?"

„Ich weiß nicht", sagte Boris. „Nein."

Der Lehrer sah zu Kalinke und Horst, die Ralle, der noch immer an sich herumputzte, festhielten. Der Pionierleiter stand jetzt bei ihnen.

„Darüber reden wir ein andermal", sagte Standke plötzlich abweisend.

Boris folgte dem Lehrer zurück unter den Fahnenmast. Standke wartete ein paar Sekunden, bis er die volle Aufmerksamkeit hatte, nickte Boris zu und forderte: „Sprich die Wahrheit."

„Ich war's."

Boris erklärte, als würde ein Band abgespult, dass „Qualle", für seine Unsportlichkeit bekannt, niemals auf den hohen Baum gekommen wäre. Also sei er von vornherein als Täter auszuschließen. Boris selbst habe das „ewige Geleier" einfach nicht mehr hören können. Ein bisschen Schadenfreude sei auch dabei gewesen, wenn sich alle über Winklers „Asthmafanfare" ärgerten, die statt des Lautsprechers zum Wecken rief.

Ralle stand teilnahmslos dabei, das schmutzige Taschentuch in den Händen.

Standke wartete noch, seine Hände ballten und streckten sich, er senkte den Kopf, hob ihn wieder. Dann schnarrte er los: „Also spreche ich euch beiden, Malisch und Abendroth, einen ..."

Ali sprang neben Dschugaschwili und rief: „Entschuldige, Genosse Standke, darf ich das zu Ende bringen? Ich bin der Pionierleiter und in erster Linie für meine Pioniere verantwortlich."

Bevor Standke reagieren konnte, sprach Ali „Abendroth und Malisch" den Verweis aus und löste den Morgenappell mit „Seid bereit!" auf, was wie ein Wutschrei klang.

25.

Während des Frühstücks waren lediglich verhaltenes Geschirrklappern und zuweilen ein angespanntes Husten zu hören. Am Betreuertisch brach unvermittelt zwischen Fräulein Lämmsel und Ali ein hitziger Streit aus. So plötzlich die Auseinandersetzung begonnen hatte, so endete sie wieder. Die anderen hatten nur aufgeschnappt, dass es um den Morgenappell ging.

Minutenlang war nur das bedrohliche Surren einer Wespe zu hören. Wo sie überfallartig auftauchte, wurde sie mit heftigen Handbewegungen abgewehrt. Alle sahen zu, wie das Insekt auf dem Rand eines Glases aufsetzte, die Innenseite hinuntersurrte und in der Neige von Fruchtsaft eintauchte. Die Flügel der Wespe quirlten wild in der Flüssigkeit, sie tauchte wieder auf, schaffte es aus dem Glas heraus und stand Handbreit darüber sekundenlang in der Luft. Abermals wurde sie von der Süße angezogen, senkte sich, lautlos mit den Flügeln rotierend, Zentimeter um Zentimeter ins Glas, tauchte langsam und gänzlich ohne Gegenwehr in dem Bodensatz unter, wurde hochgetrieben und lag bewegungslos auf der roten Oberfläche.

Fräulein Lämmsel schlang in ihrem anfallartig auftretenden Zärtlichkeitsbedürfnis die plumpen Arme um Ali, zog ihn an sich und presste ihm einen schmatzenden Kuss auf den Mund. Die Studentin, wohl über sich selbst erschrocken, beugte sich langsam zurück und bedeckte mit ihren feinen weißen Händen, die einer zierlichen Frau zu gehören schienen, ihr Gesicht.

Ali war eher einer Skulptur ähnlich als einem lebendigen Menschen. Sein Gesicht glich einem Gipsabdruck.

Die Stille schien absolut, sie setzte alles außer Kraft. Da war es erlösend, dass die Lämmsel losflennte wie ein garstiges Kind und nach draußen rannte. Bald sprach sich herum, dass sie auf dem Waschplatz geschrien hätte: „Ich ersticke! Ich ersticke!" und dabei war ihren Koffer zu packen. Später sah man sie mit Standke unter einer weißen Rauchfahne ein Stück des Heideweges entlanggehen.

Bis zur Abfahrt zur Halbinsel Jasmund, wo die Erkundung des nordöstlichen Teils als Tagesausflug auf dem Programm stand, war noch Zeit. Boris verließ heimlich das Lager, stieg in die mächtige Kastanie und bettete sich in sein „Nest" zwischen den Baumteilen. Es kam ihm vor, als wäre es in einem anderen Leben gewesen, als er das vorangegangene Mal hier oben war. Der Ausblick auf das Lager, über ein Stück Heide und durch die Waldschneise zum Meer erschien ihm verändert, wobei er nicht sagen konnte, was hinzugekommen war oder was fehlte. Der Himmel war ohnehin immer ein anderer gewesen, er wechselte ständig sein Bild, manchmal von einer Sekunde zur anderen. Und selbst wenn er in Schönheit festgehalten schien, begann er sich unmerklich zu wandeln. Anfangs war das nur ein Gefühl, dann verblich oder vertiefte sich eine Farbe, eine Bewegung kam auf, die sich wellenartig ausbreitete oder von einer anderen Regung aufgesogen wurde.

Er hatte vorher gewusst, dass da oben in dem Meer ohne Anfang und Ende heute kein Kahn für ihn bereitstand, in dem er sich treiben lassen konnte. Gehofft hatte er es dennoch. Ob denn der Kahn je wieder auf ihn warten würde?

Er dachte an Ralle, der ihn in etwas hineinzog, von dem er nicht wusste, wo es hinführte. Dieser rundliche Junge war recht sonderbar, ein Kauz, ein lustiges Haus, manchmal befremdend ernst, aber immer irgendwie erstaunlich. An manchen Menschen verlor Boris bald das Interesse, für Ralle wuchs es. Er fühlte für ihn wie für einen Bruder. Manchmal schien der äußerlich so unförmige Junge, der so beharrlich sein konnte, ein Teil von ihm selbst zu sein. Nur dass Boris sich nicht so gewiss war über das, was er dachte und tat. Der Großvater hätte über Ralle gesagt: „Der Junge passt schon."

In Boris war etwas geweckt worden, von dem er nichts gewusst, vielleicht nicht mal was geahnt hatte. Die Beunruhigung war nicht unangenehm und lähmend, sie verstärkte seine Neugier auf das, was werden würde. Dann wieder erschrak er, als ließe er etwas zu, was streng verboten war. Ihm war, als wohnte ein Wesen in ihm, das an seiner Kette rüttelte und aus seinem Zwinger wollte. Da war etwas im Gange. So viel war sicher.

Die Mutter hatte ihn umarmt, wenn ihm was Angst machte. Sie hatte ihn an sich gedrückt und gesagt: „Alles ist gut." Und alles war gut. Er dachte wehmütig, dass ihm das nie wieder passieren würde. Er atmete ihren Geruch nach Lindenblüten herbei, der sich wie ein wehendes Tuch um ihn legte.

Als Boris aufmerksam wurde, schwang sich Ali schon neben ihn, sah sich kurz um, nickte und sagte: „Nicht aufgepasst. Was, ich wäre dein Feind?"

„Wie hast du mich denn aufgespürt?"

Ali winkte ab. „Hast dir ein Nest zurechtgemacht. Nicht schlecht. Alles im Blick, von hier oben."

„Geht so."

Etwas schwang in Alis Stimme, das Boris aufhorchen ließ. Misstraute Ali ihm etwa? Noch mehr verunsicherte ihn die Frage, ob Ali Grund dazu haben könnte?

Der Trainer sah nach unten, setzte sich so, dass er das Lager übersehen konnte, und sagte, als wäre er in Eile: „Muss mit dir reden. Geht so nicht."

Im Nachhinein wunderte sich Boris, dass er nicht gleich „Ja, Ali" gesagt hatte. In den letzten Tagen war es ihm kaum noch über die Lippen gekommen, vielleicht überhaupt nicht. Er wollte es nachholen, als sei er es Ali schuldig, wartete aber, und dann war es zu spät.

Ali hatte ihm Zeit gelassen und sagte nun: „Sollte was, das, zum Appell? Diese Lusche, stellst dich davor, warum? Malisch, Qualle, Tunte, was nun?"

„Ich nenne ihn nicht so."

„Fakt: Opfer muss das Opfer wert sein. Muss es."

„Du kennst Ralle ja gar nicht!"

„Vergessen, was: Der Einzelne zählt nur insofern, wie er sich für das Ganze nützlich erweist."

„Für mich zählt Ralle. Er – er ist ein – mein Freund."

Boris war von sich selbst überrascht. Er hatte noch nie einen Jungen als *Freund* bezeichnet. Da stand immer was dazwischen. Nur ein Junge hätte sein Freund werden können. Damals im Heim. Die Meute war unversehens über Boris hergefallen, schleppte ihn in den Heizungskeller, schlug ihn zusammen und ließ ihn gefesselt und geknebelt zurück. In der Nacht war einer von ihnen zurückgekommen. Der taubstumme Willi. Er führte Boris nach oben in den Schlafsaal. Von da an spielten sie oft Schach gegeneinander. Willi brachte es ihm bei. Die Stille, die von dem älteren Jungen ausging, beruhigte Boris. Aber Willi war bald aus dem Heim verschwunden. Die einen sagten, er sei in den Westen geschmuggelt worden. Die anderen meinten, er wäre weggesperrt zu den Verrückten, wo er auch hingehöre.

Ali sah Boris prüfend an. „Willst mich provozieren, sollst du?"

„Ich – dich was?"

Ali dachte angespannt nach und sagte dann ungewohnt grüblerisch: „Soll ausgezeichnet werden, soll ich."

„Das ist doch gut, Ali. Oder?"

„Sagt man so, sagt man."

„Doch, Ali, das ist gut. Du hast es verdient. Auf alle Fälle du."

„Abschieben, auf die feine Art, geht auch so. Hintern Schreibtisch, zum Studium, ins nächste Kaff? Weiß nicht."

„Du gehst doch nicht weg, Ali. Aber warum denn?"

Ali winkte ab. „Läuft was, kann's riechen, schon lange, stinkt."

„Was denn, Ali, was?"

Ali zögerte, sagte dann halbherzig: „Was ausgegraben, haben sie, denk ich, alte Geschichte. Nicht mehr wahr, lange nicht."

„Was denn ausgegraben?"

„Weiß man´s, weiß nicht."

„Warum sagst du´s mir nicht, Ali?"

„Gefragt, haben sie dich, was?"

„Was denn? Nein. Wer denn?"

„Standke, hat mit dir geredet, hat er."

„Ich habe dir doch schon alles gesagt, Ali."

„Ist aber so, dreht einer dran. Klar doch."

„Dran drehen, Ali? Woran denn?"

„Mathemüller? Nein. Pauli, die Schulbehörde? Kreisleitung, die Sebastian? Kommt von wo, aus der Bezirksleitung? Möglich, alles."

„Was denn, Ali? Ich – ich verstehe das alles nicht ..."

„Dein Aufmucken, kriegt Sinn, so! Eins und eins zusammenzählen, muss man! Sollst mich aus der Reserve locken, sollst du?!"

Alis plötzliche Wut war wie ein körperlicher Angriff, unter dem Boris sich duckte. Der Trainer stellte Disziplin über alles, Selbstdisziplin, sie sei die Voraussetzung für den Sieg. Wut und Hass verachtete er, sie machten hässlich, vor allem aber dumm und schwach.

„Ali, was ist denn mit dir?"

Der Trainer atmete ein paar Mal schnell aus und ein, dann langsamer und bald wieder gleichmäßig.

„Ist nichts, ist nicht. Nur ein Gedanke, war nur."

Ali sah zum Lager hinüber. „Manchmal, tickt nicht mehr. Schaltzentrale, hier oben. Inselkoller. Kannst du vergessen, vergiss es."

Ali konnte nicht still sitzen, der Baum war nichts für ihn, das hatte Boris gleich gedacht. Hier oben war es wie im Ausguck eines Schiffes, das war was für Boris, wie er herausgefunden hatte. Ali gehörte an Deck, ans Ruder, er gehörte überhaupt nicht auf ein Schiff, sondern an Land, in den Ring, wo er kämpfen konnte.

Ali ging in die Hocke, er wollte wohl runtersteigen, doch er sagte: „Standke, zum Appell, hat dich beiseitegenommen."

„Er – er hat gesagt – er kennt mein Problem ..."

„Dein Problem?"

„Ich habe ihm gesagt, dass es mir gut geht."

„Und?"

„Er hat gesagt, es tut ihm leid, was mit meiner Mutter passiert ist."

Ali schlug sich mit der Faust gegen die Stirn. Er setzte sich wieder, lehnte sich an den Baumstamm, seine Stimme klang kratzig: „Leid, tut´s ihm, sagt er."

„Er hat gesagt – manchmal passiert was, das keiner so gewollt hat. Und dass man es schwer verstehen kann."

Ali nickte, schüttelte den Kopf, zog die Knie an seine Brust, schloss die Hände und öffnete sie wieder, die Handflächen nach oben, als wollte er etwas auffangen. Er kreist mit den Schultern, drehte vorsichtig den Kopf.

„Ali", sagte Boris, „sag mir doch, was mit meiner Mutter passiert ist. Sie ist mit einmal nicht mehr da. Ich – ich habe kein Bild mehr von ihr. Du musst es mir sagen, Ali. Sag es mir."

„Weißt doch, was mit ihr ist, weißt du doch."

Anna hatte ihm nur gesagt, dass mit der Mutter was passiert sei. Vielleicht hatte sie auch gesagt, was es war. Auch daran konnte er sich nicht mehr erinnern.

„Sag es mir, Ali, sag´s."

Ali schien ihn nicht gehört zu haben, er versicherte: „Weiß natürlich, der Lautsprecher, hast nichts damit zu schaffen."

„Ist schon gut, Ali. Ist es."

„Ist nicht gut, ist nicht", sagte Ali.

„Warum hast du mir dann einen Verweis gegeben?"

„Keine andre Wahl. Standke, hätte ihm gepasst, dein Geständnis, ab in die Wüste. Hätte dich mitgegeben, der Lämmsel. Hätte er."

„Standke wollte mich nicht nach Hause schicken. Er wollte mir nichts anhaben."

„Willst du wissen, was? Woher?"

„Das – das habe ich gespürt."

„*Gespürt.*" Ali lachte abfällig. „Beim Kaffeeklatsch der Volkssolidarität, sind wir? Mumifizierte Tanten, was? *Spüren* ständig was. Rheuma. Den lieben Mann, schon lange zu Tode gepflegt. Wetter, vor allem. Wird schlechter, alles. Vor allem das."

Ali hatte sich in Rage geredet. Boris beharrte auf seiner Meinung. Warum ging Ali nicht auf seine Fragen ein? Zu Santiagos Spruch und Hemingways Selbstmord hatte er ihm auch nicht geantwortet. Der Frage nach dem Tod war er ausgewichen. Kein Problem, könnte man weglassen. Von wegen. Wie hatte Ali doch immer gesagt? „Nicht fragen, tun. Ist so." Als Boris einen Eintrag des Direktors in sein „Muttiheft" bekam - *Boris stellt zu viel dumme Fragen!* - hatte Ali ihm gesagt: „Gibt keine, dumme Fragen. Niemals." Das war nach dem 1. Mai gewesen. Am frühen Morgen des Feiertags hatte Boris der Auenwald gelockt, das erste Bad in den Lehmlöchern, die laue Luft, das nach Maikäfern duftende Grün, die Lust auf hohe Sprünge. Vor der Schule hatte sich schon der Demonstrationszug formiert. Die Fanfarenbläser und Trommler warteten auf ihren Einsatz. Auch Boris hatte ein Transparent zum Tragen bekommen. Er war vorgetreten und hatte gesagt: „Mir ist nicht gut. Muss ich da mit?" Dschugaschwili hatte ihn mit einer schroffen Handbewegung in die Reihe zurückgewiesen. Am nächsten Schultag musste er den Großeltern den Eintrag des Direktors zur Unterschrift vorlegen.

Ali hatte aber auch gesagt, dass Fragen nur Verwirrung stiften. Das wäre eine Kette ohne Ende: Auf jede Antwort eine neue Frage. „Führt zu nichts. Sackgasse."

Jäh und heftig verspürte Boris den Wunsch, sich von Ali loszureißen und wegzurennen, egal wohin und was auch passierte. Gleich überkam ihn Angst, er bezichtigte sich der Untreue und des Verrats.

„Ali", sagte Boris beschwörend. „Ali, meine Mutter ist weg. Ich meine, ich kriege ihr Bild nicht mehr zusammen. Das – das ist das Schlimmste ..."

Alis Hand zuckte, auch die von Boris, und wären sie dem Impuls gefolgt, hätten sie einander berührt.

„Verstehe", sagte Ali, er klang trocken und brüchig. „Weiß schon."

„Du hast gesagt: Das kriegen wir hin, geht schon."

Ali nickte, aber es war nicht sein gewohntes kraftvolles Nicken, das keinen Zweifel aufkommen ließ. Es war wie eine Verbeugung vor etwas, das stärker war. „Weiß doch. Kriegen wir hin. Muss mal sehen, erst mal."

Am Lager fuhren Lastwagen vor und gaben ein Hupkonzert.

Ali stieg umständlich vom Baum. Boris sah ihm hinterher. War das Ali, der da ging? Er wollte es nicht glauben.

Schließlich kletterte auch er vom Baum. Er rutschte die letzten Meter am Stamm hinunter, ließ die schorfige Rinde durch seine Handflächen gleiten. Unten angekommen durchfuhr ihn der Schmerz. Tröstlich war das Blut an seinen Händen, es schmeckte warm und süß.

26.

„Du bist ein verdammter Idiot, Boris Abendroth", sagte Ralle grimmig. „Alles war genau richtig. Und da kommt der edle Held daher und stellt sich vor den Fettsack Ralph Malisch. Wer hat dich darum gebeten? Wer, frag ich?"

Es war inzwischen nach zehn, die Sonne hatte den Frühdunst durchbrochen, und als glitte eine riesige Hand über den Himmel, wurde das schmutzige Grau hinter den Horizont gewischt. Es war mit einem Schlag heiß geworden. Über dem Meer, das an eine von Kinderhand gemalte Wiese denken ließ, hingen aus hellem Blau vereinzelt weiße Wolkenbündel, die kein Wind bewegte. Die Lastkraftwagen der Fischereigenossenschaft hatten sie bis hinter Glowe gebracht. Maria hatte beim

Aussteigen gesagt, sie habe gehört, dass im benachbarten Bobbin die einzige erhaltene, um 1400 erbaute Feldsteinkirche stehen würde. Standke hatte sie angesehen, dass sie sich schnell abwandte. Nun waren sie auf dem etwa sechs Kilometer langen Weg nach Lohme unterwegs. Von dort aus sollte es dann weitergehen in die Stubbenkammer hinein bis zum berühmten Königsstuhl. Dann waren es noch mal zehn Kilometer bis Sassnitz, den Endpunkt der von Ali angesetzten Wanderung.

Boris reizte heute nichts, diesen langen Weg zu gehen. Lieber wäre er auf seinem Baum geblieben und hätte vor sich hin gebrütet. Er wünschte, dass er die ihm endlos erscheinende Strecke schon hinter sich hätte. Wo die Sicht es zuließ, blickte er aufs Meer. Er wusste nicht, ob er es schön finden sollte. Ihm fiel das pingelig gepflegte Grundstück der Lohmeiers ein, Nachbarn der Großeltern. Das Grün ihres Gartens wirkte wie frisch lackiert, es roch nicht nach Gras, sondern nach Farbe. Von den Lohmeiers sagte Bruno: „Bei denen weiß doch der Teufel nicht, was vorn und hinten ist." Anna meinte: „Vielleicht sind sie ja auch nur klug." Die Lohmeiers hatten keine Kinder, man sah nie Besuch kommen. Beide arbeiteten in der Stadt. Er sollte Ingenieur sein. Sie Erzieherin im Kindergarten. Die Lohmeiers waren keine Dörfler, sie waren „Städter" und würden es immer bleiben. Keine Ahnung, dachte Boris, warum er sich gerade jetzt über die Lohmeiers Gedanken machte.

„Ja, hörst du mir überhaupt zu?"

„Ja, ja doch. Sag´s nur, Ralle, sag´s."

„Ohne deine Harakiriaufführung hätten Dschugaschwili und Ali mich nach Hause geschickt", sprach Ralle aufgeregt weiter. „Den Gefallen hätte ich ihnen natürlich nicht getan. Ich hätte mich in Sassnitz auf die Fähre geschlichen. Und rüber nach Trelleborg. Oder ich hätte mich in Warnemünde abgesetzt. Und ab zum Gedser Feuerschiff. Dänemark oder Schweden. Auch ihre Schiffe fahren weit hinaus. Weißt du noch, Alter?"

„Unsere Schiffe fahren weit hinaus, unsere Gestirne bewegen sich weit im Raum herum ... "

„Er weiß es noch! Du weißt es noch!" Ralle war außer sich vor Freude, sprang um Boris herum wie ein Mädchen und knuffte ihn.

„Hör doch auf", gebot Boris sanft. Ralles Gehabe machte ihn verlegen, er wusste nicht, wie er sich dazu verhalten sollte. Er wollte Ralle nicht abweisen, aber er mochte auch nicht auf etwas eingehen, das nicht seins war. Er wusste ja nicht mal, ob Ralle wirklich schwul war. Außer ein paar derben Witzen, die die Jungen herumerzählten, wusste er nichts über das Schwulsein. Und er verspürte keine Lust, darüber nachzudenken.

Ali ging nicht wie sonst an der Spitze des lang gestreckten Trupps, sondern in der Mitte. Für einen Moment sah es aus, als wollte er in der Menge untertauchen. Boris schämte sich, dass er so empfand.

Ralle hatte sich endlich beruhigt und sagte trocken: „Ich wollte dir nur sagen, Abendroth, dass du ein Arschloch bist."

Frei heraus fügte er hinzu: „Aber gern hab ich dich doch. Und ich danke dir trotzdem. Das musste mal gesagt werden."

Nach ein paar Schritten fragte Ralle mit brüchiger Stimme: „Sind wir jetzt Freunde?"

Boris wollte „Ich weiß nicht" sagen, meinte aber: „Mal sehen."

Ralle stellte sich ihm in den Weg und forderte: „Sag, wie´s ist, Alter. Und erzähl bloß keinen Scheiß."

Boris schob sich an Ralle vorbei und sagte, als der wieder neben ihm lief: „Ist so, Ralle."

Er hob schützend die Arme, weil er eine Umarmung oder dergleichen befürchtete. Ralle lächelte nur, er ging leicht und lautlos neben Boris her. Unvermittelt begann er zu reden: Dass das Abhauen, denn davon würde ihn nichts abbringen, von Warnemünde nach Gedser wohl Erfolg versprechender wäre als von Sassnitz nach Trelleborg. Gedser sei auf der Insel Falster nur ein winziger Ort mit einer Handvoll Einwohner. Ganz in der Nähe wäre die Gedser Odde, geografisch der südlichste Punkt Dänemarks. Aber das alles spiele ja kaum eine Rolle.

„Wir müssen weiter zur Nordsee, über die drei großen Teiche – also Altlandischer-, Indischer- und Stiller Ozean. Wird's uns auf den Cookinseln zu eng, springen wir rüber nach Neuseeland. Sind wir erst einmal draußen, dann ist alles kein Problem mehr."

„Das mit *Unsere Schiffe fahren weit hinaus*", sagte Boris. „Woher hast du das eigentlich?"

„Meine beiden Alten haben ein Theateranrecht. Meine Mutter hat's mit der Bühne. Ich glaube, sie wäre selbst gern Schauspielerin geworden. Manchmal schwirrt sie durch die Küche und redet so ein geschwollenes Zeug daher. Sie nennt das *Deklamieren*."

Ralle stelle sich Boris in den Weg, zerzauste seine prächtige Haarflut, sein pummeliger Körper schien zu schrumpfen, sein Gesicht drückte tiefes Leid aus, er sprach:

„Weh! Weh! Sie kommen. Bittrer Tod!

Bist du ein Mensch, so fühle meine Not."

Ralle griff nach Boris' Hand und drückte sie an seine Wange.

„Wer hat dir Henker diese Macht

über mich gegeben!

Du holst mich schon um Mitternacht.

Erbarme dich und lass mich leben!"

Ralle bedeckte sein Gesicht mit beiden Händen und sank auf die Knie.

„Bin ich doch noch so jung, so jung!

und soll schon sterben!"

Einige aus der Gruppe waren stehen geblieben und schauten her. Boris zog Ralle hastig hoch und schob ihn weiter.

„Ich wollte schon den Arzt rufen", sagte Ralle. „Aber dann habe ich mir das Buch mal gegriffen. Ein ellenlanges Gedicht vom ollen Goethe. Ein paar Tausend Seiten kann ich auswendig. Willst du vielleicht noch was hören?"

„Lauf zu, Mensch."

Ralle schwärmte weiter von der großen Reise. Boris ließ ihn reden. Er widersprach nicht, als Ralle ihn in seinen Fluchtplan fest einband. Boris sah sich auf dem Meer im Krähennest eines Schiffes mit weißen Segeln hocken. Er blickte zum Land zurück, um Abschied zu nehmen. Sein Blick fiel auf das Mädchen. Es ging ungewöhnlich still zu in der Mädchengruppe. Auch Fräulein Lämmsel, die sich wohl nun doch für das Verbleiben im Lager entschieden hatte, blieb stumm. „Du bist der oberdümmsteallergrößtehundsgemeinste Besserwisser", hatte Ulli ihn angeschrien. Eigentlich war das zum Lachen, aber es kränkte ihn noch immer. Vielleicht war es wirklich besser, alles zurückzulassen und zu Unbekanntem aufzubrechen. Raus aus Umarmungen, die ihn nur festhielten. Loskommen von Händen, die ihn nicht losließen. Ja, war das überhaupt möglich? Der Gedanke nach „draußen" zu gehen, wie Ralle es gesagt hatte, verschaffte sich in ihm Raum. Er wuchs wie eine leuchtende Frucht. Sie versprach eine noch nie geschmeckte Süße, er musste sich nur strecken, um sie zu pflücken.

„Wir sind noch – Kinder", unterbrach Boris Ralle. „Wie stellst du dir das nur vor?"

„Ich bin schon lange kein Kind mehr." Ralle hörte sich wie ein Alter an. „Das reden sie dir doch nur ein, dass du ein Kind bist. Damit du kuschst. Bin ich vielleicht ihr Hund? Sag schon, Alter."

Ihre Blicke begegneten sich kurz.

„Bist du nicht", sagte Boris. „Du bist ein Mensch, Ralle."

„Sag ich doch. Und du bist auch einer, Alter. Wir sind Menschen."

„Ja, aber wir sind noch keine achtzehn. Bis dahin sind´s noch ein paar Jahre."

„Die halte ich nicht aus. Nicht so. Niemals." Ralle klang entschlossen, wütend, verletzt, er hatte sich entschieden. „Zurück in dieses Hundenest Lerchau gehe ich auf keinen Fall."

„Und deine Eltern?"

„Die sind bisher gut ohne mich zurechtgekommen. Das kriegen die auch weiter so hin. Meinem Vater fällt erst dann auf, dass ich weg bin, wenn meine Mutter es ihm sagt."

„Und deine Mutter?"

„Die kriegt´s natürlich mit, wenn sie keinen Abnehmer mehr für ihre Fettmacher hat."

„Mensch, Ralle."

„Nur ein Hund geht zurück in seinen Zwinger, wenn´s ihm befohlen wird", sagte Ralle erbittert. „Aber du sagst ja, dass ich ein Mensch bin. Stimmt doch, Alter?"

„Stimmt, Ralle. Das schon."

Boris dachte, dass es wohl nichts Schlimmeres gab als das Alleinsein.

Wieder fielen ihm die Lohmeiers ein. Wie sie an Sonntagen, wenn es warm war, schweigend auf ihrer Terrasse saßen. Die alte Kräuterhexe Paulina, die sie auch Polacka nannten, ging gebeugt, in einer Wolke beißenden Knoblauchgeruchs, durch seine Gedanken. Einerseits schien sie stumm zu sein, andererseits sollte sie mehrere Sprachen sprechen. Er sah sie Sommer wie Winter ihr Rad, bepackt mit Zeugs aus durchwühltem Abfall, über die Landstraße schieben, eine Hucke voll Brennholz auf dem Rücken. Da war der junge Wendolin, von dem sie sagten, dass er nie eine Frau finden würde, wie er ohne aufzublicken an seinem selbst gebauten Motorrad schraubte. Aus der torlosen Garage dröhnte wilde Rockmusik. Der Großvater sägte und hämmerte stundenlang im Schuppen. Wenn er den Verschlag verließ, vergaß er nie, die Tür mit einem schweren Vorhängeschloss zu sichern. Dschugaschwili stand wie ein grauer Pfahl in der Tiefe des Raumes, ging dann wie aufgezogen drei Schritte hin, drei her. So gingen Tiere hinter Gitterstäben. Und Ali? Wo war er nach der Schule und den Pioniernachmittagen? Wo war sein zu Hause? Wer waren seine Freunde? Und diesen Jungen Boris Abendroth, aus dem Boris nicht schlau werden konnte, hatte er eben noch da draußen auf einem Schiff gesehen, von dem er nicht wusste, ob es ihn tragen und wohin es ihn bringen würde.

„Was ist denn, Alter? Bist du noch anwesend?"

„Klar doch", sagte Boris. „Oder denkst du, ich gehe verloren?"

„Da passe ich schon auf, Alter. Und wenn, dann bin ich dabei."

„Du spinnst doch", sagte Boris verlegen. „Du weißt, dass du ein verdammter Spinner bist, Ralph Malisch."

27.

Zum Mittag wateten sie zu dem in der See bei Lohme liegenden Schwanenstein hinaus. Sie klatschten mit den Händen auf den glatten Stein, als sei es ein Pferderücken. Der mächtige Findling – mit einer Masse von 162 Tonnen und einem Volumen von 60 Kubikmetern, wie Mathemüller wusste – ragte trocken und rotbraun aus dem durchsichtig grünen Ostseewasser. Kalinke gelang es, hinaufzukommen. Er stellte sich in Pose wie ein Bodybuilder, ließ die Muskeln spielen, rief mit einem Jauchzer „Ulli!" und sprang mit angezogenen Knien ins Wasser, das hoch aufspritzte. Er kam – ein Sieger eben – triumphierend an Land gerannt. In Ullis Nähe, Horst musste sich mit ausgebreiteten Armen vor ihn stellen, zog er sich um. Maria erzählte, dass der Sage nach auf der Insel die Babys im Sommer vom Storch und im Winter von einem Schwan gebracht werden. Bis es so weit war, blieben sie in dem Stein verborgen. Standke erinnerte, dass in einem strengen Winter – „im Februar 1956" -, wo die Ostsee an der Küste gefroren war, drei Jungen sich bei plötzlichem Sturm und brechendem Eis auf den Schwanenstein gerettet hätten. Weder die Lohmer Fischer noch herbeigerufenen Grenzsoldaten hätten an den Stein herankommen können. Am nächsten Morgen, als der Orkan abflaute, konnten die Jungen nur noch tot geborgen werden.

Obwohl das Unglück weit zurücklag, war es unter den Mädchen und Jungen still geworden. Der kolossale Stein, der nach der letzten Eiszeit von Bornholm kommend scheinbar unumstößlich im Meer seinen Platz gefunden hatte, verlor mit einmal an Zuverlässigkeit und Stärke. Auch Kalinke zog nun nicht mehr die Aufmerksamkeit auf sich. Überhaupt war der sonst eher bärbeißige Kalinke, seitdem Horst nicht mehr von einem erneuten Treff von Ulli mit Boris berichten konnte, zugänglicher geworden. Er ließ sich sogar auf Späße ein, manchmal wirkte er geradezu überdreht.

Auf dem Hochuferweg rasteten sie zu einer kurzen Stärkung. Sie hatten freien Blick auf Kap Arkona, das so nah erschien, als sei es mit ein paar Schwimmzügen zu erreichen. Gestärkt und ohne weitere Pause wanderten sie durch die lichtdurchflirrten Buchenwälder der Stubnitz.

Inzwischen ging Dschugaschwili, die Lämmsel neben sich, voran. Er führte sie zum sagenumwobenen Herthasee, der wie ein mit schwarzem Samt ausgefüllter Kreis vor ihnen lag. Der Lehrer forderte zum Schweigen auf, sie hörten in eine Stille, die sie frösteln ließ. Da waren sie froh, als Standke sein Wissen über den kleinen See und die verbliebenen Reste der angrenzenden Wallburg loswerden wollte. Sie befänden sich in einer Gegend, von der es hieß, dass hier die germanische Gottheit *Nerthus,* auch *Hertha* genannt, zu Hause war. Schon der altrömische Geschichtsschreiber Tacitus habe in seiner *Germania* von der Verehrung der *Terra Mater,* der Mutter Erde also, von germanischen Stämmen berichtet.

Sie starrten auf die reglose und tintenhafte Wasseroberfläche, die ungemein bedrohlich wirkte, unter der es fünfzehn Meter in die Tiefe gehen sollte. Standke sprach, als würde er ehrfürchtig ein Gedicht vortragen: *„Auf einer Insel des Ozeans gibt es einen unberührten Hain; darin steht, mit einem Tuch überdeckt, ein geweihter Wagen; ihn zu berühren ist allein dem Priester erlaubt. Er merkt, wenn die Göttin im Allerheiligsten weilt; und wenn sie, von Kühen gezogen, auf dem Wagen fährt, gibt er ihr in tiefer Ehrfurcht das Geleit. Froh sind dann die Tage, festlich die Orte, die sie ihrer Einkehr und ihres Besuchs würdigt. Man zieht nicht in den Krieg, greift nicht zu den Waffen, weggeschlossen bleibt alles Eisen; nun kennt, nun liebt man nur noch Ruhe und Frieden, bis der nämliche Priester die Göttin, wenn sie des Umgangs mit den Sterblichen müde ist, wieder in ihr Heiligtum zurückbringt. Sodann werden der Wagen und die Decke und, wenn man es glauben will, die Gottheit selber in einem verborgenen See gewaschen. Dabei dienen Sklaven, die alsbald derselbe See verschlingt."*

Standke stand mit gesenktem Kopf und vor dem Unterleib verschränkten Händen vor dem See wie am Rand eines Grabes. Fast eine Minute stand er so, dann sagte er leise: „*Daher der geheime Schauder und das ehrwürdige Dunkel um jenes Wesen, das nur Todgeweihte schauen.*"

Boris hatte, wie die anderen auch, gebannt zugehört. Beim Aufsehen suchte er Ali, der sich, wie sonst Standke, im Hintergrund aufhielt. Der Trainer bemerkte, dass Boris ihn ansah, er bückte sich und hob etwas auf, das er scheinbar interessiert betrachtete. Boris wandte sich wieder Standke zu.

Während sie zum nahegelegenen *Königsstuhl* pilgerten, waren immer einige Mädchen und Jungen mit Standke im Gespräch. Es missfiel Boris, dass der Lehrer den Platz an der Spitze einnahm, der allein dem Pionierleiter gebührte. Die gerade noch über Dschugaschwili gespottet hatten, trotteten ihm nun willig hinterher. Ralle hatte sich in die Büsche verzogen und so blieb er mit seinem Unwillen allein.

Mit einmal kam Spannung in Boris. Er musste sich nicht umdrehen, um zu wissen, wer da hinter ihm war. Nur gut, dass er sich bewegen, dass er weitergehen konnte. Als sie klobige Granitstufen hochgestiegen waren und auf dem Plateau des Kreidefelsens standen, stellte sich das Mädchen neben ihn. Ihre Blicke trafen sich kurz. Ulli lächelte. Er spannte die Lippen an.

Sie sahen beide aufs Meer, das Blau setzte ihnen keine Grenzen. Was wenn sie Möwen wären, der Wind ihnen unter Flügel fuhr, sie aufsteigen und da hinausgleiten würden? Weg, weit weg, weiter, immer weiter. Boris wollte den Gedankenflug abbrechen, aber er konnte ihn nicht stoppen, erst recht nicht umkehren, sie trieben tiefer und tiefer ins Blau hinein.

Standke, die Mädchen und Jungen um sich versammelt, erklärte, dass sie soeben vermutlich über ein bronzezeitliches Hügelgrab geschritten waren. Der Name *Königsstuhl* sollte an das Jahr 1715 erinnern. Der schwedische König Karl XII. hätte von hier aus ein Seegefecht gegen die Dänen befehligt. Als dann der Herrscher müde wurde, habe er sich einen Stuhl bringen lassen.

„Nach einer Sage rührt der Name allerdings daher, dass derjenige zum König bestimmt wurde, der als Erster von Seeseite aus den Kreidefelsen erstieg und auf dem oben stehenden Stuhl Platz nahm."

„Da wäre ich wohl nie König geworden", scherzte der Lehrer, seine Zuhörer lachten. Er fügte vergleichsweise kameradschaftlich hinzu: „Ich bin ein Arbeiterkind. Darauf bin ich stolz. Ihr könnt auch stolz sein. Weil ihr auch Kinder von Arbeitern und Bauern seid."

„Unser Königreich bauen wir selbst", sagte der Pionierleiter, der hinzugetreten war. „Ein Königreich für alle. Aber immer."

Der Lehrer nickte flüchtig und ging weiter, ungewohnt schwärmerisch vom berühmten Gemälde Caspar Davis Friedrichs *Kreidefelsen auf Rügen* informierend. Die Gruppe folgte ihm auf dem Fuß. Nach kurzem Zögern schloss sich auch der Pionierleiter an. Boris und Ulli gingen auf dem Hochuferweg in einigem Abstand hinterher. Ulli sprach noch immer nicht, was ungewöhnlich für sie war. Auch Boris schwieg. Weniger aus Trotz, vielmehr um abzuwarten, wie das Mädchen weiter reagieren würde.

Sie erreichten eine über den Kreidefelsen ragende eiserne Plattform, von der sie Ausblick auf den zurückliegenden *Königsstuhl* hatten. Boris sah kaum hin, er hörte Standke beiläufig zu und wünschte, ihm dazwischenreden und ihn bloßstellen zu können.

Der Lehrer sprach mit einmal eilig, sein Atem rasselte. Der Name *Viktoriasicht*, auf der sie sich befänden, rühre von einem Besuch *König Wilhelms I.* und eben der *Kronprinzessin Viktoria von Preußen* am *10. Juni 1865* her. Dieser Wilhelm sei in den revolutionären Märztagen von 1848 als reaktionärer Scharfmacher – „das Volk nannte ihn *Kartätschenprinz*" – in Erscheinung getreten. Wilhelm habe 1849 den badisch-pfälzischen Aufstand niedergeschlagen und schließlich Bismarck mit seiner Blut- und Eisenpolitik zur Macht verholfen.

Auf einen Pfeiler gestützt sagte Standke sichtlich geschwächt: „Aber der große Wladimir Iljitsch Lenin sagt – Bismark habe auf seine Art, auf junkerliche Weise, eine historische fortschrittliche Sache vollbracht. Die Einigung Deutschlands sei notwendig gewesen. Als sie auf revolutionärem Weg nicht gelang, hat Bismarck sie auf konterrevolutionärem Weg vollzogen."

Auf Standkes „Kartätschenprinz" trat einer der Kettnerzwillinge vor und knarrte: „Barrikadenrevolution, Berlin, März 1848. Wilhelm, noch Prinz von Preußen, will das Militär aus der Stadt abziehen und diese von außen sturmreif schießen lassen. Der *Kartätschenprinz* ist beim Volk verhasst. Die Berliner singen indessen Spottlieder auf ihn."

Der Junge nickte, trat einen Schritt zurück, worauf sein Bruder eilfertig vortrat und mit brüchiger Stimme sang:

„Schlächtermeister Prinz von Preußen
komm doch, komm doch nach Berlin!
Wir wollen dich mit Steinen schmeißen
und die Barrikaden ziehn!"

Der Junge legte einen zackigen Pioniergruß hin und trat zurück. Standke flüsterte der Lämmsel etwas zu, die daraufhin den Pionierleiter zu ihm brachte. Die beiden Männer verständigten sich kurz. Ali gab das Kommando zum Weitergehen. Er zog das Tempo an, dass einige Mühe hatten, Anschluss zu halten.

Der Lehrer war zurückgeblieben. Boris schaute sich um und sah ihn in Richtung Straße hinken. Standke wehrte die Lämmsel ab, die mit ihm ging und ihn stützen wollte. Als Boris noch mal zurückblickte, tauchten die beiden eingehenkelt zwischen Baumstämmen auf und verschwanden gleich wieder.

„Nur gut, dass der klapprige Leierkasten weg ist", sagte Ulli nun. „Der hätte doch keinen Meter mehr geschafft. Bis Sassnitz sollen es noch einige Kilometer sein."

„Er weiß schon was, der Standke."

Endlich redete das Mädchen, er hätte aber auch die Ungewissheit gern noch weiter ausgekostet.

Ulli machte eine wegwerfende Handbewegung. „Was zu wissen ist doch leicht. Man braucht es doch nur lernen. Aber zu tun, was man weiß, das finde ich schwer."

„Man muss es aber erst mal wissen, bevor man es tun kann", sagte Boris verstockt.

„Was ist es denn, was du nicht weißt und doch gern tun möchtest?"

Boris sah Ralle inmitten der Menschenschlange, die sich auf dem schmalen Weg im hügeligen Gelände lang hinzog. Er sah den Freund aus der Reihe treten und suchend zurückschauen. Kalinke ging neben Ali ein paar Meter vor der Kolonne. Horst lief am Ende der Schlange. Bestimmt hatte Kalinke ihn zurückbeordert, um Ulli und ihn im Auge zu behalten.

„Verstehe ich nicht."

Ulli lachte auf. Boris neidete ihr dieses federleichte Lachen. Es war wie ein zwitschernder bunter Federball, der in der Luft zu Hause war und die ganze Welt zur Verfügung hatte.

„Das ist doch ganz leicht", sagte Ulli. Sie stellte sich flink vor ihn – in ihren Augen konnte Boris zwei winzige Sonnen sehen – und küsste ihn auf den Mund.

Es wallte heiß aus seiner Brust bis hinter die Stirn. Wie beim ersten Ausflug musste er die Hand ausgestreckt haben, die sie nun hielt. Seine Hand war eisig, ihre dagegen heiß. Ulli ging weiter, zog ihn mit sich und brachte ihre immer noch gefassten Hände ins Schlenkern.

Seine Hand erwärmte sich schnell, bald war sie heiß wie ihre. Er wollte sie zurückziehen, nein, er wollte es nicht, er wollte von ihrer Hand festgehalten werden und ihre festhalten. So hatte er empfunden, nur nicht so stark, als Ulli ihm das Kettchen mit dem *Seemannsgrab* zugesteckt hatte. Alles bekam Sinn, das Gewesene, was gerade war und was noch kommen würde. Was der Sinn war, interessierte ihn nicht mehr. Er sonnte sich im Augenblick. Er hatte gesiegt, zum ersten Mal wirklich gesiegt! Er griff ihre Hand fester und schwang ihre Arme höher, was sie mit einem anerkennenden Blick belohnte.

So schlenderten sie durch die Wälder Jasmunds bis zum *Wissower Klinken*, einem weiteren berühmten Kreidefelsen und

Aussichtspunkt aufs Meer und die Kreideküste. Boris wusste nicht mehr, was sie auf dem etwa einstündigen Weg miteinander gesprochen hatten. Ihre Hände hielten sich noch immer gefasst. Manchmal, wenn sie sich ansahen, schwiegen selbst das Meer unter ihnen und über ihnen die Vögel im dichten Blattwerk der Bäume. Boris fiel es schwer, den Blick, wenn auch nur kurz, von Ulli zu lassen. Er musste auf den holprigen Weg achten, was sie anscheinend nicht brauchte, so sicher ging sie neben ihm. Wenn er gezwungen war, sich am Wegverlauf zu orientieren und sie dann wieder ansah, war das wie eine freudige Wiederbegegnung.

Ali ließ kurz halten, er wollte zügig durch die *Piratenschlucht* – ein vermeintlicher Schlupfwinkel Störtebekers und seiner Vitalienbrüder – nach Sassnitz. Von dort aus sollte es zum Lager zurückgehen. Als die Gruppe sich wieder in Bewegung setzte, trat Kalinke entschlossen zwischen Boris und Ulli und tuschelte dem Mädchen ins Ohr. Ulli zuckte zu Boris hin mit den Schultern, ließ sich aber von Kalinke mitziehen. Nach einer kurzen Wegstrecke nahm Ralle den Platz neben Boris ein.

Sie trabten stumm nebeneinander her, bei einer erneuten Steigung sagte Ralle kurzatmig: „Willst du reden?"

„Kein Bedarf."

„Auch gut", sagte Ralle. „Meine Luft brauche ich schließlich für diesen verdammten Weg, der anscheinend überhaupt kein Ende hat."

Boris richtete stur den Blick nach unten. Und doch stolperte er ein paarmal. Er fluchte über seine Ungeschicklichkeit. Ralle gluckste jedes Mal kurz.

Auf dem Parkplatz am Hafen warteten schon die Lastwagen der Fischereigenossenschaft. Boris wollte es nicht, aber er kam mit Ulli und Kalinke auf eine Ladefläche. Es war still unter der nach Fisch riechenden Plane. Obwohl der Laster bei forschem Fahren und schlechter Wegstrecke manchmal bockende Sprünge machte, schliefen einige Mädchen und Jungen. Boris schlang die Arme um die Knie und stützte das Kinn darauf. Einmal öffnete er die Augen einen Spalt. Ulli saß dicht bei Kalinke, der einen Arm um ihre Schultern gelegt hatte.

28.

Am Lagerfeuer wollte keine Stimmung aufkommen. Auch der Pionierleiter unternahm keinen Versuch, die Laune zu verbessern. Nur Fräulein Lämmsel schwatzte auf eine Betreuerin ein, die zuweilen pflichtschuldig nickte. Die Lämmsel ließ alle verstehen: Der stellvertretende Direktor sei weit und breit der einzige Mann, der Verständnis für eine empfindsame Frau wie sie habe. Sie sah zu der Stelle am Waldrand, die Standke sonst einnahm. Vom Lehrer schien nur sein aufgerichteter Schatten übrig geblieben zu sein, ein schmales, langes, farbloses Etwas, aus dem beklemmende Stille gähnte. Die Lämmsel teilte fürsorglich mit, dass der Genosse Standke sich entschuldigen ließe, er schone seinen Fuß, den er sich auf der Wanderung vertreten habe. Das sorgte nur kurz für Erheiterung. Ralle flüsterte Boris zu: „Ich dachte, dass der Vogel endlich abgekratzt ist. Sein Skelett ließe sich prima zur Einschüchterung der Erstklässler verwenden."

Ali löschte vor der Zeit das Feuer. Alle verdrückten sich in die Zelte. Boris, müde und zerschlagen, Ullis wegen bald freudig gestimmt, bald deprimiert, war gleich eingeschlafen. Gegen Mitternacht wachte er auf. Wieder war er in dem alten Haus unterwegs gewesen, als wäre er ein Geist, der verdammt war, immer wieder dieselben Wege zu gehen. Er stieg die knarrenden Treppen hinauf und hinunter, suchte einen Anfang, ein Ende, es trieb ihn durch einen langen engen Flur, den ein glimmendes Licht erhellte, dessen Quelle er aber nicht fand. Links und rechts öffnete er lautlos Türen und schaute auf schwappendes Moor, das er nicht zu betreten wagte. Schließlich stieß er wieder auf eine Treppe, ging sie wie schwebend hinab, stand aber diesmal nicht vor dem gerade verlassenen Sessel, sondern vor einer Wand.

Boris tastete nach dem Handtuch, das Anna extra im Dorfkonsum für die Reise gekauft hatte, und wischte sich das schweißnasse Gesicht und den Nacken ab. Er kroch nach draußen und wurde vom Mondschein geblendet, der sich wie ein greller Scheinwerfer auf ihn richtete. Blinzelnd, noch auf allen vieren, sah er Standke im Innenkreis des Zeltplatzes stehen, als hätte er gewartet.

Boris richtete sich auf und strich den feinen Sand von den Handflächen. Es dauerte nicht lange, da sagte der Lehrer: „Na, was hat dich diesmal geweckt?"

„Ich weiß nicht." Boris kam in den Sinn, dass Standke auch über seinen Traum Bescheid wissen könnte.

„Der Mondschnee war es diesmal wohl nicht." Standke nickte in die Runde. „Heute glänzt eher alles wie eitel Gold."

„Ja", stimmte Boris zu. Er war verwundert, dass der Lehrer *eitel Gold* gesagt hatte, was sonst nur in Märchen vorkam. Ihm fiel auf, dass Standke nicht rauchte. Der Lehrer kramte in den Taschen des Anoraks, als suchte er etwas. Er sagte: „Hast du zufällig ein Bonbon bei dir?"

„Nein. Aber ich kann eins holen."

Standke winkte ab. „Es ist nur – ich habe aufgehört zu rauchen."

„Ach", entfuhr es Boris.

„Warten wir´s ab", sagte der Lehrer. „Zu allen andern negativen Auswirkungen hat der Nikotinkonsum ja auch eine verhängnisvolle Vorbildwirkung. Meinst du nicht auch?"

„Ich kenne Sie ja nur so", sagte Boris unsicher.

„Wie kennst du mich?"

„Als Kettenraucher."

Standke lachte und hustete anfallartig. Diesmal klang es nicht so gespenstisch wie sonst. Eher wie von einem – kranken Menschen. Überhaupt schien der Lehrer verändert. Er war mehr Standke als Dschugaschwili. Und auch ein anderer Standke als der bisherige. Wie bei ihrem ersten nächtlichen Aufeinandertreffen kam Boris die Matroschkapuppe in den Sinn. Hatten sich ihre zwei Teile geöffnet und kam da eine neue Puppe zum Vorschein, die nicht nur kleiner war, sondern auch anders?

Boris machte ein paar Schritte auf Standke zu, um ihm auf den Rücken zu klopfen. Der Lehrer schwankte und hielt sich an einem in den Boden gerammten Ast fest, auf dem eine für die Ostsee ungewöhnlich große weiße Muschel steckte.

„Mya arenaria", sagte der Lehrer noch atemlos. „Sandklaffmuschel. Im dreizehnten Jahrhundert von den Wikingern aus Nordamerika mitgebracht. In Notzeiten auch bei uns gegessen. In Nordamerika gilt die soft-shell clam mancherorts als Delikatesse. Eigentlich mehr im Wattenmeer zu Hause. Nimmt durch einen Sipho, Saug- und Atemröhre, die Nahrung aus dem Meerwasser auf. Vergräbt sich bis zu dreißig Zentimeter tief. Erwachsen kann sie nicht mehr ihren Standort wechseln."

"Sie wissen tatsächlich eine Menge."

„Stets bemüht." Der Lehrer lächelte. „Dumm zu sterben wäre mir ein Gräuel."

Standke knickte seinen Oberkörper nach vorn, hielt sein Ohr an die spaltbreite Öffnung der Muschel. Wieder aufgerichtet meinte er: „Ihr habt fast alle schon an der Muschel gelauscht. Aber gehört hat natürlich keiner was. Das ist nur bei Meeresschnecken der Fall. Was da rauscht, ist das eigene Blut, das den Hohlkörper in Resonanz versetzt."

„Wissen Sie eigentlich alles?"

„Was ist schon alles." Standke winkte ab. „Das meiste wissen andere auch. Das wirklich Wichtige wissen nur wenige. Es gibt nichts, was nur einer weiß."

Boris zögerte, dann fragte er: „Möchten Sie denn wissen, was sonst keiner weiß?"

Der Lehrer nahm die Hand von dem Ast, schwankte leicht, wollte wieder zufassen, stellte aber mit einem Ruck sein Gleichgewicht her. Er zog eine Zigarette aus der Jackentasche, hob sie in Augenhöhe und zerbröselte sie zwischen den knöchernen Fingern. Er sagte: „Nein. Das möchte ich wohl nicht. Würdest du es denn wollen?"

„Niemals", wehrte Boris ab. „Ich würde es gleich weitererzählen."

„Das wäre wohl das Beste", sagte der Lehrer. Nachdenklich fügte er hinzu: „Sonst wäre es bestimmt nicht auszuhalten."

Der große Vogel hockte bewegungslos in seinem Käfig. Es war, als wäre er aus purem Gold. Boris und Standke schauten gleichzeitig auf den Raben: Mit seiner Vergoldung schien alles Leben aus ihm gewichen zu sein. Der Lehrer schnippte mit den Fingern, worauf der Vogel sich schüttelte und den Goldglanz an die Nacht verlor.

„Hat denn Womacka, also euer Pionierleiter, hat er euch denn auch über die *Wissower Klinken* informiert? Vor allem aber über Ernst Moritz Arndt, nach dem der Aussichtspunkt, etwa vier Kilometer vor Sassnitz, benannt ist?"

„Ja, nein – vielleicht." Von den letzten Kilometern der Wanderung war Boris von der Landschaft kaum noch etwas im Gedächtnis geblieben. Da war nur das Mädchen gewesen. Noch immer zogen ihre Berührungen wie ein leiser Schmerz durch seinen Körper.

Der Lehrer nickte ungehalten und erzählte, als habe er in kurzer Zeit viel nachzuholen, von den *Wissower Klinken*, erklärte den schwedischen Ursprung des Namens, eigentlich *Klinten*, was im Deutschen *Felsspitze* heiße. Über Ernst Moritz Arndt aber breitete er sich aus: Deutscher Patriot und Schriftsteller. 1769 bis 1860. Auf Rügen geboren. Sohn eines zum Gutsinspektor aufgestiegenen Leibeigenen. Verschiedene Studien. Trug entscheidend zur Aufhebung der Leibeigenschaft bei. Entschiedener Gegner Napoleons. Trat für einen einheitlichen deutschen Nationalstaat ein. Unter anderem viele politische Schriften. Hauptverdienst: Kämpfer gegen den Feudalismus und Garant der Freundschaft mit Russland.

„Arndt hatte auch andere Züge", wandte der Lehrer ein, nachdem seine Bewunderung abgeklungen war. „Durch seinen Franzosenhass und seine Judenfeindlichkeit haben die Nazis ihn für sich missbraucht."

Standke verschwand eilig hinter dem Zeltplatz, kehrte bald zurück und sagte: „Wie denkst du? Wollen wir uns die Arndt-Gedenkstätte in Garz und sein Geburtshaus in Groß Schoritz ansehen? Ich war auch noch nie dort. Ganz in der Nähe ist auch das steinzeitliche Hügelgrab namens *Himmel*. Na, wie wär´s?"

„Nur – wir zwei? Ich meine, Sie und ich?"

Boris Misstrauen war wach, er sagte: „Sind wir überhaupt noch so lange hier?"

Der Lehrer atmete wieder schwerer. „Es ist nur, es gäbe noch so viel zu sagen."

Standke begann, hin und her zu gehen. Anstelle der drei Schritte vor und zurück, waren es nur noch zwei. Das war ungewohnt und sah absurd aus. Boris dachte an einen Zirkusbesuch. In der Pause, beim Aufstellen des Raubtierkäfigs, trieb ein Clown sein altbekanntes Spiel mit einem Wassereimer. Beim Herumtollen war er schon ein paar Mal darüber gestolpert, nun hielt er im letzten Moment vor dem Eimer an. Das konnte er wohl nicht begreifen. Er war eher traurig über seinen Erfolg. Bevor die Fanfare die Pause beendete, stolperte er erneut über den Eimer und rannte jubelnd aus dem Zelt.

Der Lehrer sagte grüblerisch: „Da geht die Zeit so dahin – und mit einmal will sie nicht mehr reichen."

„Frage mich, Abendroth", sagte Standke eindringlich. „Frage mich, was du willst. Vielleicht habe ich ja eine Antwort."

„Es ist", sagte Boris stockend. „Ich habe da eine Frage."

„Raus damit." Der Lehrer hatte sich wohl etwas erholt, ihm gelang ein Lachen, das aus einem leeren Raum zu kommen schien. „Ich höre. Schieß los."

„Beim Morgenappell – bei der Sache mit dem Lautsprecher – da haben Sie gesagt ..."

„Nun rede schon, Junge. Was habe ich gesagt?"

„Sie haben gesagt, dass manchmal Dinge passieren, die keiner so gewollt hat. Dass das zu verstehen schwer ist. Sehr schwer haben Sie gesagt. Und ich versteh's nicht. Es – es geht mir einfach nicht – in den Kopf. Es ist da ein – ein – nichts."

Der Lehrer schwieg. Obwohl er gebeugt stand, schaute er auf den Jungen herab. Er wünschte sich wohl jetzt nichts sehnlicher, als kleiner zu sein, vielleicht so klein, dass er nicht mehr zu sehen war. Bisher hatte Boris angenommen, dass es Standke gefiel, größer zu sein als andere, der Größte überhaupt.

Standke fummelte in seinen Jackentaschen, zog die Hände wieder heraus, räusperte sich, würgte, drückte sich die Hand auf den Mund und verschwand abermals im Wald.

Als er zurückkam, sagte Boris: „Sie haben gesagt, was mit meiner Mutter passiert ist, das würde Ihnen leidtun."

„Ja", sagte Standke wie ein Schüler, der die kommende Frage kannte, aber nicht wusste, wie er sie beantworten sollte. „Ja."

„Bitte", sagte Boris eindringlich. „Was ist mit meiner Mutter passiert? Ich muss es wissen."

Standke sah sich steif um, fasste mit beiden Händen den Ast mit der Muschel, nickte Boris zu, näher heranzukommen, und flüsterte: „Dass deine Mutter – dass sie verstorben ist, das weißt du doch?"

„Sie ist – tot?"

„Ja, sie ist tot."

Boris versuchte zu begreifen, was die drei Buchstaben, die ein Wort bildeten, bedeuteten. Er suchte nach anderen Worten. Ums Leben gekommen – verschieden – heimgegangen – draufgegangen, abgekratzt ... Nicht mehr da. Also weg.

„Wo?", fragte Boris tonlos. „Wo ist sie?"

„Begraben", sagte der Lehrer. „Das heißt. Sie wurde verbrannt. Das – das war wohl – ihr Wunsch. Soviel ich weiß."

In Boris´ Kopf schien sich eine komplizierte Verknotung zu lösen. In schneller Bildfolge sah er: Die brüchigen roten Mauern. Unter den alten Ulmen ein schmaler Weg, vorbei an Kreuzen und Grabsteinen. Ein Junge, zwischen zwei alten Leuten. Ein paar Alte folgen. Eine Vertiefung in der Erde, am Rand ein kleiner frischer Erdhügel. Auf einem Tischchen ein Gefäß, wie eine bauchige Vase, eine Urne. Der Pfarrer, zwischen zwei Baumstämmen, halb verborgen. Eine fremde Frau spricht. Die schwere Hand auf seiner Schulter. Der Großvater, als müsste er sich stützen. Die Großmutter hat die Hände gefaltet, ein winziges Dach, da passt nichts darunter. Das Kopftuch wie ein schwarzer zweigeteilter Vorhang, lässt nur die geschlossenen Augen und die Lippen sehen, sie zittern. Großmutter brabbelt, es ist nichts zu verstehen. Der Weg zurück, zu lang, endlos. Modriger Blumengeruch, der zum Luftanhalten zwingt. Ein Schluchzen, von irgendwo, aus den Bäumen, Tropfen fallen schwer und lautlos. Das Dorf, fremd, Gesichter, Augen, versteckt, alles. Im Haus die Dachkammer, seine Höhle. Das Blatt auf seiner Hand, eiförmig, spitz, oben rau und grün, unten weiß behaart, der Blattrand doppelt gezähnt.

„Ist dir nicht gut? Kann ich was – helfen?"

„Es ist nichts."

Boris hatte das Blatt in sein Lieblingsbuch gelegt. In „Tom Sawyer", zwischen die Seiten, wo geschrieben ist, wie Tom und Becky doch noch aus dem Labyrinth der Höhle herausgefunden haben: *Und wäre es zufällig Nacht gewesen, hätte er den Lichtschimmer nicht gesehen ...*

„Wissen Sie – ich meine, können Sie mir sagen, wie sie aussah, meine Mutter?"

Der Lehrer drehte den Kopf zur Seite, als stände da jemand, der ihm die Antwort abnehmen könnte.

„Ja, weißt du das denn nicht mehr?"

„Es ist – weg ..."

„Weg?"

„Ich habe ihr Bild nicht mehr. Ich meine – in meinem Kopf. In mir."

„Du wirst es wiederfinden", sagte Standke. „Ganz bestimmt. So was braucht Zeit."

„Was ist passiert?", fragte Boris fordernd. Die lange Fahrt mit der Straßenbahn durch die Stadt. Das erdrückend riesige Haus mit den Eisenstäben vor den Fenstern, in das nur ein Tor führte. Der zweite Weihnachtstag. In dem kleinen Raum, der enger zu werden schien. Kein Fenster. Von der niedrigen Decke, aus einer nackten Glühbirne, blaues Licht, das niederdrückt. Die Wände schmutzig, wie von vielen schweißigen Händen. In der Mitte ein Tisch, nicht zu verrücken. Drei Stühle, die nicht wollen, dass jemand sich auf sie setzt. Neben ihm die Großmutter, lächelt, ihr huschender Blick, als sucht sie was, die Hände auf den Bauch gedrückt, die Knöchel geschwollen, die Adern blau gewölbt. An der Tür jemand in Uniform. Ihm gegenüber sitzt eine Frau, wie ein Scherenschnitt, ihre Stimme kommt von weither, bringt Wärme mit. Warm wird nur die Haut. Innen nimmt die Kälte zu. Er gefriert, wird zu Eis werden, von innen nach außen, in dieser stickigen Hitze. Der Raum ist nur noch schulterbreit. Raus hier!

„Da ist doch was passiert!" Diesmal wird er das durchstehen. „Was ist passiert?"

Der Lehrer schien geschrumpft, war jetzt mit dem Jungen auf gleicher Höhe. Er hob langsam den Kopf, er blicke müde, irgendwie ratlos.

„Das weiß ich alles auch nicht so genau. Ich war ja nicht dabei."

„Aber Sie wissen was. Sagen sie mir, was sie wissen. Jetzt."

„Nur so viel." Standke wollte wohl etwas lange Aufgeschobenes hinter sich bringen. „Deine Mutter war ja mal meine Genossin, will sagen, sie war Mitglied in unserer Partei. Sie war angestellt bei der Bezirksleitung der Partei. Im Sekretariat. Sie war sogar eine vorbildliche Genossin, wie man so hörte."

Standke steckte sich nun doch eine Zigarette an, richtete sich zu seiner vollen Größe auf und ging die gewohnten drei Schritte vor und zurück. Es ging ihm sichtlich besser, er sagte weiter: „Auch dein Vater war mal Genosse. Dann setzte er sich ja nach drüben ab. Deine Mutter hatte gleich mit der Scheidung klare Verhältnisse geschaffen. Sie hat, auch für dich, den Familiennamen ihrer Eltern wieder angenommen. Abendroth. Insoweit war das schon alles in Ordnung. Dann aber ..."

„Was war dann?"

„Eigentlich habe ich keine Befugnis, dir darüber Auskunft zu geben." Standke zog an seinen langen Fingern, dass es knackte.

„Ich bin nur dein – einer deiner Lehrer. Mir fehlen da auch – Informationen. Aber ich sehe doch, dass es dich quält. Das ist nur verständlich."

Standke schwieg achtzehn Schritte lang, wobei er drei Mal drei Schritte hin- und ebenso viele Mal hergegangen war. Dabei hatte er sechsmal an der Zigarette gezogen, als müsste er sich künstlich beatmen. Er sagte eindringlich: „Du gibst mir dein Pionierehrenwort, Boris Abendroth, dass du mit niemand, mit keinem Menschen, darüber sprechen wirst."

„Mein Pionierehrenwort." Boris Hand wollte zum Pioniergruß hochschnellen, er unterdrückte den Reflex.

Standke nahm einen tiefen Zug aus der Zigarette. Im Rhythmus des Sprechens entwichen aus den geblähten Nasenlöchern Qualmwolken, die bunt schillernd wie Seifenblasen in der klaren Luft schwebten.

„Beate Abendroth, also deine Mutter, sie veränderte sich. Wohl nicht von heute auf morgen, sondern über einen längeren Zeitraum. Es fiel auf, sie kleidete sich anders, ich meine, sie hatte meistens Kleider und Röcke getragen. Nun trug sie immer öfter modische Hosen. Schließlich soll sie nur noch in hautengen Nietenhosen zur Arbeit gekommen sein. Sie hatte sich die Haare kurz schneiden lassen, mal waren sie lila, dann feuerrot, blau oder grün."

Boris kamen Bilder in den Sinn, wie Fotografien, ein Gesicht im Schatten, in den igelstachligen Haaren wie ein in wechselnden Farben loderndes Feuer. Die veränderte Kleidung war ihm nicht sonderlich aufgefallen. Leute mit Westverwandtschaft erhielten Päckchen mit Jeans, echte Levi´s, Mustang und Wrangler. Gegen Westgeld gab es in den Intershopläden welche zu kaufen. Manchmal auch für Ostgeld im städtischen Edelladen „Exquisit", vor dem dann die Leute Schlange standen. Und inzwischen gab es die begehrten Hosen auch aus innländischer Produktion.

„Deine Mutter, wie gesagt, ich kannte sie ja nicht näher, sie hatte sich nicht nur äußerlich verändert. Das Äußere, glaub mir, verrät mehr über uns, als wir wahrhaben wollen. Nun, ich erinnere mich, sie meldete sich einmal in einer großen Parteiversammlung – es war wohl eine Gedenkveranstaltung gegen die Bücherverbrennung der Nazis – zu Wort. Das kam völlig überraschend. Sie war als Diskussionsrednerin nicht vorgesehen. Sie stand plötzlich hinter dem Rednerpult, es hatte nur kurz Aufsehen gegeben, weil jemand sie aufzuhalten versuchte. Ich weiß nicht mehr, was genau sie sagte, sie klang sehr aufgeregt. Aber ich erinnere mich an – *Freiheit wagen* oder *Lockerung* und dass sie sehr oft *Ich* sagte. Ja, und dann sagte sie Dinge ..."

„Erzählen Sie doch. Denken Sie nach."

Indem der Lehrer sich erinnerte, zeigte er sich überrascht und verwundert. Er hatte gestockt, nun sagte er: „Deine Mutter, Beate Abendroth, sie sagte – *Was mal galt, soll weiter gelten, was mal gut war, soll weiter ein Gutes sein oder wohl gar ein Bestes*, das sei aber unmöglich. *Längst Abgestorbenes soll neu erblühen*, das würde es aber nicht können. Und dann: *Sich abschließen heißt sich einmauern, und sich einmauern ist Tod.*"

Standke war stehen geblieben. Er sah auf Boris herab, als wäre er verwundert über seine Anwesenheit. Der Lehrer fröstelte, er zog den Kopf zwischen die eckigen Schultern und sagte: „Im Saal war es still, als wäre er leer. Aber er war voll besetzt. Weit über hundert Menschen. Die Genossen waren wie gelähmt. Es war einfach – ungeheuerlich, was sie da gesagt hatte. Ein schwerer Vorwurf an die Partei. Ein Infragestellen unserer gemeinsamen Sache. Sie rief: ʽDas alles habe ich bei Fontane gelesen. In seinem Roman *Der Stechlin*. Die Handlung spielt im vorigen Jahrhundert. Unter Junkern, Grafen und Pfaffen. Die sagen so: *Was einmal Fortschritt war, ist längst Rückschritt geworden.* Ja, und wie ist das heute?, frage ich. Mit den Arbeitern und Bauern? Was sagen die? Ich möchte das gern mit euch diskutieren, Genossen!ʼ"

Boris spürte, wie ihm eng wurde, die Muskeln taten ihm weh. Er war voller Abwehr. Er durfte sich von Dschugaschwili nicht verwirren lassen, der Mann war gefährlich. Er wollte es nicht wahrhaben, aber er fühlte: Der Lehrer sagte die Wahrheit.

„Der Genosse, der die Versammlung leitete", fuhr Standke fort, als wollte er das alles nun schnell hinter sich bringen, „er wollte wohl das Schlimmste verhindern, indem er versuchte mit einem Scherz dem Ganzen die Spitze abzubrechen. Er rief ins Mikrofon, dass die Genossin wohl unpässlich sei. Sie hätte da etwas durcheinandergebracht. Die Literaturdiskussion fände doch zu einem anderen Termin an anderem Ort statt. Die Mikrofonanlage funktionierte mit einmal nicht mehr, deine

Mutter wollte sich nicht vom Rednerpult verdrängen lassen, sie war einfach nicht zu beruhigen. Sie begann zu schluchzen und wurde schließlich nach draußen geführt."

Die Zigarette war aufgeraucht, Standke atmete mühsam, er umklammerte mit beiden Händen den Ast mit der Muschel. Wieder etwas beruhigt, sagte er wie abschließend: „Nun, die Genossen haben sich wirklich um deine Mutter bemüht. Vielleicht hätte man ihr verziehen, wenn sie Einsicht gezeigt und sich gebührend entschuldigt hätte. Aber im Gegenteil. Sie bestand darauf, das Thema im nächsten Parteilehrjahr zu diskutieren. Sie ließ der Partei keine andere Wahl, als sie auszuschließen. In der Bezirksleitung konnte sie natürlich nun nicht mehr arbeiten."

Boris erinnerte sich, dass die Mutter über längere Zeit zu Hause gewesen war. Sie hatte gesagt, sie hätte sich freigenommen, um endlich mehr Zeit für ihn zu haben. Nun könnten sie das tun, wovon sie geträumt hätten: Eis essen gehen, Radtouren in die Dübener Heide unternehmen, das Völkerschlachtdenkmal besteigen, das Indianermuseum in Radebeul besichtigen ... Aber es war nur zu einem Kinobesuch und ein paar kürzeren Radtouren gekommen. Die Mutter hatte dann wieder jeden Morgen die Wohnung verlassen und war erst am Abend zurückgekehrt. An einem Sonntag waren sie bei den Großeltern eingeladen gewesen. Die Mutter hatte einen Mann mitgebracht. ´Ein Kollege´, hatte sie gesagt und gelacht. Er hieß Hendrik, wirkte viel jünger als die Mutter, hatte einen Pferdeschwanz, Kinnbart und ein unbewegliches Auge, das einen anstarrte. Obwohl der Großvater in der Stube seine Zigarre schmauchte, stand der fremde Mann die meiste Zeit auf dem Hof und rauchte selbst gedrehte Zigaretten aus einem langen Spitzchen. Dieser Hendrik sah aus wie ein Student, mit seiner abgetragenen Kutte, einem silbernen Stecker im Ohrläppchen und einer Miene, als lohne es sich nicht, auch nur ein Wort zu verschwenden. Beim Kaffeetrinken hatte immerzu die Mutter gesprochen, seltsam aufgeregt. Dann plötzlich waren die beiden aufgebrochen. Die Großeltern hatten kein Wort über den Besuch verloren. Auch die Mutter hatte nichts gesagt, als sie spät am Abend kam, um Boris abzuholen. Boris hatte keine Fragen gestellt. Er war einfach nur froh gewesen, dass der Mann weg war.

„Warum?", fragte Boris eilig, denn Standke wollte augenscheinlich zurück ins Zelt. „Warum wurde sie eingesperrt?"

Das hatte er auch die Großeltern gefragt, mehrmals. Bruno hatte die Hände geballt und war in seinen Schuppen gegangen. Anna hatte sich dem Herd zugewandt und gesagt: ´Sie wird´s dir selber sagen, wenn sie wieder da ist.

„Die Verhandlung stand ja noch aus, als deine Mutter – ich meine, sie starb ja in der Untersuchungshaft."

„Was – was hat sie denn – verbrochen?"

Standke räusperte sich und hustete, er drehte sich in kurzen Rucken auf der Stelle einmal um sich selbst.

„Beate Abendroth – sie, sie soll wohl – Briefe an den Staatsratsvorsitzenden und das Politbüro geschrieben haben ..."

„Briefe?"

„Man hat ihr auch vorgeworfen, in Beziehung zu – Subversiven gestanden zu haben. Zu Renegaten also, ich meine, Dissidenten, zu Abweichlern."

Boris hatte immer wieder einmal Namen von Leuten gehört, die im gleichen Atemzug mit Betrügern und Mördern genannt worden waren. Im eigenen Fernsehen sprach man mit Abscheu über sie, nannte sie Verräter und Staatsfeinde. Klassenfeinde, von denen die Republik gereinigt werden müsse. Er hatte sich nie Gedanken gemacht, was die eigentlich verbrochen hatten.

War Mutter eine *Abweichlerin* gewesen? Hatte sie sich gegen die Partei gestellt? Besser er sagte jetzt nichts mehr.

„Sie ist dann wohl unmittelbar an der Staatsgrenze – in Berlin, soviel ich weiß, verhaftet worden. Es soll – nun, es ist wohl ein Fluchtversuch gewesen. Leider."

Zuerst begriff Boris nicht, dann erstarrte er von den Füßen her. Seine Mutter hatte fliehen wollen? Ohne ihn? Er wollte es Dschugaschwili ins Gesicht schreien: Niemals! Aber er brachte keinen Ton heraus.

„Gute Nacht", sagte Standke nach kurzer Pause. Er ging unsicher auf sein Zelt zu, blieb auf halber Strecke stehen und sagte unwirsch: „Mehr kann ich dir beim besten Willen nicht sagen, Abendroth. Wie gesagt, ich wünschte, es wäre nicht so gekommen. Tut mir aufrichtig leid."

„Warum ist sie gestorben?"

„Das – das weiß ich auch nicht so genau."

Im Dorf verhielten sie sich, als wüssten sie Bescheid, aber keiner sprach darüber. Die einen begegneten Boris mit übertriebener Freundlichkeit, die anderen blickten an ihm vorbei.

„Woran ist sie gestorben?"

Standkes Hände fuhren wieder in die Jackentaschen.

„Wie gesagt. Da weiß ich auch nichts Genaues. Ein Blinddarmdurchbruch, glaube ich. So was geht ganz schnell. Sie war nicht mehr zu retten. Eine böse Geschichte."

„Sie lügen. Ich weiß, dass sie lügen."

„Quäle dich doch nicht, Junge. Du musst dir Zeit lassen. Man sagt nicht umsonst, dass sie Wunden heilt."

„Ich will´s aber wissen. Die Wahrheit. Bitte!"

„Es wird so viel erzählt. Gerüchte. Wie gesagt – ich weiß so gut wie nichts. Die einen sagen dies. Die anderen sagen das."

„Was sagen sie?"

„Deine Mutter, sie – sie litt wohl an einer schweren Depression. Deprimere – niederdrückend, ein Zustand psychischer Niedergeschlagenheit. Daher wohl auch ihre Verhaltensstörungen. Wie damals in der Versammlung."

„Ich verstehe nicht."

„Nun. Sie – sie soll in Haft – sie hat Hand an sich gelegt."

„Hand an sich gelegt?"

„Suizid. Selbsttötung."

„Niemals", presste Boris hervor. „Das hätte sie niemals gemacht."

Er war unfähig zu denken, er versuchte sich zu bewegen, auch das ging nicht. Dann befreite ihn der schlagartig aufkommende Hass, er stürzte sich auf Standke und prügelte blindlings auf ihn ein.

„Du lügst, du Hund! Sag, dass du lügst! Sag es!"

Das Blut in Standkes Gesicht machte ihn rasend, der Lehrer sackte zusammen, der Junge warf sich auf ihn, schlug weiter auf ihn ein.

Als er weggerissen wurde und in Alis entsetztes Gesicht sah, kam er wieder zu sich. Betreuer, Mädchen und Jungen standen in Schlafsachen um ihn herum und starrten ihn an. Die Lämmsel und Mathemüller bemühten sich um den stöhnenden Lehrer. Boris sah Ulli unter den Gaffern. So unerreichbar war sie ihm noch nie erschienen. Ralle war da, zog ihn hoch, sagte: „Was bist du doch für ein gottverdammter Idiot, Alter."

29.

Auf dem Zeltplatz war allmählich wieder Ruhe eingekehrt. Standke hatte man ins Essenszelt gebracht und verarztet. Es war gegen Morgen. Boris hatte nicht einschlafen können, weil bestimmt wieder dieser Traum auf ihn wartete. Er fühlte sich heute noch weniger in der Lage als gestern, weiter in dem alten Haus herumzuirren. Irgendwas war dort verborgen. Nicht nur der verlassene Sessel wies darauf hin, dass er in dem Labyrinth nicht allein war. Außer ihm war noch etwas da, er konnte es nicht sehen, nicht hören, nicht fühlen. Aber riechen konnte er es. Roch es nach Mensch, nach Tier, nach grünem Blatt? Es roch nach Leben, das ja. Ob er das Geheimnis jemals lösen würde?

Im Schlaf verlor man noch schneller die Kontrolle als im Wachsein. Er musste vorbereitet sein. Sie würden ihn noch heute oder morgen nach Hause schicken. Was dann zu Beginn des neuen Schuljahres passieren würde, daran wollte er gar nicht denken. Die Großeltern überhäuften ihn bestimmt nicht mit Vorwürfen. Er wusste nicht, was er ihnen sagen sollte. Er sah Bruno vor sich: Sein kräftiger Rücken krümmte sich noch etwas mehr. Die Zigarre zwischen seinen trockenen Lippen zitterte. Und Anna – das tat ihm schon jetzt weh – würde ihn stumm in die Arme schließen.

Die Vogelschar war am Erwachen. Nach halbherzigen Piepsern wurden all die Stimmen bald kräftiger und vereinten sich zu einem Chor, der melodiös das Licht herbeirief. Einerseits wünschte Boris den Tagesbeginn herbei, um das Unvermeidliche hinter sich zu bringen. Andererseits wäre er gern noch am Meer geblieben. Ihm kam die kindische Idee, irgendwo unterzutauchen, wo ihn niemand entdecken würde.

Ralle, der die Nacht über in seiner Ecke gekramt, aber nicht gesprochen hatte, rüttelte Boris an der Schulter und flüsterte: „Ich muss mit dir reden, Alter. Aber ohne die pennenden Hosenpupser."

Sie nahmen Seife und Handtuch, krochen nach draußen und gingen zum Waschplatz. Es war noch dämmrig, aber es würde nur noch Augenblicke dauern, bis die Sonne aufging. Vom Meer her wehte es kaum merklich, es war ein unbestimmbarer Geruch in der Luft, der sehnsüchtig machte, ähnlich wie im Frühling.

Der Waschplatz wirkte, als hätte man ihn überstürzt verlassen. Aus einem Wasserhahn tropfte es im Sekundentakt blechern in die überlange Zinkwanne. Unter dem defekten Abfluss hatte sich auf dem festgetretenen Erdboden ein Rinnsal gebildet, das sich ein paar Meter hinzog und in einer Pfütze mündete. Zwischen halbwüchsigen Birken waren Schnüre gespannt, an denen Badesachen, Handtücher und Strümpfe hingen. Die Türen der Klohäuschen standen offen. Ein Specht, nicht zu sehen, hämmerte dumpf gegen die morschen Bohlen.

Boris drehte den Wasserhahn zu und setzte sich auf einen der Holzstapel. Er fühlte sich matt und zerschlagen, als hätte Kalinke ihn im Ring ein zweites Mal verprügelt. Ralle ging ruhelos vor ihm auf und ab. Seine Schritte waren federnd, man hätte ihm große Sprünge zugetraut. Da war nichts mehr von der alten Behäbigkeit zu erkennen. Er wirkte auch schlanker, sein Gesicht hatte einen verwegenen Zug. Die Löwenmähne sah aus wie ein goldener Helm.

„Du siehst ja aus wie ein Krieger", sagte Boris müde, aber anerkennend. „Als wolltest du in den Kampf ziehen."

Ralle reckte die geballte Faust und lachte. „Das ist es ja, Alter. Ich sage dir gleich, was Sache ist. Aber was war vergangene Nacht eigentlich los?"

Boris wollte nicht reden, aber der Freund gab keine Ruhe, und als er begonnen hatte, erleichterte es ihn, dass er sich mitteilen konnte.

„Ich bin munter geworden. Bin mal nach draußen. Da sah ich Standke an dem Ast mit der Muschel stehen. Es war, als ob er auf mich gewartet hätte."

„Was wollte der denn von dir?"

„Er hat mir vom Wissower Klinken und Ernst Moritz Arndt erzählt. Er will mit mir nach Garz, dass wir uns die Gedenkstätte ansehen."

„Da hast du ihn natürlich geknutscht, was?"

Boris ließ sich von Ralles lockerem Ton nicht aufheitern. Er sagte: „Ich habe ihn nach meiner Mutter gefragt."

Ralle zog seinen Bademantel von der Leine, legte ihn Boris, der fröstelte, über die Schultern, setzte sich neben ihn und sagte: „Schlimm?"

Boris wollte reden, aber er heulte los, schämte sich seiner Schwäche und kostete es aus, sich endlich gehenzulassen. Sonst hatte er sich, wenn alles über ihm zusammenzubrechen drohte, in irgendeinen Winkel zurückgezogen. Das war im Heim so gewesen, in der Stadt wie im Dorf.

Er ließ es zu, dass Ralle seinen Kopf auf den Schoß zog. So hatte es die Mutter manchmal mit ihm getan. Er wusste nicht, ob er zu ihr gegangen oder ob sie zu ihm gekommen war. Ralles Zärtlichkeit war ihm befremdlich, er machte sich klein und hielt still. In ihm glättete es sich, er wurde ruhig, stand auf, dreht einen Wasserhahn auf und hielt seinen Kopf darunter. Er schüttelte sich, suchte sein Gleichgewicht und ging noch leicht schwankend zu Ralle zurück.

Ein Schwall Wärme durchzog seinen Körper. Ohne Ralle anzusehen, erzählte er, was Standke ihm mitgeteilt hatte. Er hörte sich selbst zu, sortierte das Gehörte, gewann Abstand, und manches, was er sich hatte nicht erklären können, bekam Sinn.

Ralle sagte: „Mensch. Das ist vielleicht eine Geschichte."

„Ist es, Ralle. Ist es. Aber ich denke nicht, dass Standke sie sich nur ausgedacht hat."

„Tot ist ja deine Mutter nun mal", sagte Ralle. „Du hast sie richtig geliebt. Das spürt man. Wenn ich nur was machen könnte. Ich weiß ja nicht mal, was ich sagen soll."

„Ist schon gut", sagte Boris. „Du musst nichts sagen. Ich weiß schon."

Sie sahen beide auf die Wasserlache, die an einen Brunnen denken ließ, von dem man nicht wusste, wie tief er war. Eine Rohrammer, die sonst nur im Schilf des Boddens zu sehen war, flog ruckartig heran. Sie badete lautlos, flog in kurzem Abstand steigend und fallend über den Waschplatz und setzte im dünnen Gezweig einer Birke auf. Mit ihrem glänzend tiefschwarzen Köpfchen, dem weißen Bartstreif und weißen Nackenband sah sie geradezu elegant aus. Umso mehr verdutzte es, dass sie losschimpfte wie eben ein Rohrspatz: „Zia-tit-tai-zi-i! Zia-tit-tai-zissis!", und dann lang gezogen rau und scharf lockend: „Bzüü!"

Die beiden Jungen mussten lächeln. Ralle sagte nachdenklich: „Ich weiß nicht, ob´s mir was ausmachen würde, wenn meine Mutter in der Grube wäre. Ich denke, sie kann sich einfach nicht an mich gewöhnen. Und ich nicht an sie. Dabei kann ich mich nicht beschweren. Ich kriege alles von ihr. Vielleicht nur darum, dass sie kein schlechtes Gewissen haben muss. Manchmal denke ich, dass ich gar nicht ihr Spross bin. Bei der Geburt vertauscht. Oder adoptiert. Was weiß denn ich."

„Du spinnst doch."

„Ich wollte schon mal eine Suchanzeige aufgeben: *Richtige Eltern gesucht!* Aber dann dachte ich, wenn sie´s liest, kriegt sie einen Herzschlag. Das will ich ja nun auch nicht."

„Hör doch auf, Mensch." Boris tat es weh, Ralle so reden zu hören. Wiederum empfand Ralle wohl auch so. Das schmerzte ihn noch mehr.

Ralle rutschte vom Holzstapel und sagte grimmig: „Fällt mir gerade ein. Frag dich doch mal, warum der verkniffene Paukerarsch mit einmal fröhlich lostrompetet? Hast du dafür eine Erklärung, die einigermaßen vernünftig klingt? Bei Dschugaschwili ist doch alles nur Taktik."

„Weiß nicht", sagte Boris. „Vielleicht tue ich ihm ja irgendwie leid?"

„Klar doch, das ist es, Alter. Der Dschugaschwili hat plötzlich entdeckt, dass er in seinem verdammten Gerippe ein Herz hat. Und wer ein Herz hat, der ist auch ein Gutmensch. So einfach ist das."

„Blödsinn", entgegnete Boris, der Standkes Verhalten selbst nicht begriff. „Er ist anders als sonst. Es geht ihm nicht gut, denke ich. Ja, meinst du denn, dass er ein Unmensch ist?"

„Vielleicht hat er ja auch die Masern und ist Jesus. In der Partei ist er nur zur Tarnung, und ein scharfer Hund ist er auch nicht. Wie wär's denn damit, Alter?"

„Ich kann dir nicht sagen warum, aber ich glaube ihm."

„Ach ja? Darum hast du wohl auch sein Skelett in zweihundertsechs Knochen zerlegt und seine Organe zu Blutwurst verarbeitet? Verstehe, Alter."

„Du kannst es nicht verstehen, Ralle. Weil du nicht dabei warst."

„Ich war auch nicht dabei, als der bemooste Oughtred den Rechenschieber erfunden hat", ereiferte sich Ralle. „Aber ich verstehe das Stück Latte besser als mich selbst. Über Schokolade weiß ich auch nur, dass sie süß und fett ist, aber ich haue jeden Tag ein Kilo rein."

Boris meinte unbeirrt: „Ich glaube, etwas richtig verstehen, das kann man nur, wenn man dabei war."

„Weiß schon", rief Ralle. „Was dir andere erzählen, das sollst du glauben. Aber was du dir selber sagst, das weißt du. Lieblingsspruch meines Alten. Ich denke, er weiß eine ganze Menge. Aber es nützt ihm nichts. Weil er nicht mal sich selber glauben kann. Na, vielleicht kommt sein Wissen wenigstens seinen Schweinen zugute. Die sind ganz begeistert von ihm. Sie rüsseln und schwänzeln schon, wenn er mit seinem Lada angedüst kommt."

„Weißt du, was ich denke", sagte Ralle, dessen Energie verpufft war. „Obwohl mein Alter seine Schweine schlachtreif füttert – er liebt sie. Ja. Mehr als seinen neuen Wagen. Mehr als unser Haus. Mehr als ..."

„Hör doch auf, Mensch. Was redest du denn da für Schwachsinn? Sei froh, dass du noch Eltern hast."

Ralle war mit einmal zappelig, ja geradezu aufgeregt, er rief: „Wir müssen schnell handeln. Ich habe alles vorbereitet. Also lass uns abhauen."

Boris sprang vom Holzstapel. Was wenn er einfach Ja sagte und mit Ralle loszog? Er kam einfach nicht an ein paar Menschen vorbei. Nicht an den Großeltern. Nicht an Ali. Der würde ihn verachten. Als Verlierer ohnehin. Und als Verräter. Da war auch noch Ulli. Vera würde er von unterwegs schreiben. Bestimmt würde sie's verstehen, wenn er es erklären konnte. Vor allem aber konnte er nicht weg ohne das Bild seiner Mutter.

„Zum Morgenappell machen sie Gulasch aus dir", drängte Ralle. „Dann schicken sie dich tiefgefroren in dieses stinkende Schweinedorf zurück. Also los, Alter!"

„Ich weiß nicht."

Da war es wieder. Sie war also immer noch in ihm. Die verhasste Schwäche, die ihn willenlos machte.

„Sie schicken dich garantiert nach Hause", unkte Ralle. „Vielleicht nehmen sie dich deinen Großeltern weg. Dann landest du Idiot wieder im Heim."

„Nie wieder", sagte Boris düster.

Aus den Bäumen krachte es, als bräche ein schwerer Ast herunter. Sie sahen hinauf, da hing der Lautsprecher wieder am Stamm, ein paar Meter höher als vorher und mit Stacheldraht umspannt. Da hatte jemand ganze Arbeit geleistet.

„Klei-ne wei-ße Frie-dens-tau-be, flie-ge ü-bers Land; al-len Men-schen, groß´ und klei-nen, bist du wohl-be-kannt ..."

Zwischen den Bäumen waren Mädchen zu sehen, die immer etwas eher zum Waschplatz kamen. Boris und Ralle machten einen Umweg durch den Wald zum Zelt zurück. Boris berichtete knapp, als wäre er Ralle das schuldig, wie er mit seinen Eltern in der Stadt gewohnt hatte. In einer Dachgeschosswohnung im vierten Stock, wo er von seiner Kammer aus in den Hinterhof sehen konnte. In den Frühjahrsnächten, auf den Dächern einer Schrottsammelstelle, fetzten sich die Kater. Der Vater war mit einmal nicht mehr da. Die Mutter sagte, er sei auf Montage im Ausland. Die Mutter war nachgiebiger geworden. Irgendwie gelöster, vielleicht auch fröhlicher? Und doch auch ernster. Eines Nachts kam sie an sein Bett, umarmt ihn und sagte, er müsse jetzt tapfer sein, sie würden sich einige Zeit nicht mehr sehen. Für ihn sei gesorgt. Boris fragte nichts. Eine Frau holte ihn tags darauf aus der Wohnung ab und brachte ihn ins Heim. Die Großmutter schrieb ihm, dass sie ihn bald zu sich holen wollten. Es hatte gedauert, lange, eine Ewigkeit, bis die Großeltern ihn mitnehmen durften.

Ralle hatte still zugehört. Im Zelt machten sie sich für den Appell fertig.

„Wollen wir nicht doch gleich los?", fragte Ralle.

Boris schüttelte den Kopf.

„Du bist ein Masochist, Alter", sagte Ralle kopfschüttelnd. „Ich glaube, das ist so was wie ein Selbstquäler."

„Du denkst nicht logisch", warf Boris dem Freund vor. „Wenn wir zum Appell fehlen, suchen sie doch sofort nach uns. Wir kommen nicht mal bis Saßnitz, da haben sie uns schon kassiert."

„Du kannst ja tatsächlich denken, Alter. Wer hätte das gedacht."

„Warten wir noch ab, Ralle. Ich sag´s dir, wenn´s so weit ist."

Ralle trat gegen seinen gepackten Campingbeutel. Die beiden gingen schweigend zum Appellplatz.

30.

Sie standen schon in Reih und Glied, da nahm Ali Boris beiseite. Er sagte gedämpft, was aber seine Anspannung nicht verbergen konnte: „Kann passieren, was will. Die drei Affen, du verstehst. Mir fällt schon was ein. Später."

Boris stellte sich zurück in die Reihe, gewillt, alles über sich ergehen zu lassen. *Der kleine Trompeter* ertönte, die Fahne wurde aufgezogen, der Spruch des Tages verkündet. Boris stellte fest, dass ihm bei Alis Lieblingslied kein Schauer mehr über die Haut ging. Er sah wieder das *lustige Rotgardistenblut* vor sich, wie der Junge des Nachts unter den Freiheitskämpfern saß und Trompete blies. Wie er dann zusammensackte, von der feindlichen Kugel getroffen, und wie alle, die ihn liebten, ihn in aller Stille begruben. Boris hatte das Gefühl, dass mit ihm etwas nicht richtig war. Nicht nur mit ihm. Trotz kam auf. Er sollte ja nichts sehen, nichts hören, nichts sagen. Da brauchte er sich auch nicht schuldig zu fühlen.

Die morgendliche Zeremonie war vorbei. Ali stand mit ausdruckslosem Gesicht unterm Fahnenmast. Er gab aber kein Kommando zum Wegtreten. Alle warteten gespannt.

Boris sah sich unter den Jungen und Mädchen um. Bei den Dorfkindern war er noch immer der aus der Stadt. Auch er fühlte sich ihnen nicht ganz zugehörig. Sie waren eher freudig erregt, als dass sie bedauerten, was gleich geschehen musste. Keiner würde ihn vermissen. Alles würde weitergehen wie bisher. Als wäre er nie hier und dabei gewesen. Aber da war ja noch Ralle, die Tunte, sein Freund, und alles war nicht mehr so trostlos.

Jemand stieß Boris in den Rücken. Er sah sich verhalten um. Ullis Gesicht war ungewohnt ernst, sie hob kurz die Hand, die ausgestreckten Zeige- und Mittelfinger zum Siegeszeichen gespreizt.

Boris drehte steif den Kopf zurück, er versuchte, sich noch gerader zu stellen. Die Lämmsel, ihr Fehlen war nicht aufgefallen, kam gerannt, schwerfällig wie eine Robbe und für ihre Masse doch wieder beweglich. Vor Ali stoppte sie ihren

Schwung, schnappte nach Luft und tupfte mit einem bestickten Taschentuch ihr rosiges Puppengesicht ab, das manchmal einem Ferkel ähnelte. Sie verkündete aufgeregt: „Herr Standke hat mich beauftragt, für ihn zu sprechen. Er lässt sich entschuldigen. Er ist vergangene Nacht gestürzt und will sich ein paar Stunden Ruhe gönnen. Er wünscht uns allen einen interessanten Tag."

Die Lämmsel riss die rechte Hand über den Kopf.

„Für Frieden und Sozialismus: Seid bereit!"

„Immer bereit!"

Der Pionierleiter kam nicht mehr dazu, den Morgenappell aufzulösen. Gleich hatten sich kleine Grüppchen gebildet, in denen erregt getuschelt wurde.

Ralle sagte übellaunig zu Boris: „Ja, was läuft denn hier für ein Russenfilm?"

„Weiß ich doch nicht", antwortete Boris gereizt.

„Na, entschuldige mal, Alter. Der Dschugaschwili lässt dich doch nicht einfach laufen, wo er dich schon in der Falle hatte."

„Frag ihn doch mal. Los, geh zu ihm, frage ihn, warum er mich nicht nach Hause schickt. Und sag mir, was er geantwortet hat. Ich möchte's auch gern wissen."

„So ein Dreck!", sagte Ralle wutentbrannt. „So ein verdammter Dreck! Und was nun?"

„Wie was nun?"

„Das mit dem Dschugaschwili ist völlig schnurz", sagte Ralle kurz entschlossen. „Alles ist es. Wir hauen jedenfalls ab. Komm schon, Alter. Die sollen ihre Hohlköpfe dampfen lassen, wenn sie wissen wollen, was Sache ist. Wenn von denen tatsächlich einer einen klaren Gedanken haben sollte, sind wir längst auf hoher See und ich kann den Heringen was vorkotzen."

Boris ließ sich von Ralle wegschieben. Ali war nicht mehr zu sehen. Boris hätte jetzt ein Wort von ihm gebraucht. Ein Zeichen. Irgendwas.

Am Zeltplatz stand Ulli. Sie hatte die Uniform schon abgelegt und kurze weiße Hosen und einen roten Pulli an, die beide recht knapp saßen. Sie war barfuß. Ein weißes Stirnband setzte sich von der gebräunten Haut reizvoll ab und bändigte die Fülle ihrer im Sonnenlicht blau schimmernden Haare. Ihre ganze Erscheinung ließ an eine Indianerin denken. Das Mädchen stand genau dort, wo vergangene Nacht Standke gestanden hatte. Ulli hielt ihr Ohr an die weiße Muschel, ihre vollen Lippen waren etwas geöffnet. Sie sagte nichts, sah ihn nur an, er wusste, dass sie auf ihn gewartet hatte.

Ralle sagte unwillig: „Was willst du denn jetzt von der? Die können wir nun überhaupt nicht gebrauchen."

„Wart mal", sagte Boris und schob Ralles Hand weg.

„Lass sie doch sausen", bat Ralle. „Weiber gibt´s doch genug. Auch auf den Cookinseln. Glaub mir. Die verarscht dich doch nur."

„Jaja", sagte Boris. „Lass mal." Er ging quer über den Zeltplatz, das Mädchen schloss sich ihm an, und dann waren sie auch schon in der Heide. Der sandige Pfad war so schmal, dass sie hintereinander gehen mussten. In einer Fülle von Licht. Von Wärme. Alles war im Gleichgewicht und doch in der Schwebe. Es war gerade richtig. Boris ließ sich führen. Dabei ging er voran. Sie folgte ihm. Er hatte keine Vorstellung, wo es hinging. Natürlich lag links drüben der Bodden. Rechts, keine zweihundert Meter weit, die See. Geradeaus kam man nach Dranske. Das waren alles keine Orte für sie. Seine Füße gingen gern. Eins, zwei. Schritt für Schritt. Leicht ging es sich. Er atmete ein. Er atmete aus. Ein, aus. Sein Kopf, kühl, klar. Nichts sehen. Nichts hören. Nichts sagen. Im fernen Japan sollten die drei Affen Glücksbringer sein. Ali hatte das wohl anders gemeint. Er sollte sich klein machen, verstecken. Nichts denken, sagte er sich. Vor allem nichts denken. Gehen. Nur gehen.

Schon von weitem schien die kleine Gruppe Krüppelkiefern sie heranzuwinken. Ihre Äste wirkten wie dünne miteinander verhakte Arme. Die Nadelbüschel waren wie grüne Hände, die ineinandergriffen, dass man nicht wusste, welche zu diesem oder jenem Baum gehörten.

Sie rutschten die Kuhle hinunter, setzten sich nebeneinander, ohne einander zu berühren, und strichen sich den feuchten Sand von den Händen. Sie waren nicht überhastet, aber eilig unterwegs gewesen und atmeten schnell, was wohl mehr an ihrer Aufgeregtheit lag.

„Was war das denn heute Morgen?" Ulli sprach, als wollte sie die Angelegenheit erledigt wissen, weil schon anderes in ihren Gedanken war. „Also ich komm da nicht mehr mit. Hast du nun den Standke verdroschen? Oder ist er wirklich über seine Krücken gestolpert?"

„Er ist nicht gestolpert."

Konnten sie nicht einfach nur beieinandersitzen? Manchmal empfand Boris die vielen Worte, die ständig herumschwirrten, wie Elektrizität, die sich zu einer dunklen Wolke ballte und sich gleich über ihnen entladen würde. Auch das liebte er an Anna und Bruno, dass sie nicht viele Worte machten. Die beiden Alten verstanden einander auch so. Dabei waren sie durchaus nicht immer einer Meinung. Auch Boris kam mit ihnen ohne langes Gerede aus. Vor allem verlangten sie von ihm keine Erklärungen, wenn was schief gelaufen war. Egal was war, sie vertrauten ihm.

„Da lässt Dschugaschwili dich so einfach laufen? Der Knilch muss tatsächlich schwer am Ende sein. Maria, sie will ja jeden *retten*, erzählt was von einer *Wandlung*. Zum Guten. Der Mensch könnte das. Das ist doch Schwachsinn."

„Meine Großmutter sagt auch so was."

Ulli lachte und rief: „Klar, deine Großmutter. Guter Witz. Die glaubt bestimmt auch an den Osterhasen und das Christkind?"

„Und woran glaubst du?"

„An das, was ich weiß."

„Und was weißt du?"

„Ich glaube an mich. Ja. An was glaubst denn du?"

Boris suchte nach Antwort. Er hätte sagen können: An meine Mutter. Dann hätte Ulli womöglich Fragen gestellt, die er nicht beantworten konnte. Und auch nicht wollte.

Ulli schien es nicht weiter zu stören, dass sie keine Antwort bekam, sie sagte: „In letzter Zeit sieht man dich ja mit diesem Pudding zusammen? Ist der Malisch denn nicht schwul?"

„Wen interessiert das schon", entgegnete Boris.

„Ich frag ja nur mal. Du weißt ja, die Leute haben immer was zu quatschen."

„Interessiert mich nicht."

„Eins möchte ich doch wissen", sagte sie nach kurzem Schweigen. „Warum hast du dich vor diese Tunte, den Malisch, gestellt? Jeder weiß doch, dass der den Lautsprecher zerlegt hat. Ja, was findest du denn an dem?"

Boris antwortete nicht, sie hakte nach: „Der Malisch und du, ihr klebt ja schon aneinander. Das fällt selbst einem Blinden auf."

„Er ist mein Freund."

Auf dem Weg hierher hatte Boris sich dem Mädchen noch nahe gefühlt. Jetzt vergrößerte sich zwischen ihnen der Abstand wieder. Er umspannte seine angezogenen Beine mit den Armen und drückte das Kinn fest auf die Knie.

„Das ist ja auch ziemlich egal", sagte sie. Ihr Lachen lockte ihn mitzulachen. Sie wollte das. Es war wie eine Falle, in die Boris gern getappt wäre. Das wäre leicht, aber nein, so leicht war das nicht.

„Du lachst nie", sagte sie, rückte an ihn heran und drängelte ihre Hand zwischen sein Kinn und das Knie. „Warum bist du nur immer so ernst?"

„Bin ich doch gar nicht."

„Lach doch mal. Es ist gar nicht schwer. Es macht alles gleich viel einfacher."

„Alles nicht."

„Ach, komm schon."

Sie drückte ihr nacktes Bein an seins. Es war, als hätte er einen leichten Stromschlag erhalten, aber er zuckte nicht zurück. Sie war ihm wieder nahe, mit einmal, näher als vorhin, so nah, wie er noch keinem Menschen war.

Das Mädchen zog seinen Arm um ihre Schultern, kam mit dem Gesicht langsam näher. Er sah, wie sein Atem ein paar helle Härchen über ihrer Oberlippe bewegte. Das machte ihn froh. Sie lehnte ihre Stirn an seine, ihre Augen waren gar nicht so dunkel, wie er gedacht hatte. Sie waren braun und glänzend wie Kastanien, die gerade die Schale abgeworfen haben. Zwei sonnige Punkte tanzten darin. Ihre Lippen berührten seine feucht und warm, er schloss die Augen und überließ sich ganz ihr.

Er war verwirrt, als sie sich plötzlich von ihm löste. Sie sprang auf, zog das Stirnband ab und fuhr mit beiden Händen durch ihre wuscheligen Haare. Die Arme hochgereckt, dass ihre Brüste sich unter dem roten Pulli wölbten, legte sie sich das Stirnband wieder um. Mit allerlei Verdrehungen ihres schlanken Körpers und klatschenden Schlägen auf ihren Hintern reinigte sie sich vom Sand.

Noch ganz benommen, es waren seine ersten Küsse gewesen, streckte er die Arme nach ihr aus. Sie lachte kurz, sah auf ihre bunte Armbanduhr, sagte: „Komm schon. Es gibt gleich Mittagessen."

Er setzte sich auf, konnte nicht begreifen, wie es gehen sollte, dass jeder wieder für sich war. Ihr schien das nichts auszumachen. Sie war gut gelaunt und wirblig wie immer. Er wollte sie, mehr als je zuvor, es war wie unersättlicher Hunger oder brennender Durst oder beides. Unwillig drückte er sich hoch, stand da mit hängendem Kopf und Armen und ließ über sich ergehen, dass sie schwesterlich eifrig seine Sachen abklopfte und seine Haare zurechtzupfte.

Er nahm ihre Hand, sie entzog sich ihm geschmeidig. „Was ist denn?", fragte er verstört. „Hast du was?"

„Nichts ist", sagte sie. „Wir müssen Gas geben, Junge. Ich gehe jetzt los. Zum Strand runter. Du wartest ein paar Minuten und gehst durch die Heide. Lass dir was einfallen, was du gemacht hast. Wenn sie was wissen wollen. Ich war Bernstein suchen. Noch Fragen?"

Er schüttelte störrisch den Kopf. Sie stieß einen zwitschernden Pfiff aus, den man oft zwischen den Zelten und am Strand hörte, rannte in Richtung Steilufer davon und war verschwunden.

Warum wollte sie, dass keiner was von ihrem Zusammensein erfuhr? Es gab im Lager einige Freundschaften zwischen

Mädchen und Jungen. Er überlegte, wer mit wem ging. Alle wussten davon. Die Betreuer hatten nichts dagegen. Sie neckten die Verliebten sogar manchmal. Sie wollten nur nicht, dass die Pärchen außerhalb des Lagers allein blieben.

Beunruhigt und im Widerstreit mit sich selbst erreichte er das Lager. Beim Mittagessen sah er sie wieder, er begann zu zweifeln, ob er wirklich mit ihr zusammen gewesen war. Nein, er hatte nicht geträumt, noch immer war er taumelig von ihrem Duft und ihren Berührungen. Seine Lippen waren trocken, sie brannten, sein ganzes Gesicht brannte, die Hände, die Arme, die Oberschenkel, sein ganzer Körper brannte. Warum nur blieb nicht das, was schön war, schön? Jedes Mal war da etwas hinterher gekommen, das den Glanz von den Menschen und Dingen nahm. Sollte doch wenigstens das Wunderbare wunderbar bleiben.

Ulli saß zwischen Maria und der langen Ziegler, die ein Leichtathletikass war und von ihrem Trainer und Lehrern gedrängt wurde, in eine Kinder- und Jugendsportschule zu wechseln. Auch ihre Eltern machten Druck. Aber die Ziegler ging lieber in einen Zirkel schreibender Schüler, den eine Schriftstellerin leitete, wo man einander die selbst geschriebenen Gedichte und Geschichten vorlas und diskutierte. Die stille, aber beharrliche Maria, die ruppige Ziegler mit dem Irokesenschnitt und die quicklebendige Ulli hätten nicht unterschiedlicher sein können. Soviel Boris wusste, hatten die Mädchen erst hier zusammengefunden. Die drei steckten die Köpfe immer zusammen. Auch jetzt. Er konnte nicht ausmachen, ob sie über ihn tuschelten.

Einmal streifte ihn Ullis Blick, er hob gleich den Kopf und sah sie herausfordernd an. Sie schaute schon wieder woanders hin.

Ein anderer hatte Boris fest im Blick. Kalinke. An den hatte Boris gar nicht mehr gedacht. Er senkte den Kopf, nicht wegen der Wut, die ihm da unverhohlen entgegenschlug, eher wegen der Verzweiflung, die er selbst nur allzu gut kannte. Mit sich selbst hatte er nie Mitleid gehabt, aber mit Kalinke, der sein Gegner und nun vielleicht gar sein Feind war, hatte er es. Das ist nicht richtig, dachte er. Ein Sieger durfte nicht so empfinden.

„Mensch, Alter", sagte Ralle neben ihm. „Da hast du uns aber was Feines eingebrockt."

31.

Schon am Nachmittag, für den wiederum keine gemeinsame Unternehmung angesetzt war, trafen sie sich wieder. Maria hatte verschmitzt gelächelt, als sie Boris einen Zettel zusteckte, den er, ein paar Schritte entfernt, mit zitternden Fingern entfaltete: *15 Uhr, Dranske. Eisdiele. Pythia.*

Warum schrieb sie nicht ihren Namen? Ulli. Bei ihrem Treff mit Kalinke am Waschplatz hatte sie gesagt, dass sie vielleicht doch eine Pythia sei. Boris hatte einen der beiden allwissenden Kettnerzwillinge gefragt, was es denn damit auf sich habe? Der hatte ihm gleich einen Vortrag über das *Orakel von Delphi* gehalten, wovon Boris nur behalten hatte, dass die Pythien Priesterinnen waren, die wahrscheinlich mit einem Gas in einen Rauschzustand versetzt wurden und dann den Ratsuchenden die Zukunft voraussagten.

Boris ging zu früh los, er nahm im Dorf einen Umweg zum Strand hinter dem Ferienheim. Tatsächlich saß der Alte, den er inzwischen als Hirngespinst abgetan hatte, wieder auf dem weißen Stuhl. Aus der Ferne sah es aus, als sei der Mann noch in sich gekehrter und als wären die Stuhlbeine wiederum tiefer im Sand abgesackt. Der Abstand zwischen den mechanischen Handbewegungen des Wischens war größer geworden. Die Hand bewegte sich langsamer und der Radius war enger. Etwas, das Boris frösteln ließ, hielt ihn ab, näher heranzugehen.

Es fiel ihm schwer, sich abzuwenden und wieder in Tritt zu kommen.

Als Boris das kleine Eiscafé betrat, saß Ulli schon an einem Ecktisch und winkte ihn heran. Sie hatte ein Glas rote Fruchtmilch vor sich und blies durch einen Trinkhalm Luft hinein, dass die Milch aufbrodelte und bunt schillernde Blasen schlug. Außer ihnen und einem alten Paar saß kein Gast im Café. Hinter dem großen Fenster auf dem Freisitz waren alle Tische besetzt.

„Nun setz dich doch, Junge. Bist eingeladen."

Er wollte protestieren, besann sich aber, dass sein Geld nicht zum Bezahlen reichen würde. Schon als er reinkam, hatte er bemerkt, dass etwas anders war mit ihr. Sie hatte nicht nur die Sachen gewechselt – ein fliederblaues Kleid, ein gleichfarbiges Stirnband und weiße Turnschuhe –, sie roch auch anders. Ein besitzergreifender schwerer Duft, den er irgendwoher kannte, umhüllte sie.

Er saß auf dem Stuhl wie auf dem Sprung, seine Hände umspannten einander.

„Ich bediene Sie", sagte sie. „Was wünscht der Herr? Unsere große Auswahl: Vanille-, Schoko- und Erdbeereis? Mit etwas Sahne, sehr zu empfehlen?"

„Irgendwas", sagte er, missmutig über seine Steifheit und seinen Geldmangel. Kalinke hätte bestimmt sie eingeladen und nicht umgekehrt.

Ulli sprang auf und ging anmutig federnd an den Tresen, obwohl Laufkundschaft bis auf die Straße stand. Sie machte das so selbstverständlich, dass keiner murrte. Das alte Paar sah unverwandt zu ihr, und als sie mit einem riesigen Eisbecher an den Tisch zurückkehrte, tauschte es einen lächelnden Blick.

„Buon appetito, Signore", sagte sie, setzte sich, schlug die glatten bronzefarbenen Beine übereinander, verschränkte die Hände im Nacken und zwinkerte ihm zu.

„Was ist?", fragte er und stocherte mit dem Löffel im Eis.

„Nichts", sagte sie. „Ich will nur sehen, wie es dir schmeckt."

„Schmeckt schon."

„Aber du isst ja gar nichts. Ein Löffel für den lieben Boris. Einen für die liebe Sonne. Und einen für die allerliebste Ulli."

Ihr Kleid war durchsichtig, wenn ein Sonnenstrahl drauffiel, er sah ihre nackten Brüste und, wenn sie sich rekelte, ihre rasierten Achselhöhlen. Das hatte er bisher nur bei wenigen Frauen entdeckt, an heißen Tagen bei einem Stadtbummel. Als Ulli zum Tresen gegangen war, hatte er sie bewundert: ihren hellen Nacken, den schmalen geraden Rücken, den kleinen festen Po, die langen Beine, ihre straffen Waden. Sie schritt leicht und selbstbewusst wie ein Mannequin über einen schmalen Laufsteg. Aber ihre Bewegungen waren natürlicher. Wie bei einer Katze. Keiner Hauskatze. Einer Raubkatze. Vor ihrer Anmut musste man sich in Acht nehmen.

Boris zwang sich, aus dem Fenster zu sehen. Hinter dem Freisitz waren es keine hundert Meter buckliger Wiese bis zum Weststrand, der hier schmal und stellenweise steinig war. Auf den Buhnen sonnten sich riesige Mantelmöwen. Die grüne See war wie mit Goldfäden durchzogen, nicht weit weg zeichnete sich das nördliche Ende von Hiddensee ab.

Ihm fiel ein, woher er den satten Duft kannte, der von ihr kam und ihn umfing. Er hatte ihn nicht gemocht, nun fühlte er sich davon wie berauscht.

Er wandte sich ihr wieder zu und sagte: „Du duftest ja. Wie die Lämmsel. Aber auch ganz anders."

„Na so was. Eine Frau tut, was sie kann."

So tief hatte er ihre Stimme noch nie gehört. Wie die eines Mannes, aber wiederum völlig anders, wie die einer Frau eben, doch nicht irgendeiner Frau. Welcher Frau denn? War sie gerade die eine, wurde sie im nächsten Moment eine andere. Wenig später war sie jemand, der mit den beiden, die sie gerade gewesen war, nichts zu tun haben wollte. Sie war nicht so. Sie war so und so und so.

„Die Lämmsel", sagte sie, „sie ist jetzt schwer mit dem Standke beschäftigt. Ich glaube, sie hat sich in den Knochenmann verknallt. Da braucht sie ihr französisches Parfüm aus dem Intershop nicht mehr. Das wäre doch, als würde man einer Leiche eine Narkose geben."

Er sagte stockend: „Nennst du dich jetzt - *Pythia*?"

Sie rührte mit dem Trinkhalm in dem leeren Glas, beugte sich ihm zu und flüsterte: „Soll ich dir deine Zukunft voraussagen?"

„Ali sagt, die Zukunft bestimmen wir selber", setzte Boris beherzter entgegen, als er sich fühlte.

„Mach mal die Fensterchen zu", sagte sie mit dieser tiefen Stimme.

„Bitte", sagte sie sanft, aber mit Nachdruck.

Er schloss widerstrebend die Augen, spürte ihren kühlen Handrücken auf seiner heißen Stirn. Das hitzige Flackern in ihm war nach wenigen Sekunden erloschen, seine Umgebung rückte von ihm weg, sein Pulsschlag, ruhig und gleichmäßig, gab einen Rhythmus vor, dem er sich anvertraute.

„Du bist ein toller Junge", hörte er die warme und tiefe Stimme sagen. „Es gibt jemand, der ist froh, dass es dich gibt. Alles wird gut. Ich weiß es."

Er öffnete die Augen und sah sie, nur sie, sie war die Insel, das Meer, der Himmel, alles.

„Du lächelst ja", sagte sie. „Nun lachst du ja endlich."

Er konnte es zulassen, zum ersten Mal nach seinem Schwur lachte er wieder, einfach so.

Sie reichte ihm beide Hände, zog ihn hoch, legte Geld auf das Bufett. Draußen drückte ihnen der Wind in den Rücken, sie rannten zum Strand, gingen an den Händen gefasst durchs flache Wasser.

Sie erzählte was und umtanzte ihn dabei. „Hexe", sagte er hingerissen und genoss den Schauer, der seinen Körper durchlief. Sie taten nichts Besonderes, aber alles, was sie taten, war besonders. Sie ließen flache Steine über die Wasseroberfläche springen, zeigten einander Muscheln und außergewöhnlich geformte Äste, die der letzte Sturm angespült hatte. Wenn am Horizont ein Schiff auftauchte, deuteten sie mit ausgestrecktem Arm darauf, jedes Mal von neuem kindlich überrascht. Sie fanden, dass die Schiffe zugleich sehr nahe und doch unerreichbar weit weg waren. Alle waren sie vom reinsten Weiß, als kämen sie aus dem Nordpolarmeer und wären selbst zu Eis geworden.

Das Sperrgebiet umgingen sie quer durch ein Maisfeld. Er brach einen Stängel, zog von einer Rispe die dunkelgrüne

Schale herunter, die Körner waren noch klein und weiß und schmeckten bitter. Am Beginn der Steilküste, hier keine fünf Meter hoch, war der Strand wieder freigegeben. Sie kletterten über Wellenbrecher, gewaltige glitschige Steine, die wie Robbenkolonien im seichten Wasser bis hin zum Fuß des Steilufers lagen und samtig grau und rot glänzten. Sie erreichten eine kleine Bucht, die von beiden Seiten mit Steinen begrenzt war. Hier war das Wasser leicht gekräuselt und tiefblau.

Sie warf die Sachen ab, stieß einen Schrei aus, rannte ins aufspritzende Wasser und hechtete hinein. Er tat es ihr nach, sie begegneten sich unter Wasser, drückten die Hände gegeneinander und tauchten gemeinsam auf. Sie drehte sich von ihm weg und kraulte gleichmäßig und kraftvoll aufs Meer hinaus. Erst weit draußen, als die Wellen höher wurden und ihnen entgegendrückten, holte er sie ein. Sie schwammen nebeneinander weiter, auf ein weißes Schiff zu, das seine Position nicht veränderte und auf sie zu warten schien. Das Ziel war ihnen vorbestimmt, sie brauchten nur zu schwimmen, es war leicht, ihre Kraft war unerschöpflich, spielerisch wie Delfine durchtauchten sie die Wellen. Das weiße Schiff stand da draußen, der Abstand zu ihm blieb gleich, sie deutete nach oben, da ballten sich Wolken zusammen.

Er wollte unbedingt das Schiff erreichen, doch sie machte eine Rollwende, drehte sich auf den Rücken und schwamm zurück. Er winkte ihr zu, doch noch weiter nach draußen zu schwimmen, aber sie reagierte nicht.

Widerstrebend kehrte er um. Als er zurücksah, stieß sein Blick auf eine schwarze Wand. Der Wind hatte auf Nord gedreht und stark aufgefrischt, es regnete leicht. Sie kamen dem Ufer kaum näher. Vielleicht waren sie ja auch in eine Strömung geraten. Er rief ihr etwas zu. Sie rief zurück. Die Wellen wuchsen, sie kamen jetzt seitlich von West. Sie hatte zum Brustschwimmen gewechselt, ging die Wellen im leichten Winkel zum Ufer an, das nur noch als grauer Strich auf schwarzem Grund auszumachen war. Er dachte, dass sie die einzige Möglichkeit gewählt hatte, um doch noch den Strand zu erreichen. Es würde sie aufs Meer hinaustreiben. Um sich sorgte er sich nicht. Er würde sich auf den Rücken legen und tragen lassen.

Irgendwo würde er schon ankommen. Man kam immer irgendwo an. Auch sie zeigte keine Anzeichen von Panik.

„Plewat' na prokljatuju wodu!", wehte es zu ihm herüber. Sie wünschte das verdammte Wasser zum Teufel. Das Mädchen war schon einmalig. Dass sie von all den Jungen gerade mit ihm zusammen war, konnte er nicht begreifen. Und doch war es so. Das machte ihn stolz. Wenn sie beide in ein Wellental sanken und sich zwischen ihnen das Wasser auftürmte, wurde er unruhig. Er versuchte, näher an sie heranzukommen. Aber das war unmöglich. Wenn er das Ufer erreichen wollte, musste er strikt die eingeschlagene Richtung einhalten. Das konnte nicht so schwer sein, sie waren schließlich nicht in ein Unwetter geraten, ein bisschen Wind, Regen, Finsternis und in der Ferne ab und zu das Zucken eines Blitzes, mehr war da nicht. Und doch war noch was, das sich ihm entgegenstemmte und ihm einreden wollte: „Ich bin stärker als du." „Das hast du dir so gedacht", entgegnete er. „Ich bin stärker. Diesmal siege ich." Da war sie wieder, vor ihm, auf dem Kamm einer Welle, sekundenlang hatte er sie im Blick, bis sich eine Wasserwand dazwischen schob. Wieder versuchte er, sie zu erreichen. Er konnte sie nicht mehr sehen, weder vor sich, noch hinter sich, nicht seitlich, nicht oben, nicht unten, ihn lähmte die Angst. Dann schämte er sich seines Zweifels. Sie würde es schaffen. Sie schaffte alles. Und was sie schaffte, das würde auch er schaffen.

Irgendwie erreichte er das Ufer. Er lag auf Sand und versuchte sich zu orientieren. Es hatte ihn anscheinend weit abgetrieben. Er konnte sich nicht freuen, es tat ihm nichts weh. Ihm war nur kalt, von innen her, er wollte aufstehen, schaffte es nur auf die Knie. Die Wellen überstürzten sich am Strand, in schneller Folge grellten Blitze auf, als fotografierte jemand aus dem All die Erde.

Er suchte das Meer ab, konnte sie nicht finden. Auch am Strand nicht. Beim nächsten Blitz meinte er, in der Ferne die großen Steine zu erkennen. Er kam auf die Füße. Ging. Einen Schritt. Noch einen. Weiter. Schritt für Schritt, wie einer, der Krücken braucht und keine hat. Mit jedem Schritt, den er sich abforderte, ging es sich etwas leichter. Schließlich rannte er, taumelnd, eckte an, fiel, stand wieder auf. Wenn es blitzte, konnte er ein paar Meter Strand sehen. Er ging schräg gegen den Sturm. Kein Donner, eigenartig. Das Meer, lautlos. Die Finsternis, total. Du findest sie, suche. Sie schwimmt wie ein Junge. Besser. Eine Gestalt, ans Steilufer gedrückt. Oder zwei? Er schrie, hörte seine Stimme nicht, schüttelte den Kopf, bohrte die Zeigefinger in die Ohren. Da waren sie wieder, Meer, Sturm, Donner, mit Wucht, wie aus einem riesigen Lausprecher.

„Ulliii!"

Im Aufblenden, seitlich vor ihm – Kalinke. Umklammert jemand. Sie! Endlich. Als er heran ist, Kalinke: „Du verdammter Idiot!" Sie hangeln am Steilufer hoch. Oben kniet Horst, streckt die Hand entgegen. Zurück zum Lager, durch die Heide. Voran Horst. Kalinke, er hat Ulli umfasst, sie hat sein Hemd an, er drückt sie an sich, führt sie. Ihr Kopf liegt auf seiner Schulter. Boris hält sich hinter ihnen. Ihm wird bewusst, dass er noch nackt ist, er will zurück, die Sachen holen. Horst wirft ihm seinen Pulli zu.

Erschöpft kehrte die Natur zur Normalität zurück. Nach ein paar lustlosen Attacken flaute der Sturm ab, der Himmel riss auf, die Sonne stand schon niedrig, dennoch drückte und blendete sie. Aus dem besigen Heidekraut stieg suppiger Nebel auf, der schnell verdunstete. Von einem der versteckt liegenden Tümpel war eine Wasserralle zu hören, ihr „Kruieh" klang wie das Schreien eines Ferkels.

Jetzt spürte Boris den Schmerz. Er war nicht verletzt, außer einem aufgeschlagenen Knie und einer Verrenkung im Schulterbereich. Wenn er sich auch noch schlapp fühlte, er kam wieder zu Kräften. Es tat ihm weh, Ulli mit Kalinke gehen zu sehen. Aber er hatte gelernt, den Schmerz zu unterdrücken. Auch wie man sich dem Gespött entzog. Oder dem Mitleid, was noch schlimmer war, weil es ihn sich erst recht schwach und unterlegen fühlen ließ.

Woher waren Kalinke und Horst so plötzlich gekommen? Bestimmt hatte Horst wieder geschnüffelt. Vielleicht war Kalinke schon in der Nähe gewesen, als sie das Café verließen. Das spielte alles keine Rolle. Kalinke, nicht er, hatte Ulli an Land gebracht. Kalinke hatte nur eine Badehose an, Horst trug seine Sachen.

In Boris bohrte es, es nagte. Es wurmte ihn. Ulli und Kalinke waren ein Paar. Das war selbst von hinten zu sehen. Sie gehörten zusammen. Er schämte sich, er hatte sich selbst belogen. Ein Verlierer besiegt keinen Gewinner. Er verspürte Hass auf Dschugaschwili. Das Gespenst wollte ihn wohl quälen, es hätte ihn nach Hause schicken müssen.

Vor dem Zeltlager waren alle zusammengelaufen und sahen ihnen stumm entgegen. Ralle stand abseits von den anderen. Ali kam, sprach kurz mit Kalinke, beorderte die Gaffer zurück und gab ein paar Anweisungen. Die Lämmsel verschwand mit Ulli im Essenszelt.

Boris und Kalinke krochen ins Zelt, frottierten sich ab und zogen warme Sachen über. Kalinke pumpte Liegestütze. Schnell und exakt. Boris sah zu und wartete. Er würde sich nicht wehren, wenn Kalinke zuschlug. Er wünschte es sich. Einen Schlag wie bei ihrem Kampf. Er wollte noch einmal diese weiche Welle spüren, sie sollte durch seinen Körper bis hinter die Stirn gehen und ihm die Besinnung nehmen. Danach hatte er nicht mehr den Druck verspürt. Der aber war wieder gekommen und wurde unerträglich. Sieger oder Verlierer sein. Gab es denn nichts, wo das keine Rolle spielte? Ob denn der alte Santiago, als er den großen Fisch an die Haie verlor, nicht doch aufgegeben hatte? *Aber der Mensch darf nicht aufgeben. Man kann vernichtet werden, aber man darf nicht aufgeben.* Vielleicht war der Spruch auch nur gelogen. Es war die Lüge Hemingways, der die Geschichte ja nur erfunden hatte und ein Selbstmörder war. Peng! Er hatte sich eine Kugel in den Kopf geschossen, als die Lüge nicht mehr zu ertragen war.

Vielleicht brauchte Boris ja nur aufzugeben, sich für besiegt erklären, dann musste er nicht mehr kämpfen. Wie der kleine Willmanowski, den sie „Dackel" nannten. Die Jungen spotteten nicht mal über ihn, selbst dazu taugte er nicht. Dackels Mund war ein blauer Strich, der die untere Hälfte seines Gesichts schräg durchzog. Er schien gleichzeitig zu lachen und traurig zu sein. Die Lehrer, wenn sie die Anwesenheit kontrollierten, fragten manchmal, wo denn Willmanowski sei? Er saß aber in der ersten Reihe. Die ganze Unterrichtsstunde hindurch kratzte die Feder seines Füllers über Papier.

Und wie war das mit Ralle? Bei Ralle war das anders. Er war ganz gewiss kein Sieger. Aber auch kein Verlierer. Ralle hatte nicht aufgegeben. Er wusste, was er wollte.

Kalinke keuchte, saß nun auf seiner Luftmatratze, schüttete sich aus einer Pappschachtel Traubenzucker in den aufgerissenen Mund und trank eine Flasche Wasser leer.

Kalinke schien auf etwas zu warten. Boris wusste nicht, was er ihm hätte sagen sollen. Schließlich wippte Kalinke sich auf die Füße, griff seine Jacke und kroch nach draußen. Nach ein paar Minuten verließ auch Boris das Zelt.

Das Lagerfeuer prasselte und warf Hitze. Kalinke saß neben Ulli, er legte ihr fürsorglich seinen Anorak um die Schultern, als hätte er damit gewartet, bis sein Rivale kam. Boris setzte sich neben Ralle und sagte: „Ich will los, hörst du."

32.

Die Flammen hangelten sich kraftvoll nach oben, als rangen sie gegeneinander, um größer zu sein und heller zu leuchten. Dabei waren sie einander so gleich, dass nicht zu erkennen war, wer sich gerade oben und wer unten befand. Eigentlich waren sie ein Ganzes, aber davon wollten sie nichts wissen. Als die Flammen kleiner wurden, sprangen sie umeinander herum wie im Tanz. Schließlich zuckten sie nur noch und verglühten in einem Holzscheit. Ein feines Singen war zu hören, nicht von Menschenstimmen, auch von keinem Instrument, keinem Tier. War es der Tod, der da sang?

Standke war nicht am Lagerfeuer erschienen. Die Lämmsel huschte alle paar Minuten in sein Zelt und kehrte bald darauf zurück. Sie hatte sich verändert. Anna hätte gesagt, sie sei aufgeblüht. Tatsächlich, sie war eine mordsmäßige Knospe gewesen und sozusagen über Nacht zu einer zwar gewaltigen, aber auch zierlichen Blüte aufgegangen.

Zwei Grenzer kamen im Jeep vorgefahren. Der eine blieb im Wagen, der andere ging mit Ali etwas abseits und sprach mit ihm. Hatten sie etwa Wind bekommen, dass Ralle und Boris sich absetzen wollten? Ralle, der den Abend über recht still gewesen war, hob die Schultern. Eine Stunde vor Mitternacht kippte jemand Wasser auf die Feuerstelle, ein Zischen, Dampf stieg auf und es war still. Der Jeep fuhr knatternd davon. Die Betreuer und Pioniere verkrochen sich wortlos in die Zelte.

Boris fühlte sich unvermittelt völlig erschöpft, aber Schlafen war jetzt vertane Zeit. Er wollte nie wieder zurück in das alte Haus, von dem er nichts wusste, das keinen Anfang und kein Ende hatte und das er nie würde ergründen können. Er musste was tun. Jetzt.

Boris lauschte nach draußen, alles war ruhig, er kroch zu Ralle, raunte: „Bist du bereit?"

„Was ist denn los?", flüsterte Ralle.

„Nun komm schon, Mensch. Die Gelegenheit ist gut. Auf zu den Cookinseln."

Als sie vor dem Zelt hockten und sich umsahen, sagte Ralle: „Lass uns noch mal auf den Baum steigen."

„Vergiss den idiotischen Lautsprecher. Wir haben anderes vor."

„Ich meine *deinen* Baum, Alter."

„Woher hast du denn das?"

Boris ließ sich von Ralle in Richtung Waschplatz dirigieren. Er war wütend. Konnte man denn überhaupt kein verdammtes Geheimnis mehr haben? Erst drängt Ralle ihn abzuhauen, nun hatte er Sonderwünsche wie ein verwöhntes Weib.

Als sie vor dem Baum standen, fragte Boris: „Wie willst du deine Tonne Speck denn da hochbringen?"

„Mit deiner geschätzten Hilfe, Alter. Es muss doch zu was gut sein, dass du deinen Körper mit dem hirnrissigen Training gequält und Muskeln wie ein Ochse hast."

Boris musterte den Baum, als sähe er ihn zum ersten Mal. Es war ein Baum wie jeder andere. Davon gab es jede Menge. Bei Nacht sah alles anders aus. War es überhaupt noch *sein*

Baum? Ali war schon oben gewesen. Nun wollte Ralle rauf. Morgen saß bestimmt Kalinke oben. Vielleicht war es auch gut so. Wenn er jetzt losging, würde er nichts zurücklassen, was ihm gehörte. Bruno sagte: „Wer mit nichts kommt, kann auch mit nichts gehen."

„Was ist denn noch?" Ralle war ungeduldig. „Denkst du vielleicht, ich brauche einen Kran?"

Boris hob die Arme, ließ sie wieder fallen. Den breiten Stamm mit den wenigen Angriffsflächen würde Ralle nie hochkommen. Daneben wuchs eine Birke in das Laub der Kastanie hinein. Wenn die Äste der Birke unter Ralles Gewicht nicht brechen würden, könnte er ein paar Meter hochsteigen, sich auf einen Ast hinauswagen, wo Boris ihm dann auf die Kastanie helfen konnte. Dann war es nicht mehr allzu schwer, in die Gabelung zu gelangen.

Mit beiderseitiger Mühe und unterschiedlichem Geschick schafften sie es. Ralle ließ sich schweißgebadet in die Mulde plumpsen. Er stöhnte und meinte: „Es hat nicht nur Vorteile, dass wir Homo sapiens geworden sind. Wären wir noch Affen, könnten wir problemlos die höchsten Wipfel erreichen."

„Ich weiß nicht, was du überhaupt hier oben willst." Boris war nervös. „Wir wollen aufs Schiff, Mensch. Alles pennt. Also lass uns endlich abschwirren."

„Das ist ja wie im Adlerhorst hier."

Ralle machte es sich bequem, faltete die Hände hinter dem Kopf und sah in den Himmel. So hatte Boris oft gelegen. Von Ralle ging eine Ruhe aus, die auch Boris wohltat. Die Nacht war mild, aber es war ihm vor allem innerlich warm. Auch er lehnte sich zurück und schaute in den Himmel, der ungewöhnlich klar und strahlend war. Ralle meinte, das wäre im August so, wo die Tage ja schon wieder kürzer würden und die Sterne wieder früher und heller strahlten.

„Sieh mal", sagte Ralle, „siehst du das große goldene Kreuz da oben? Das ist der *Schwan*. Am Kopf steht der Stern *Albireo*. Durchs Teleskop erkennt man, dass es ein Doppelstern ist, wo beide Sterne einander umkreisen. Der eine leuchtet golden und der andere blau."

„Bist du vielleicht ein Sterndeuter, oder was?"

„Der Hauptstern ist am Schwanzende. Der *Deneb*. Wenn ich es mir richtig gemerkt habe, ist er fünfundzwanzig Mal massiger als die Sonne. Und fünfundsiebzigtausend Mal heller."

„Woher hast du das alles?"

„In Lerchau ist dir doch bestimmt öfter der alte Peterke über den Weg gelaufen. Der ist mit seinem Schäferhund den ganzen Tag auf den Beinen. Wenn man die beiden gerade mal nicht sieht, dann hört man den Peterke. Er quasselt ständig mit seinem Hund. Aber ich habe nie mitgekriegt, dass der jemals geantwortet hat."

Boris kannte den kauzigen Mann nur flüchtig. Von ihm sagten sie in den Auendörfern, er sei „überstudiert", sie nannten ihn augenzwinkernd „Professor Plemplem".

„Peterke lässt mich manchmal durch sein Fernrohr sehen." Ralle streckte sich behaglich. „Der alte Knabe weiß eine Menge von den Sternen. Soll ich dir was vom Schwan erzählen?"

„Was denn?"

„Zu den Sternbildern gibt es eine Menge Geschichten. Eine finde ich besonders schön."

„Lass hören, wenn's sein muss."

„Kyknos war ein Königssohn und ein toller Musiker. Er liebte seinen Freund Phaethon, den Sohn des Sonnengottes Helios. Phaethon bat seinen Vater, ihn doch auch mal das Licht in die Welt bringen zu lassen. Helios war wohl gerade gut drauf, er ließ seinen Sohn den Sonnenwagen über den Himmel steuern. Der gute Phaethon hat wohl zu viel Gas gegeben und dabei den Himmel und die Erde zu Schrott gefahren. Göttervater Zeus, der öfter mal ausrastete, schleuderte einen Donnerblitz auf Phaethon, der in den Fluss Erdanus stürzte. Kyknos, der Rocker also, sprang gleich in die Fluten, seinen Freund an Land zu ziehen. Der treue Kyknos schwamm unaufhörlich wie ein Schwan umher – aber er konnte Phaethon nicht finden. Der alte Helios muss seinen Sohn wohl gemocht haben, er war von dem Verlust ziemlich mitgenommen. Aus Dankbarkeit für Kyknos' Treue hob er ihn als Schwan in den Himmel."

Ralle wies mit ausgestrecktem Arm nach oben. „Dort fliegt der Schwan nun bis in alle Ewigkeit. Die Milchstraße soll die Rauchspur des ins Schleudern gekommenen Sonnenwagens sein."

Nach kurzem Schweigen schloss Ralle: „Seit dieser Zeit singt der Schwan sein Klagelied. Sogar wilde Bestien und Bäume kommen, um es zu hören."

„Hör mal, Alter", flüsterte er. „Hör doch mal."

Die beiden lagen nebeneinander in der Baumgabelung und lauschten in den überwältigend weiten und tiefen Himmel hinein.

„Das klingt doch schön, stimmt´s", raunte Ralle. „Und doch – man wird verdammt traurig. Eben weil´s schön ist."

Sie schwiegen. Es war ganz selten, dass alles richtig war. Jetzt war es das. Auch wenn es schon wehtat, weil es bald enden würde. Wer weiß, ob es sonst so schön wäre.

Boris setzte sich auf und sagte: „Was sagst du dazu, Ralle, ich habe da oben einen Kahn liegen. Gar nicht mal so weit weg von deinem Schwan."

„Feine Sache, Alter", sagte Ralle, der sich ebenfalls aufsetzte. „Es ist großartig, wenn man was hat, in das man sich setzen und einfach treiben lassen kann."

„Nun los doch, Ralle", drängte Boris plötzlicher aufgeregt. „Verlieren wir keine Zeit mehr. Auf zu den Cookinseln."

Ralle machte keine Anstalten sich aufzurappeln. Er sagte leise: „Wart mal noch, Alter."

„Ich bin bereit, Ralle! Glaub mir´s doch. Wir verschwinden von hier. Jetzt!"

Boris reichte Ralle die Hand. Ralle schlug zögernd ein und ließ sich hinunterhelfen. Als sie endlich sicheren Boden unter den Füßen hatten, hielt Ralle Boris am Handgelenk fest.

„Hör mal, Alter. Es ist nicht der richtige Zeitpunkt."

„Willst du etwa kneifen? Du hast doch die ganze Zeit geredet, dass du weg musst, sonst gehst du vor die Hunde."

„Ich weiß. Ich will es auch jetzt noch."

„Aber?"

„*Du* musst es wollen, Alter."

„Aber ich will es doch, Mensch. Ganz fest."

Ralle schüttelte den Kopf. Sie gingen zurück zum Zeltplatz. Bevor sie das erste Zelt erreichten, sagte Ralle: „Du – du bist nicht – so weit, Boris. Das Mädchen – die Ulli – warte einfach mal noch."

Boris kroch hinter Ralle ins Zelt. Er lag ein paar Minuten wie niedergeworfen auf dem Rücken, unfähig zu einer Bewegung, dann stützte er sich auf den Ellebogen und sagte ins Dunkel hinein: „Was ich dir sagen will, Ralph Malisch – du bist zwar ein Schwabbel, von mir aus ein Schwuli, aber du bist kein bisschen komisch. Und ein Spinner und ein Schwächling bist du schon gar nicht."

Boris vergrub sich unter seinen Decken. Er war zu müde, um sich noch wach halten zu können. Nun würde er doch wieder in dem alten Haus unterwegs sein müssen.

33.

Ohne Alis straffe Führung und Standkes Aufsicht fühlten sich die Mädchen und Jungen und auch die Betreuer antriebslos. Sie waren es gewohnt, dass die beiden über ihren Tagesablauf bestimmten. Manchmal hatten sie gemurrt, doch sie waren beschäftigt gewesen, hatten gewusst, es ging alles seinen Gang. Ali und Standke regelten das schon.

Nun aber war Ali an den Vormittagen und Nachmittagen für ein paar Stunden nicht mehr im Lager. Bald nach dem Frühstück schwang er sich auf ein altes Fahrrad und strampelte davon. Er trainierte bei den Grenzern, es hieß, der Trainer plante ein Comeback. Nach ein paar Vorbereitungskämpfen im Herbst wollte er zu Beginn des nächsten Jahres um die Deutsche Meisterschaft boxen. Bis zur Olympiade wäre er dann in der Form seines Lebens.

Standke hatte sich zwar wieder aufgerappelt, aber sein Schatten fiel nicht mehr ständig auf alles und jedes. Fräulein Lämmsel führte ihn untergehakt die Trampelpfade in der Nähe des Zeltplatzes entlang. Das war schon ein spaßiges Bild: Der spindeldürre, lange Mann und die dralle, rotgesichtige Frau, die zusammenhingen wie der lebendige Beweis, dass Gegensätze sich anziehen. Keiner lachte darüber. Manchmal sah man den Lehrer in einem Klappstuhl an der Klippe sitzen und aufs Meer sehen. Die Lämmsel lag in ihrem rot geblümten Badeanzug ein paar Meter weg auf einem Handtuch, sonnte sich und las. Nach dem Mittagessen blieb Standke im Essenszelt hocken und blätterte im *Neuen Deutschland*, der führenden Parteizeitung, während die Lämmsel in der kleinen Abwaschküche wirtschaftete und vor sich hin summte.

Boris war erleichtert, aber auch enttäuscht, dass Ali ihn wegen seines unbedachten Hinausschwimmens nicht zur Rede stellte. Es kam auch kein Vorwurf, dass er sich erneut mit Ulli getroffen hatte. Auch zum Training drängte Ali nicht mehr. Wie Boris schien auch Kalinke nicht zu wissen, woran er war. Er stemmte Eisenteile, die er vom Müllplatz der Genossenschaft hergeschleppt hatte. Damit machte er Krafttraining, wobei Horst über die Übungsergebnisse Buch führen musste.

Als der Pionierleiter sich an diesem Morgen aufs Fahrrad schwang, trat Boris an ihn heran.

„Hallo, Ali. Du fährst weg?"

„Sieht so aus, was. Ist was?"

„Ist nichts, Ali, alles in Ordnung."

„Ist ja gut, ist es. Muss los."

Ali stieß mit dem Fuß gegen das Vorderrad und stauchte das Fahrrad auf, als wollte er prüfen, ob es auch standhielt.

„Klar", sagte Boris. Da war etwas zwischen sie gekommen, ein Abstand, der zu wachsen schien.

„Klar", sagte auch Ali. „Mal sehen, was ich noch wert bin. Denke, kann´s noch mal packen, kann ich."

„Kannst du, Ali, du kannst´s."

„Kann ich, ja. Kein altes Eisen, bin ich nicht."

Ali trat in die Pedalen, dass die Kette krachte. Boris sah ihm hinterher, bis Alis gekrümmter Rücken in einer Senke der Heide verschwand.

Boris überlegte, wo er hingehen könnte, um über die letzten Tage nachzudenken und sie einzuordnen, um für sich selbst einen Platz zu finden. Er sah hinüber zum Volleyballplatz, wo Ulli und Kalinke sich den Ball zuspielten und das Schmettern übten. Da drückte ihm Maria wieder einen Zettel in die Hand: *Geh schon mal los. Zu..., du weißt schon wohin. Pythia.*

Er schlenderte durch die Heide und war bald in der Sandkuhle. Nach einer halben Stunde sprang sie zu ihm herunter. Es war, als wäre in ihm ein Gong angeschlagen, dessen heller Ton durch seinen Körper hallte. Sie setzte sich zu ihm, das schwere Parfüm der Lämmsel machte ihn schwindlig, sie sagte, als seien sie mitten im Gespräch: „Heute Abend ist Kino. Irgendein Russenfilm. Soll aber gut sein, sagt die Ziegler. Die versteht was vom Film und so. Wenn die Sowjetladys nur nicht immer so ewig singen würden. Dabei vergießen sie literweise Tränen. Da ist der Film zu Ende, bevor ihr Liebster sie überhaupt küssen konnte."

Boris musste lachen, wurde aber gleich wieder ernst. Ulli hatte mitgelacht. „Ja", rief sie. „So gefällst du mir. Warum nur bist du nicht immer so."

Sie fasst seine Hände und legte sie sich um den Nacken. „Du weißt schon, dass ich dich mag, was. Und du? Magst du mich auch – ein bisschen? Ein klitzekleines bisschen?"

„Das würde mir schon reichen", gurrte sie und schmiegte sich an ihn. „Sag doch – hast du mich lieb?"

Er fand viele Worte, solche, die er noch nie gebraucht und manche, die er noch nie gehört hatte. Aber keins wollte ihm über die Lippen kommen.

„Ach du", sagte sie und strich mit ihren Lippen an seinen entlang. Das begriff er schnell. Es war ein Kinderspiel, und es war auch keins. Sie spielten Fangen mit ihren Lippen. Einer musste dem andern nachlaufen, der eine war Fänger, der andere Ausreißer, und dann war es umgekehrt.

Du bist´s!

Du bist's!

Sie hatten sich kaum gefunden, so kam es Boris vor, da löste sie sich aus seiner Umarmung, lachte, sprang aus der Senke, rannte zur Klippe und verschwand. Erst im Lager sah er sie wieder. Wann immer sie sich in den nächsten Tagen trafen, nie sagte sie zum Abschied ein Wort oder versprach ihm gar etwas. Jedes Mal blieb er verwirrt zurück, bis er schätzte, dass sie das Zeltlager erreicht hatte. Dann ging er los, bald leichtfüßig, bald schwerfällig schlurfend wie ein Alter, jetzt seiner sicher, dann voller Zweifel. Er sah sie im Lager bei Kalinke, er musste hinsehen, obwohl er es nicht aushalten konnte. Ralle bekam alles mit, er schaute nicht weg, er kam auch nicht zu ihm. Dafür war Boris ihm dankbar. Es drückte ihn nieder, er nestelte mit steifen Fingern die Schnürsenkel seiner Turnschuhe auf, band sie neu, bis er wieder aufzustehen wagte.

Noch elender ging es ihm, als er mitbekam, dass Ulli sich auch mit Kalinke traf. Während Maria ihm die Zettel zu den Treffs zusteckte, war es die lange Ziegler, die Kalinke etwas in die Hand drückte. Kurz darauf verschwand er.

Boris wollte Kalinke folgen, doch das verbot ihm sein Stolz. Er irrte durchs Lager und litt. Manchmal begegnete er Ralles Blick. Er konnte nicht zu ihm gehen, schon gar nicht bei ihm stehen bleiben, womöglich mit ihm sprechen, er musste gehen, sich bewegen, wenigstens das.

Ulli und Kalinke blieben eine Ewigkeit weg. Über eine halbe Stunde, 33 Minuten und vierundzwanzig Sekunden. Und nicht Ulli kehrte als Erste auf den Platz zurück, wie nach den Treffs mit Boris, es war Kalinke, der geradewegs zu Horst ging, ihm den Fußball aus der Hand schlug und auf der Stirn balancierte. Bald darauf kam Ulli, stellte sich zu ihren Freundinnen, schwatzte und lachte mit ihnen, als wäre sie nicht weg gewesen.

Alle beobachteten, dass Ulli bald mit dem einen Jungen und bald mit dem anderen ging. Keiner sagte was dazu, niemand lächelte darüber. Da war nur ein dicht geknüpftes Netz von lauernden Blicken. Selbst die Betreuer, die nicht immer alles mitbekamen, was zwischen ihren Schützlingen passierte, wussten Bescheid.

Boris verspürte seit ein paar Tagen Schmerzen im Magen, in der Brust, sie wurden immer bohrender und manchmal kolikartig, dass sie seinen ganzen Körper lähmten. Es drückte ihn auf die Knie, er krümmte sich, musste sich übergeben, nichts half ihm, es wurde nur noch schlimmer. Jetzt war er so weit, er musste wissen, woran er war. Wenn sie tatsächlich mit Kalinke zusammen war, dann – er schwor es sich, wobei er sich mit dem Taschenmesser in die Hand ritzte und das Blut in den Sand tropfen ließ – würde er sie nie wieder berühren.

Als Kalinke erneut das Lager verließ, schlich Boris hinterher. Er atmete auf, als Kalinke in eine andere Richtung ging, als er vermutet hatte. Waren sein Misstrauen grundlos und seine Verzweiflung unnötig gewesen? Vielleicht war Kalinke doch nur zu einem blöden Stein unterwegs, den er ausstemmen wollte, um seine Muskeln noch härter zu machen. Boris würde vor Ulli auf die Knie fallen und sie um Verzeihung bitten. Nie wieder, das wollte er ihr versprechen, nie wieder würde er an ihr zweifeln. Sie würde ihn an sich ziehen, er würde vergessen können und sie festhalten. Obwohl er hoffte, war er sich ihrer Untreue gewiss.

Kalinke pirschte durch den Streifen Mischwald vor der Klippe. Im struppigen Unterholz zeigte sich ein schmaler Pfad. An den abgebrochenen Zweigen war zu erkennen, dass er noch frisch war. Kalinke sah sich nicht um, so sicher war er, dass ihm niemand folgte. Auch Boris hatte nie zurückgeblickt, wenn er zur Sandkuhle unterwegs gewesen war. Er hatte an nichts anderes denken können als an sie. Er hatte sie gefühlt. In seinem Kopf. Im Herzen. In seinem ganzen Körper. Als lebte sie in ihm.

Genau so war auch Kalinke unterwegs. Wie von einer unbekannten Macht gesteuert. Von einem Gott vielleicht? Jedenfalls von einer Zentrale, wo alles zusammenlief. Wo einer alles von allen wusste.

Ja, war er denn durchgedreht? In seinem Kopf polterte es durcheinander. Früher hatte er mit einem Kaufmannsladen gespielt, den Anna hervorgekramt und Bruno instandgesetzt und lackiert hatte. Für alles gab es ein Schubfach: fürs Salz, den Zucker, das Mehl, was auch immer. Das Geld kam in die

Kasse. Das war ganz einfach. Aber wohin sollte er die Menschen stecken: Ali und Standke, die Lämmsel, Kalinke, Ulli. Und Ralle? Der passte in kein Schubfach. Für den Augenblick musste er lächeln.

Boris hatte im Gelände die Orientierung verloren. Hier war er noch nie gewesen. Unter den Fichten hatte eine Bö gewütet. Etliche Stämme waren umgeknickt, Bäume ineinander gekippt, oder sie lagen quer übereinander auf dem Boden. Der Sturm konnte nicht lange her sein, die Fichtennadeln waren noch grün, die Zweige noch biegsam.

Kalinke sprang in eine Senke, eine Art Trichter, als hätte hier einmal eine Bombe eingeschlagen. Hinter dichtem Geäst und allerlei Gerümpel war er plötzlich verschwunden. Boris schlich heran, entdeckte einen schmalen Eingang wie zu einem Bunker. Hier hätte er sich nicht mit Ulli treffen wollen. Mit ein paar Jungen vielleicht. Nicht mit einem Mädchen.

Es widerstrebte ihm, noch näher heranzugehen. Aus dem Unterbau hörte er aufreizendes Lachen, das unverkennbar zu Ulli gehörte und ihm doch nicht vertraut war. Es war ihre Stimme, die Stimme einer Frau, die übermütig rief: „Durak! Dummkopf! Spinnst du? Tschjoknulssja?"

Als er wieder etwas wahrnahm, ging er mitten auf einer Schotterstraße. Er hatte es anscheinend eilig, er machte lange und schnelle Schritte. Er rief: „Schluss, aus! Nie wieder! Niemals! Endgültig!"

Doch schon am Nachmittag brannte eine neue Nachricht in seiner Hand, er musste losgehen. Auf dem Weg durch die Heide spuckte er vor sich aus. Mit jedem Schritt, dem er seinem Ziel näher kam, nahm seine Sehnsucht zu. Wenn er sie dann endlich umarmen durfte, verlangend, von Mal zu Mal angriffslustiger, wusste er nichts mehr von unbeantworteten Fragen und Selbstvorwürfen. Sie war ja bei ihm und er bei ihr, das war es, was er wollte, was er brauchte, nur das zählte.

Wenn sie sich ihm dann überraschend entzog, war er aufs Neue bestürzt und nicht fähig, ihr was zu sagen oder gar entgegenzuhalten. Nur langsam und schwerfällig setzte auf dem Rückweg sein Denken wieder ein. Im Zeltlager angekommen folterte ihn die Verzweiflung. Er war ein Nichts, ein Dreck, ein unnützes Etwas, das wert war, mit Füßen getreten und bespuckt zu werden.

Jedes Mal war Ralle in seiner Nähe, jemand anderen sah er nicht. Der Blick des Freundes, der mit ihm litt, drückte Boris noch mehr nieder, weil er ihm nichts zu sagen wusste. Er konnte nicht einmal seinem Blick begegnen, ihm ein Zeichen geben. Eben noch war er reich gewesen. Er hätte die ganze Welt beschenken können. Nun war er arm. Er konnte dem Freund nicht geben, was er brauchte.

So durfte es nicht weitergehen. Er hatte nicht die Kraft etwas zu verändern. Wie sollte er ihr entgegentreten? Sie würde nur lachen. Vielleicht würde sie sich dann nicht mehr mit ihm treffen. Daran durfte er nicht mal denken.

Boris hoffte auf Kalinke. Sollte der doch zurücktreten. Wenigstens einmal. Dieses eine Mal nur. Gleich verwarf Boris den Gedanken. Kalinke trat nicht zurück. Kalinke wollte alles. Und er bekam alles. Aber Kalinke musste doch wissen, dass Ulli sich auch mit Boris traf. Horst hatte das längst auspioniert. Alle wussten es. War Kalinke etwa bereit, Ulli mit ihm zu teilen? Sich einen Menschen teilen - war das überhaupt möglich? Er konnte das nicht.

Boris nahm sich vor, mit Kalinke zu sprechen. Am Abend war Gelegenheit, ihn beiseite zu ziehen. Aber wieder zögerte er zu lange. Er war ein Feigling. Wie der Hemingway, der den Helden gemimt und sich dann gedrückt hatte. Der alte Fischer Santiago aber konnte es ertragen, als die Haie ihm den großen Fisch, auf den er sein Leben lang gewartet hatte, abjagten. Das war der Unterschied.

Bei der nächsten Gelegenheit, egal wie gut oder schlecht sie war, würde er Kalinke ansprechen. Das war ein Muss. Wenn er das schon nicht schaffte, würde er seine Mutter nie aus dem Zwielicht herausbekommen. Er war sich sicher, dass sie nicht davongelaufen war. Sie würde nicht wollen, dass ihr Sohn es tut.

34.

In der Nacht weckte Boris ein Rütteln. Kalinke flüsterte: „Komm mal."

Boris robbte hinter Kalinke nach draußen. Es war fast taghell, über dem Zeltplatz wölbte sich eine gewaltige Kuppel, die von klarem Licht durchflutet war. Die Zelte wirkten wie eine Herde schlafender Tiere. In den Bäumen züngelten kleine Flammen, sie verlöschten schnell wieder, um an anderer Stelle neu zu entfachen.

Boris schaute unwillkürlich in den gleißenden Himmel, in dem die Sterne wie winzige Spiegel aufblinkten. Er fand auch gleich das Sternbild des Schwans und wünschte, dass Ralle es in dieser Klarheit sehen könnte. Bestimmt lag da auch irgendwo sein Kahn und wartete auf ihn.

Kalinke ging breitbeinig und kraftvoll vor ihm her, an einen Seemann erinnernd, der vorbereitet ist, von einer über Bord schlagenden Welle attackiert zu werden. Boris hatte Kalinke nie gemocht, in seiner Nähe war kein Platz für ihn. Auch jetzt wünschte er sich ihn nicht zum Freund, aber er konnte ihn auch nicht als seinen Feind betrachten. Irgendwo dazwischen waren sie einander näher gekommen.

Kalinke setzte sich an den Rand der Klippe und sagte: „Hau dich hin." Seine Stimme war wie immer befehlend, drückte aber auch eine Bitte aus.

Noch vor kurzem wäre Boris stehen geblieben, um seinen Widerstand zu verdeutlichen. Er setzte sich und sagte: „Ich muss mit dir sprechen."

„Aha", sagte Kalinke trocken. „Darum hast du mich ja auch geweckt."

„Gleich morgen früh." Boris wollte vermeiden, dass sie gleich aufeinanderprallten. „Vor dem Appell. Ich wollt's schon lange."

„Da sage ich dir erst mal, worum's geht."

„Mir geht's um Ulli", sagte Boris heiser. „Um mich. Und auch um - dich."

Am Horizont fuhren die weißen Schiffe zwischen den Sternen.

„Um mich geht's mir auch", sagte Kalinke hart. Und weicher: „Vor allem aber um Ulli."

„Du bist mit ihr zusammen", sagte Boris. „Ich bin dir mal gefolgt. Aber ich bin auch mit ihr zusammen."

„Weiß", sagte Kalinke und stützt sich mit den Armen nach hinten ab. „Ich komme da nicht mehr mit, verdammt!"

Kalinke sprang auf, ging mit ausgreifenden Schritten ein paar Meter weg, kehrt zurück und setzte sich wieder. Er gestand freimütig: „Mir geht's verdammt dreckig, du Heini. Ich hatte dir doch gesagt, du sollst deine Pfoten von Ulli lassen."

„Ich hab's ja versucht. Das kannst du mir glauben. Vor allem, weil Ali es wollte. Er sagte, Frauen sind nicht gut für einen Kämpfer."

„Ali hat Recht", sagte Kalinke bestimmt. „Verstehst du, in meinem Kopf ist nur noch Mus. Selbst du könntest mich jetzt k. o. schlagen. Los, hau zu. Hier, auf mein Kinn."

Kalinke reckte Boris seinen Kopf entgegen. „Na, das wirst du doch schaffen, Mensch!"

„Du spinnst doch!"

Kalinke winkte ab. „Ich müsste dir so richtig die Fresse polieren, Abendroth. Wenn nur Ali nicht wäre."

„Tu's doch, Kalinke. Mach schon. Hau rein."

Kalinke lachte wütend. „Das bringt auch nichts. Stimmt doch. Mich könntest du totschlagen. Es würde nichts bringen."

„Ich weiß", sagte Boris. „Ich weiß doch."

„Ali kann's schließlich auch egal sein", meinte Kalinke. „Der denkt nur noch an sich. Will selbst noch mal groß rauskommen. Aber seine Zeit ist vorbei, ist sie."

„Ali ist ein Kämpfer", wandte Boris matt ein.

„Eigentlich ist es meine Zeit", sagte Kalinke resigniert. „Eigentlich ja."

„Stimmt, Kalinke. Es ist deine Zeit."

Kalinke holte wie im Ring schniefend Luft. „Ich hab nichts gegen dich, Abendroth. Du bist mir scheißegal. Aber immer wieder stolpere ich über dich."

„Mir geht´s genauso", gestand Boris. „Ich will dir gar nicht in die Quere kommen. Ich glaube, das alles ist - Schicksal."

„Schicksal? Was soll denn das für ein Scheiß sein?" Kalinke lachte kurz und trocken. „Für einen Mann ist das jedenfalls nichts."

„Ich will nur sagen", begann Boris noch einmal. „Das mit Ulli. Da kann man nichts machen."

„Da hast du wohl Recht", sagte Kalinke und nickte mehrmals gewichtig. Den Blick aufs Meer gerichtet, sagte er leise: „Als ich sie aus dem Wasser zog - sie war schon nicht mehr richtig da -, also ich dachte: Jetzt hast du gewonnen. Nun gehört Ulli mir. Für alle Zeit. So in der Richtung."

„Aber sie gehört dir nicht", begehrte Boris auf.

„Dir aber auch nicht", entgegnete Kalinke schneidend. Nach einer Weile sagte er verdrossen: „Verdammt, verdammt! Das ist es ja eben, was mich fertigmacht."

„Ja. Das ist es."

„Manchmal", sagte Kalinke kaum hörbar, „wenn sie gerade mit dir zusammen ist, da denke ich – hättest du sie doch nicht aus dem verdammten Meer gezogen. Das ist doch irre, was?"

„Das ...", sagte Boris stockend und doch froh, dass er es aussprechen konnte, „das – habe ich auch schon gedacht."

Die beiden sahen sich schockiert an, für einen Moment war es, als wollten sie sich in die Arme fallen. Doch dann wandten sie sich fröstelnd voneinander ab. Sie standen gleichzeitig auf und gingen nebeneinander zum Zeltlager zurück. Der Mond stand voll und sattgelb am Himmel, sein Licht fiel so, dass die beiden Jungen nur einen Schatten hatten.

35.

Es blieben nur noch ein paar Tage, bis es nach Hause ging. Die einen vermissten ihre Familie und freuten sich auf Daheim, die anderen entbehrten nichts und hätten hier weiter so leben wollen. Boris hatte das Gefühl für Raum und Zeit verloren. Ralles Anwesenheit erinnerte ihn daran, dass, wenn etwas passieren sollte, es jetzt sein müsste.

Ralle stellte sich Boris nicht in den Weg, er machte ihm keine Vorwürfe wegen des Mädchens, und er drängte ihn auch nicht mehr, mit ihm fortzugehen. Boris´ Empfinden für seine Umgebung war wie ausgeschaltet, wenn da überhaupt was war, ging es an ihm vorbei. Er beschäftigte sich nur mit dem Mädchen, und irgendwo, ganz am Rande, mit sich selbst. Was da auch um ihn herum und mit ihm geschah, Ralle war er sich sicher. Bei ihm konnte er in seinem Umgetriebensein ausruhen, wenn auch nur für ein Atemholen, denn schon trieb es ihn weiter. Er wollte nicht wissen wohin. Er rannte bis zur völligen Erschöpfung. Kaum etwas erholt rannte er weiter. Manchmal brachen Fragen wie Wunden auf, die sich unter dem schnell aufgelegten Pflaster nur noch tiefer ins Fleisch fraßen. Nein, sagte er sich, du lässt keine Frage mehr zu, keine. Fragen verlangten doch nur herrisch nach Antworten, und konnte man keine geben, folterten sie dich.

Beim morgendlichen Waschen sagte Ralle zu Boris, der an der aufgebockten verbeulten Zinkwanne neben ihm stand: „Unwiderruflich: Mich kriegt keiner in dieses Schweinedorf zurück."

Boris wusste nichts zu sagen. Er wollte auch nicht überlegen. Er konnte es nicht. Sein verdammter Schädel war zu. Und das war ihm recht so.

„Jetzt oder nie. Hippiheijo", sagte Ralle. „Wenn wir mit dem Pulk hier abziehen, ist alles zu spät."

„Gib mir noch etwas Zeit." Boris rang sich die Worte ab, sie schmeckten bitter, es ekelte ihn.

„Schon gut", sagte Ralle sanft. „Ich drück dir die Daumen, Alter."

Der Junge, sein Freund, der hier an Körperfülle noch zugelegt hatte, ging leicht und lautlos zu den Zelten zurück.

Boris ließ das eisige Wasser über seinen Nacken laufen, sah hinüber zu Kalinke, der das gleiche tat. Für den Moment war es, als riefe einer den andern um Hilfe. Doch gleich war wieder Trotz in Kalinkes Blick, und Boris sah weg.

Neben Kalinke wachte Horst mit hungrigen Hyänenaugen. Die Lämmsel führte Standke zum Toilettenhäuschen und pflückte dann, vor sich hinsummend, am Waldrand purpurne Grasnelken. Ulli kam mit einer Gruppe Mädchen gerannt, sie verschwanden hinter einer Bretterwand, wo Ali mit ein paar Jungen eine Gartendusche installiert hatte. Lachen und Kreischen waren zu hören, als fiele ein Schwarm Möwen über etwas her. Boris sah noch einmal zu Kalinke, der machte inzwischen Felgaufschwünge an einer Reckstange.

Nach dem Frühstück, zu dem Boris nichts anrührte, lief er zur Klippe, sprang die Schneise hinunter, rannte ins Meer und schwamm so weit hinaus, dass er bei ruhigem Wellengang das Ufer nicht mehr erkennen konnte. Er hätte immer weiter schwimmen wollen, einfach nur schwimmen, über alles hinaus. Es gab da eine Grenze, er hatte sie noch nie so deutlich empfunden, sie war keine körperliche Behinderung, ihm fehlten weder Arm noch Bein, es mangelt ihm nicht an Kraft und Ausdauer. Und doch behinderte ihn etwas, schon lange, vielleicht schon immer, er konnte nicht sagen, was das war.

Schließlich kehrte er doch um, er hatte sich am Ufer stehen gesehen und rufen gehört. Wieder festen Boden unter den Füßen fühlte er sich hereingelegt. Morgen, sagte er sich, morgen wirst du nur auf den da draußen hören, der dir sagt: ´Schwimm weiter.´ Der da feige am Ufer steht und ´Komm zurück!´ jammert, den wirst du verlassen. Aber auch am nächsten Morgen auf dem Meer kehrte er um, hetzte ins Zeltlager zurück und wartete, dass Maria ihm einen Zettel zusteckte.

Die Zeit des Hochgefühls, das Boris während des Zusammenseins mit Ulli hatte, war kurz, viel zu kurz, weil sie ja schon wieder davonsprang, bevor er alles von ihr bekommen und ihr alles gegeben hatte. Was sie ihm schenkte, war erst einmal Vorfreude – *sie* war wunderbar, herrlich, fantastisch, großartig, traumhaft –, ach, was sollten all die blöden Worte, die nur ein Blöder lallte. Wie musste es dann erst sein, wenn sie nicht mehr du und ich, sondern eins waren. Dann brauchte er sie nicht mehr teilen, denn sie war ja er, und er war sie. Niemand würde sie mehr trennen können. Nicht mal der Tod könnte es.

Doch dazu ließ sie es nicht kommen. Es war wie eine Jagd, bei der sie die Rollen verteilt hatte. Sie war das Wild, er war der Jäger und musste ihr folgen. Wenn er glaubte, sie endlich im Netz zu haben, huschte sie durch irgendein Loch davon und ließ ihn allein zurück.

Dennoch realisierte Boris die Stimmung im Lager, sie war nicht gut. Die Mädchen und Jungen waren entschlusslos, sie langweilten sich und wurden reizbar. Wegen Nichtigkeiten oder überhaupt ohne Grund brach Streit aus. Die Betreuer warfen sich Dinge an den Kopf, die sie bisher als nicht erwähnenswert betrachtet oder als Schrullen hingenommen hatten. Selbst Mathemüller, nach der anfänglichen Zurechtweisung von Standke und Ali handzahm, polterte los, weil – ja weswegen eigentlich? Über sich selbst erschrocken kapselte er sich gleich wieder ab und arbeitete an einer Zauberschau weiter, mit der er im Staatszirkus auftreten und die Welt verblüffen wollte.

Manchmal war es, als schliche etwas Böses durchs Lager. *Es* hatte kein Gesicht, keine Gestalt und doch war es da. *Es* war zwischen ihnen, aber auch in ihnen. Etwas Bedrohliches breitete sich aus. Es sagte lautlos voraus, dass das, was ihr bisheriges Leben bestimmt hatte, zu Ende gehen würde. Ohne Alis und Dschugaschwilis Allgegenwart, ohne ihre Einsprüche und Anweisungen war die Zeit leer. Diesen überraschend entstandenen Raum konnte niemand anderes ausfüllen. Es war wie bei einer Uhr, von der nur noch das Gehäuse übrig war. Die dazugehörigen Teile lagen verstreut herum. Niemand war da, der sie wieder zusammensetzen und zum Gehen bringen konnte.

Jeden Morgen grölte der Lautsprecher in voller Lautstärke. Manchmal hörte Boris ihn auch tagsüber mit plötzlicher Wucht. „... *die großen Fahnen wehen ... Heimat .... Friedenswacht ... Grenzsoldaten ... neuer Morgen ... Rotgardistenblut ...*

siegen ..." Ihm wurde bewusst, dass zu den Morgenappellen kein Pionier mehr in Uniform erschien. Kaum einer hatte noch das rote Halstuch um. Und kein Betreuer ermahnte sie dazu. Wie lange ging das schon so? Dann war auch das wieder aus seinem Bewusstsein verschwunden, in der Leere war der Schmerz, der das Unerträgliche noch erträglicher machte.

Es gab auch Momente, Lichtblicke, da erwachten explosionsartig Boris' Lebensgeister, er sah all die Menschen um sich und rief ihnen etwas zu, das sie auch beantworteten. Er sah die Farben des Lichts, wie weit das Meer war, wie tief der Himmel, und auf dem Bodden sah er die weißen Segel, gebläht vom Wind, der ihm versprach: „Du kannst fliegen. Flieg doch!" Er war überwältigt wie vor ein paar Wochen, als er hier an der Küste gestanden und zum ersten Mal aufs Meer geblickt hatte.

Boris hatte ja schon erfahren, dass wunderbare Erlebnisse, wenn man sie zu wiederholen versuchte, nie wieder so schön und vollkommen wurden. Es gab nur zwei Ausnahmen: Die Berührung mit dem Mädchen. Und die Begegnung mit dem Meer. Das war immer das erste Mal. Da musste er sich nichts erklären und wusste doch alles. Und alles, was er wusste, war nur ein Wort: *Du.*

Wenn er mit dem Meer zusammen war, hoffte er. War er mit dem Mädchen zusammen, lebte er. Dann holte er alles nach, was ihm schon immer gefehlt hatte oder verloren gegangen war. Er war süchtig nach ihren Berührungen. Da spürte er die Freude des Beginnens, kein Tauschen, ein Schenken, ein wechselseitiges Geben und Nehmen. Es machte ihn stolz, dass seine Geschenke von ihr angenommen, ja sogar begehrt wurden.

Dass es so ein behexendes Spiel überhaupt gab, dass er verzaubert werden könnte, wäre ihm nie eingefallen. Manchmal, im Vorüberfliegen der Gedanken, hatte es ihn heiß gestreift. Nun war es Traum und Wirklichkeit, ein Wunder, sein Wunder, und was auch noch passierte, sie hatten es tatsächlich erlebt. Er, Boris Abendroth. Sie, Ulrike Blau.

Boris wusste auch, dass alles, was schön war, ein Geheimnis hatte. Deckte man es auf, verschwand mit ihm auch ein Teil der Schönheit. Sein Rivale Kalinke schien das begriffen zu haben. Also wollte auch Boris nicht daran rühren, es sollte bleiben, wie es war. Während er bei Jungen und Mädchen seines Alters oft das Gefühl hatte, älter zu sein, war es bei Ulli eher umgekehrt. Schon öfter hatte sie ihn an eine erwachsene Frau erinnert, die über so manches Bescheid wusste, wovon er nicht die leiseste Ahnung hatte. Doch dann wieder war sie ein launisches Mädchen, das unvermittelt weinte. Sie rollte sich auf den Bauch, bettete ihren Kopf auf die verschränkten Arme und wollte auf dem nackten Rücken gekitzelt werden. Auf ihre plötzlichen Wünsche einzugehen fiel ihm nicht immer leicht. Manchmal wusste er nicht, ob das Teil ihres Spiels war oder ob sie ihm zeigen wollte, dass sie das Sagen hatte. Sie ermahnte ihn dann, sich zu konzentrieren und mit mehr Gefühl zu kitzeln, machte auf diese oder jene Körperstelle aufmerksam und seufzte: „Ja, genau dort. Nun etwas höher. Nicht so hoch. Mehr nach rechts. Jaaa. Du kannst es doch, wenn du nur willst."

Ihm war es lieber, wenn sie die Ältere, die Erfahrenere war, die ihn älter und erfahrener machte. Anfangs hatte er gewünscht, dass er bestimmte, was passierte. Er gestand sich ein, dass er ihr so nicht wirklich nahe gekommen wäre. Er hätte ihr Zusammensein auf irgendwann hinausgeschoben. Schon um die Ungewissheit länger auszukosten.

Sie hatte ihm das Kettchen wieder umgelegt und gesagt: „Nun musst du es aber immer tragen. Sonst kann ich dich ja nicht beschützen. Du weißt doch, ich bin eine Pythia."

„Ich weiß", sagte er, ohne zu begreifen, es war der beschwörende Klang ihrer Stimme, dem er folgte. Waren sie zusammen, konnte er nicht mehr denken. Er brauchte es auch nicht. Es waren seine fünf Sinne, die ihn führten. Er sah sie mit geschlossenen Augen, sah sie ihre Lippen öffnen und schließen, er hörte sie atmen, das schnelle Pochen ihres Herzens. Selbst unter dem überdeckenden Parfüm der Lämmsel roch er sie, aus allen Menschen hätte er sie herausgerochen, sie duftete wie sonst nichts. Ihre Haut schmeckte süß und salzig zugleich, wie – wie was nur? Nicht wie rote Limonade, nein. So musste roter Wein schmecken. Wenn man davon trank, machte er nur noch durstiger. Und wenn seine Finger über ihren Nacken glitten, dann sprang es wie ein feiner singender Strom auf ihn über.

Sie wollte, dass er sagte: *Ich liebe dich.* Bei jedem Treff wollte sie das. Sie sprach es ihm vor: „Ich liebe dich."

Er sagte es, aber sie hörte es nicht.

„Bitte", bettelte sie. „Das ist doch ganz leicht. Ich – liebe – dich."

Wieder sagte er es, und abermals war nichts zu hören.

„Ach, du. Sag es doch. Wenigstens einmal. Ganz leise."

Noch einmal sagte er es, wieder und wieder, aber sie hörte es nicht. Er wünschte sich tot zu sein, so schämte er sich.

„Sei nicht traurig", tröstete sie ihn und führte seine Hand zwischen ihre Schenkel, was sie, wenn er es versuchte, sanft, aber bestimmt abwehrte. Jetzt zog er seine Hand zurück. Er lag auf dem Rücken, die Lippen zusammengepresst, die Hände geballt. Sie ging nicht weg, bevor sie ihn mit Streicheln und Küssen, vor allem aber mit ihrer dunklen singenden Stimme entspannt hatte. Dann lachte sie, löste sich von ihm, gab ihm einen kurzen derben Kuss auf die Stirn und sagte: „Wart nur. Lass mich nur machen."

Er dachte, dass sie tatsächlich eine Hexe sei. Er traute ihr alles zu. Sie konnte, wenn sie wollte, die Erde anhalten oder schneller drehen lassen, er hatte es ja schon erlebt, alles konnte sie. Gern hätte er sie mal mit auf seinen Baum genommen, nachts, wenn der Himmel einen drehend machte, wenn der Wind auf dem Meer blieb und selbst die Vögel schwiegen. Ob sie wohl mit ihm in seinen Kahn steigen würde? Wo würde es sie hintreiben? Tiefer hinein ins Blau? Zu einem Ort ohne Wiederkehr?

Er sprach sie daraufhin nie an. Wenn er bei ihr war, fiel es ihm nicht ein. Waren sie getrennt, wagte er nicht, die von ihr vorgegebenen Regeln zu brechen: „Lass dir vor den anderen nur nichts anmerken. Du wartest, bis ich mich melde. Denken können die ja, was sie wollen. Aber wissen sollen sie nichts."

Die Wartezeit auf den nächsten Treff wurde Boris immer unerträglicher. Sie war gerade wieder mit Kalinke unterwegs, sein

Blick suchte Ralle. Der Freund, sonst immer in der Nähe, war verschwunden. Boris suchte hektisch nach ihm, er begann zu zittern, rannte durch den Wald, stieß an, stürzte, hetzte weiter und presste seine fiebrige Stirn an die Rinde eines Baumes. Was, wenn Ralle verschwunden war?! Wenn er sich in Sassnitz auf ein verdammtes Schiff geschlichen hatte! Sollte Ralle ihn etwa allein zurückgelassen haben?! Er suchte kopflos die gesamte nähere Umgebung ab. Nichts. Immer wieder stand er an der Klippe und sah aufs Meer hinaus. Er wusste, wie unsinnig das war. Aber was sollte er tun, was?!

Als er verspätet zum Mittagessen kam, war Ralle, der zu den Essenszeiten gewöhnlich vorher da war, nicht auf seinem Platz. Boris saß geduckt, die Schultern nach vorn gezogen, seine Zähne knirschten. Er rührte keinen Bissen an, unterm Tisch hatte er die Hände geballt und betete: „Gott, einer muss es doch machen, dass es gut wird. Mach, dass Ralle zurückkommt."

Nach dem Essen, einem plötzlichen Impuls folgend, fasste er Ulli grob am Arm und zog sie beiseite. Ulli war so überrascht, dass sie es sich gefallen ließ. Nun aber riss sie sich los und fauchte: „Sag mal, du spinnst doch wohl!"

„Ich muss mit dir reden."

„Jetzt nicht. Du kriegst schon Bescheid."

„Nein", sagte er unnachgiebig. „Jetzt."

Alle taten, als seien sie beschäftigt und schauten doch begierig her. Ulli schnaufte aufgebracht, zischelte: „In zehn Minuten. Appellplatz, hinter der Duschwand" und ließ ihn stehen.

Er fühlte sich gedemütigt, nur kurz, seine Angst war größer. Ja, er hatte Schiss, mächtigen Schiss. Der war schon in ihm gewesen, wer weiß, wie lange, jetzt war er ausgebrochen. Verflucht, was passierte da mit ihm? Was passierte da mit der ganzen verdammten Welt? Er drückte den Kopf in die Hände, unter ihm schwankt die Erde, über ihm der Himmel.

Auf einem kurzen Umweg erreichte er den Waschplatz. Sie war schon da, rief ihm entgegen: „Ich habe dir doch gesagt, du sollst die anderen da raushalten!"

Er wollte sie umarmen, sie drückte ihn weg, sagte dann milder: „Das geht nur dich und mich was an. Begreif das doch endlich, Junge."

„Und das mit Kalinke?", sagte er aufsässig. „Wen geht das was an?"

„Das verstehst du nicht", fertigte sie ihn ab und legte ihre Arme um seinen Hals.

Er wäre gern in ihrer Umarmung untergeschlüpft, aber er gab nicht nach, diesmal nicht, er würde sich keine Schwäche mehr erlauben, nie mehr.

„Ich will wissen, warum", sagte er eindringlich. „Ich muss es wissen."

„Wir sind ja bald zu Hause", tröstete sie und tätschelte mütterlich seine Hand. „Da klappt das besser. Hier ist alles so weit, und doch wird man überall gesehen."

„Was ist schon dabei", sagte er dumpf. „Bist du nun mit mir zusammen? Oder mit Kalinke?"

Sie lehnte den Kopf an seine Brust und schluchzte, gerade so laut, dass er es hören konnte. Aber es rührte ihn nicht. Diesmal wollte er schon aufpassen, dass er Antwort bekam.

Sie weinte heftiger, und als er nicht reagierte, wischte sie mit seinem Hemdärmel über ihr Gesicht und sagte: „Was willst du eigentlich, he? Du hast doch auch noch jemand. Diesen Weichling. Malisch. Die Tunte Ralle."

„Lass ihn in Ruhe", fuhr er sie an. „Das – das ist was ganz anderes."

„Soso", sagte sie und stieß einen leisen Pfiff aus. „Was denn anderes?"

„Ralle ist – er ist mein Freund", versuchte er zu erklären. „Ich meine, wir reden und so."

„Und ich? Was bin ich für dich?"

„Du?"

„Ich meine - was empfindest du für mich?" Sie wippte sich auf die Zehenspitzen und drehte sich um sich selbst. „Freundschaft? Zuneigung? Oder gar – Liebe?"

„Sag´s mir", flüsterte sie, lehnte sich an ihn und kam mit ihren heißen Lippen seinen so nahe, dass er meinte, sie würde ihn anzünden wie trockenes Laub. Er wünschte sich nichts mehr, als dass sie ihn berühren und verbrennen sollte.

„Du magst mich, ja?", sagte sie singend. „Ich spüre es doch. Aber magst du mich mehr als diesen Ralle?"

„Ich – du ..." Er versuchte halbherzig sich ihr zu entziehen und genoss es, dass sie ihn festhielt. „Du bringst alles durcheinander."

„Ach was." Sie rückte wieder etwas von ihm ab. „Ich erklär´s dir."

Ihm schwirrte der Kopf, er wusste nicht mehr, was er eigentlich von ihr gewollt hatte. Sie war ja da, und wenn sie da war, fehlte ihm nichts. Wie ungeschickt und dumm führte er sich eigentlich auf.

Langsam löste sie sich von ihm und sagte sachlich: „Ich bin doch auch deine Freundin, ja?"

„Schon – ja ..."

„Na siehst du. Du machst alles so kompliziert. Dabei ist es ganz einfach. Dieser Ralle ist dein Freund. Ich bin deine Freundin. Kalinke ist mein Freund. Kalinke hat Horst zum Freund. Horst hat seine blöde Fanfare zum Freund. Wir alle sind Freunde."

Sie tippte mit gestrecktem Finger auf seine Lippen und machte: „Pssst."

Bevor er einen Gedanken fassen konnte, sprang sie davon und rief mit heller Stimme zurück: „Bis ba - ald. Ich mel - de miiich."

Wie in Trance kehrte er ins Lager zurück. Horst überrumpelte ihn mit der Nachricht: „Wenn du die Qualle suchst, die brütet seit Stunden auf dem Plumpsklo. Der Stinkpilz hat bestimmt schon Sehnsucht nach dir."

Boris rannte zum Waschplatz, riss die Tür zum Holzhäuschen auf, in dem tatsächlich Ralle gluckte und ihn erschrocken anstarrte. Boris stieß die Tür krachend zu und trat dagegen. Er setzte sich erschöpft ein paar Meter weg und fluchte erleichtert:

„Du verdammter Blödmann! Das machst du nicht noch mal mit mir!"

„Was ist denn los?", fragte Ralle mit schwacher Stimme. „Ich sterbe in diesem Scheißhaus seit einer Stunde. Und da kommst du und erschreckst mich zu Tode."

„Mensch, Ralle", sagte Boris. „Mensch, bin ich froh."

„Du freust dich, dass ich – abkratze?"

„Mensch, ich bin froh, dass du da bist."

„Wo soll ich denn sonst sein, Alter? Vielleicht hab ich ja schon auf Cooks *Endeavour* angeheuert? Oder ich sitze auf Pukapuka und rauche irgendwelches Kraut?"

„Was ist denn los mit dir?", wollte Boris wissen. „Ich suche dich überall und du brütest schon eine Ewigkeit in dem Gestank."

Ralle stöhnte und öffnete die Tür einen Spalt.

„Mir geht´s kotzelend, Alter. Meine Mutter hatte mir wieder ein Fresspaket geschickt. Mit hundert Tafeln Westschokolade. Ihre Schwester aus Hamburg erinnert sich manchmal an die Ostschwester. Und damit die nicht verhungert, weil sonst niemand über ihren neuen Mercedes staunen würde, schickt sie Nudeln, Mehl und Puddingpulver."

„Keine Bananen?" Boris kannte den Inhalt solcher Pakte nur vom Erzählen her.

„Aber immer, Alter. Wenn der Ostzoll sie nicht geklaut hat. Also von der Schokolade ist nichts mehr übrig. Nun hat mein letztes Stündlein geschlagen."

Ralle wimmerte. „Wenn sich das nur nicht so lange hinziehen würde. Hast du vielleicht eine Ahnung, wie lange das Abkratzen so dauert?"

Boris schluckte ein Lachen weg und befahl: „Komm jetzt raus, Ralle. Sofort. Sonst hole ich dich."

Im Häuschen stöhnte, wimmerte und röhrte es, die Tür wurde aufgestoßen und der noch massiger wirkende Junge wankte gekrümmt heraus, die Hose noch offen, beide Hände auf den Bauch gedrückt. Sein Gesicht war blaugrau und schweißglänzend, die blonde Haarmähne hing ihm strähnig auf die Schultern. Boris packte den Freund am Arm, zog ihn hinter die Bretterwand unter die Dusche und drehte das Wasser auf.

Ralle klammerte sich an ihn, beide standen unter dem derben Wasserstrahl, der ihnen die Luft nahm. Ralles anfängliches Gezeter verstummte bald, sein Prusten klang erlöster und schließlich lachte er auf.

Boris ließ das kalte Wasser auf sein Gesicht schlagen, ihm wurde leichter, selbst der Druck hinter seiner Stirn verschwand. Er konnte sogar auf Ralles Schubserei und Geblödel eingehen.

„Na, willst du immer noch sterben?" Boris versuchte, Ralle wegzudrängen. Der Freund stand unerschütterlich wie ein Sumoringer und stieß seinerseits auf Boris ein, der geschickt auswich.

„Wer sagt denn so was?", rief Ralle. „Erst muss ich noch die Welt entdecken."

„Da kommst du viel zu spät. Auch deine Cookinseln sind längst entdeckt. Wann war das denn überhaupt?"

Ralle ließ sich gleich aus, dass der gute alte Cook zwischen 1773 und 1779 mehrmals dort gewesen sei. Käpten Bligh hätte 1789 mit seiner Bounty vor Aitutaki geankert. Aber schon 1595 solle der Spanier Alvaro de Mendaña de Neyra auf der nördlichen Insel Pukapuka an Land gegangen sein.

„Und jetzt will Ralph Malisch aus Lerchau die Südseeinseln neu entdecken", spottete Boris und stellte die Dusche ab. Sie gingen ein paar Schritte beiseite und setzen sich in die Sonne.

„Was willst du?", sagte Ralle ernst, er hatte sich sichtlich erholt. „James war der Sohn eines armen Tagelöhners. Er ist auch nur in eine Dorfschule gegangen. Dann war er Gehilfe in einem Kramladen. Mit achtzehn hat er auf einem Kohlentransporter geschuftet. Bis er endlich als Matrose auf der Eagle anheuern konnte. Er war schon ziemlich bemoost, ich glaube mit achtundzwanzig bekam er sein erstes kleines Kommando auf einem Kahn. Stell dir vor, der alte Knabe war schon vierzig, als er seine erste Südseetour unternahm."

Ralles Gesicht glühte, nach einer Weile sagte er: „Jedenfalls wird's Zeit, dass auch ich mich auf den Weg mache. Sonst fresse ich mich wirklich noch zu Tode. Mir tun ja nur die Sargträger leid, die sich an meinem Pudding einen Bruch heben würden."

Boris schwieg weiter, Ralle fragte: „Willst du reden, Alter?"

„Worüber denn?"

„Die Alte spielt dich doch völlig kaputt", sagte der Freund aufgebracht. „Was soll das denn bloß werden, Mann?"

Da waren sie wieder, der pressende Druck hinter Boris' Stirn, die eiserne Kralle im Magen, das erniedrigende Gefühl nichts wert zu sein. Dazu die Ohnmacht, dagegen nichts tun zu können.

„Du kannst sie nur nicht leiden", presste Boris hervor. „Sie ist – es ist – wunderbar."

„Das sehe ich." Ralle klang nicht höhnisch, eher traurig. „Sie ist mir doch so was von egal. Es geht mir um dich, Alter."

Kaum hörbar fügte er hinzu: „Ich seh's doch. Du wirst jeden Tag weniger. Bald ist nichts mehr von dir übrig, Alter."

Das Gefühl hatte Boris selbst, dass er sich auflöste, dass alles, was er mal gewesen war, verschwand, als wäre es nie da gewesen.

„Und was wird aus mir?", fragte Ralle. „Was soll ich denn verdammt noch mal machen, wenn du nicht mehr da bist?"

„Ich bin doch da." Boris versuchte zu beruhigen, sich selbst, Ralle, und wen noch? Ja, die Großeltern. Vera vielleicht. Es erschreckte, dann erleichterte es ihn, dass ihm nicht mehr Menschen nahestanden. Hatte nicht einmal die ganze Welt auf seiner Seite gestanden? Niemand musste sich um ihn sorgen. Und er brauchte sich keine Gedanken um die anderen zu machen. Das war lange her, so lange, dass es schon nicht mehr zu ihm gehörte.

„Was ist denn nun?", fragte Ralle. „Komm doch mit, Alter. Sag ein Wort und wir sind verschwunden. So schnell kann keiner gucken. Die sehen nur noch eine Staubwolke."

Ralle klang geradezu beschwörend: „Wir sind dann weg, Alter. Für immer. Glaub mir, es wird was losgehen. Wir werden uns den Südwind um die Nase wehen lassen. Der Pazifische

Ozean bedeckt ein Drittel der Erdoberfläche. Er hat mehr als die Hälfte der Wassermenge des Weltozeans. Kannst du das begreifen, Alter?"

„Nein", antwortete Boris verstört. „Das kann ich nicht."

„Ich kann´s ja auch nicht. Aber ich will´s mir vorstellen können. Ich muss es einfach."

Ralle stand auf und streckte sich sehnsüchtig.

„Frei. Niemand mehr, der dich mit seinem Scheiß nervt. Keiner der dir sagt, was du denken sollst. Jede Menge Zeit für das, was du selber anpacken willst. Verstehst du? Wir werden frei sein, Alter."

Auch Boris sprang auf. Hier ließ das Mädchen ihn nicht los, da sollte er mit dem Freund gehen. In den Märchen zog der Held aus, das Glück zu finden. Wenn er nicht weiter wusste, stand er vor einem Wegweiser. Kurz entschlossen ging er in eine Richtung, stieß auf das Böse, besiegte es und gewann das Gute. Boris´ Wegweiser war Ali gewesen. Sollte er sich ihm weiter anvertrauen? Oder gar Standke? Dem Lehrer, der so viel wusste. Was würde sein, wenn er bei dem Mädchen blieb? Was wäre, wenn er Ralle folgte?

Es musste was passieren. Es würde was passieren. Bald. Sehr bald. Das spürte er.

36.

Es war Sturm aufgekommen, heftige Böen von West hatten ein paar Zelte aus der Verankerung gerissen. Froh, etwas tun zu können, hatten alle geholfen, die Schäden zu reparieren. Nun war es Nachmittag und mit der plötzlichen Flaute kam auch die allgemeine Lustlosigkeit ins Lager zurück.

Gleich nach dem Mittagessen steckte die lange Ziegler Kalinke einen Zettel zu. Kalinke gab Horst ein Zeichen, sah sich kurz um und stahl sich in Richtung Waschplatz fort. Bald darauf war auch Ulli verschwunden.

Boris rannte in den Wald und erbrach das wenige Essen, das er zu sich genommen hatte. Er schleppte sich zum Zelt zurück. Ralle schnarchte, er lag unter seiner ausgebreiteten Weltkarte, die so abgegriffen war, dass wohl nur er noch was darauf erkennen konnte.

Boris stahl sich aus dem Zeltlager, was nicht mehr schwierig war, da weder Ali noch Standke die Übersicht hatten. Auch die anderen Betreuer kontrollierten die Anwesenheit nicht mehr. Sie nickten uninteressiert, wenn sich beim Verlassen des Zeltlagers doch noch jemand abmeldete.

Boris lief ein Stück in die Heide hinein. Bald darauf hörte er das Klappern des Fahrrads, auf dem Ali zum Training unterwegs war. Als der Pionierleiter heran war, sprang Boris, der noch gezögert hatte, ihm in den Weg.

Ali musste scharf bremsen, sein Hinterrad drehte auf dem sandigen Boden weg, er sprang geschickt ab und fluchte leise.

„Jetzt bist du wütend", sagte Boris. „Entschuldige."

„Kann hier nicht anwachsen", sagte Ali mürrisch. Er hing sich das Rad über die Schulter und lief los. Boris war stehen geblieben. Der Trainer rief, ohne sich umzudrehen: „Komm schon, oder was."

Auf dem Pfad konnten sie nicht nebeneinander gehen. Als Boris ein paar Meter hinterher getrottet war, blieb Ali stehen und ließ ihn vorangehen. Sie waren etwa zwanzig Minuten unterwegs. Vor einem mit Stacheldraht eingezäunten Waldstück, wo das militärische Sperrgebiet begann, warf Ali das Fahrrad ab und sagte: „Wird nichts, so nicht."

Boris ging zu Ali zurück und wollte das Rad aufheben.

„Lass liegen", befahl Ali. „Alte Karre, kommt nicht vom Fleck. Besser man trägt sie, geht´s voran, wenigstens."

„Stimmt" sagte Boris, der das Fahrrad auch schon benutzt hatte. „Wenn es mal auf Touren ist, springt die Kette ab."

Ali sah ungeduldig zu einem Schlagbaum in einer Lücke des Drahtverhaus, wo ein Grenzer neben einem Holzhäuschen Wache stand. Der junge Mann winkte ihnen zu. Ali winkte zurück und rief: „In die Gänge, komme gleich, Mario. Soll sich warm anziehen, der Sandsack, kannst´s durchstellen."

Der Grenzsoldat lachte und stieß kämpferisch eine Faust in die Luft.

„Was liegt an?" Ali ging vor Boris auf und ab, fast wie Standke, nur schneller und kraftvoller, es waren jeweils nicht drei, sondern vier Schritte.

„Du hast keine Zeit, Ali." Boris bereute, den Pionierleiter abgepasst zu haben. „Es ist nichts."

„Alte Jungfer, was? Sei ein Mann, endlich", verlangte Ali grimmig. „Rede, musst du schon allein."

„Kann ich mit zum Training?" Boris verspürte unverhofft Lust, sich völlig zu verausgaben, am besten im Ring, einen Gegner vor sich. Kalinke, dachte er, der würde ihm alles abfordern.

„Geht nicht." Ali nickte zum Drahtzaun hin. „Kommt niemand rein, hier. Nur mit Formularen, Stempeln, mindestens."

„Geht voran?", fragte Ali einlenkend. „Schon Rheuma in den Knochen, hast du?"

„Nein, nein", wehrte Boris eilig ab. Dann bekannte er: „Ich tue so gut wie gar nichts mehr."

„Nicht gut, ist nicht. Wirst ein Schlaffsack, ist so. Kommt so eine Schnecke, wickelt dich um den kleinen Finger, ganz fix. Warten nur darauf. Bist lebenslang Rentner, bist du."

Boris stammelte: „Ich – brauche dich, Ali."

Ali blieb stehen, er machte einen Schritt auf Boris zu, atmete tief durch. Er wollte wohl wie früher eine Faust in die Luft stoßen, besann sich aber, steckte die Hand in die Hosentasche, zog sie aber gleich wieder raus.

„Kriegst das hin, kriegst du."

Boris hatte das Gefühl, abgeschoben zu werden. Vor ein paar Wochen hätten ihm Alis Worte noch Mut gemacht, ihn angespornt noch härter und länger zu trainieren. Ein Mann zu werden, wie Ali eben.

Er sagte automatisch: „Ja, Ali. Ja."

Genauso wenig überzeugend erwiderte Ali: „Klar doch, immer."

Schon auf dem Baum, als Boris nach seiner Mutter gefragt hatte, war Ali ihm ausgewichen. Stattdessen war er voll Misstrauen gegen Standke gewesen. Aber nicht der Lehrer, sondern der Pionierleiter hatte Boris einen Verweis ausgesprochen. Dabei hatte Ali doch gewusst, dass nicht Boris den Lautsprecher stillgelegt hatte. Aber war es nicht schon vorher wie zu einem Bruch zwischen ihnen gekommen?

„Los doch", sagte Ali. „Sag, was ist?"

Ali hatte sich verändert. Boris gestand sich das erst jetzt ein. Ali kümmerte sich nicht mehr um alles. Er hatte das Ganze nicht mehr im Griff. Wenn er doch wieder mal die Führung übernahm, erledigte er lustlos eine Pflicht. Es war nicht mehr alles richtig, was er sagte und tat. So wenig Ali gezweifelt hatte, so wenig hatte es auch Boris. Nun zweifelte Boris. Und Ali? Der war sich wohl auch nicht mehr sicher.

Ali musste was gesagt haben. Er hob das Fahrrad auf und stauchte es mehrmals auf.

„Warum trainierst du mich nicht mehr, Ali?"

Boris wollte den Trainer nicht einfach gehen lassen. Er hätte es gekonnt. Vielleicht. Ja. Zum ersten Mal ohne Ali sein. Er spürte keine Angst. Er wusste nicht, ob das gut oder schlecht war. Es interessierte ihn nicht.

„Muss Gas geben, jeden Tag. Will's noch mal wissen. Weißt doch, was Sache ist. Kalinke auch. Macht was draus, wird sich zeigen."

Nichts war mehr, wie es gewesen war, durchfuhr es Boris. All die Schwüre und Gelöbnisse – *Für immer und ewig!* - stimmten sie etwa nicht mehr? War es denn heute tatsächlich anders als gestern? Wusste denn keiner, wie es morgen sein würde?

Boris rannte zu Ali, umklammerte den Fahrradlenker und rief: „Sag's mir, Ali, sag's mir noch einmal! Ich muss es wissen!"

Ali schwieg bestürzt, er legte tastend eine Hand auf Boris' Schulter. „Geht's nicht so gut, was. Hab's kommen sehen, hab ich. Sag doch: Kühler Kopf, immer. Bist doch ein Kerl."

Scharf fügte er hinzu: „Verdammt, lass sie sausen. Sag ich doch."

„Es ist – nicht nur das, Ali."

„Soll's denn sonst sein, was?"

„Alles, Ali. Einfach alles ist es."

„Was denn, alles?"

„Es ist nichts mehr, wie es war."

Ali zuckte abwehrend mit den Schultern, er sah ungeduldig zu dem jungen Grenzer, der sein Gewehr zwischen die Beine geklemmt hatte und sich eine Zigarette drehte. Als das harte Tuckern eines Motors zu hören war, stopfte er überhastet Tabak und Papier in eine Tasche seiner Uniform, schulterte das Gewehr und stand stramm. Ein schwerer LKW kam angepreschst, es hupte mehrmals schrill, Mario riss den Schlagbaum hoch, der „Ural" schoss in das Gelände hinein, als wollte er alles niederwalzen. Die Staubwolke senkte sich nur allmählich. Mario ließ betulich den Schlagbaum herunter und setzte das Zigarettendrehen fort.

Alis Gesicht war wie ein grob behauener Stein. Er schüttelte den Kopf und ballte die Fäuste. Er schien in sich hinein zu fluchen, sagte dann gepresst: „Mit deiner Mutter, das, weiß nicht viel. Wollt ich dir ersparen. Den Kopf, frei kriegen, alles Müll, raus damit, aufräumen, für den Ring. Bist ein Talent, ist selten."

„Ich bin kein Sieger, Ali. Boxen ist gut, ja. Aber ich kann Kalinke nicht schlagen. Ich weiß ja nicht mal, ob ich's überhaupt will."

Ali redete unbeirrt weiter, sprach noch schneller und abgehackter: „Olympiasieger, Weltmeister, kann dir keiner mehr. Der Ring, ja, musst du leben, nur das, musst du."

„Der Kopf, Ali, der ist aber nicht frei. Der ist zu. Hier, sieh doch."

Boris reckte den Kopf vor, als könnte er dem Trainer zeigen, wie durcheinander es darin ging. Er hämmerte sich mit der Faust gegen die Stirn.

Ali starrte Boris an, geradezu blindwütig, als wollte er sich gleich auf ihn stürzen. Boris schreckte nicht zurück, er zweifelte, dass Ali ihn überhaupt wahrnahm. Es machte keinen Unterschied, wem er gerade gegenüberstand.

Ali schrie: „Begreifen, muss man, Mensch! Im Sport, bist du wer, bist du! Olympiasieger, jede Tür steht offen, die ganze Welt!"

Boris entgegnete leise: „Standke sagt, nur mit dem Warum kann man Türen öffnen." Nach einer Weile fügte er hinzu: „Er sagt auch, der schlimmste Feind ist in einem selbst. Und dass man sich selbst besiegen muss."

Das Blut schoss Ali in den Kopf. Er sagte, als würde er jedes Wort zwischen den Zähnen zermalmen: „Standke, Krüppel, ist er. Schafft nicht, das Qualmen aufzugeben. Krepiert lieber. Verstand ist allmächtig, denkt er. Ist nicht. Denken, hin, her, kein fester Standpunkt, wackelig, krank, absterbend. Reden, Geschwätz, Weibermasche, bringt nichts."

„Was bringt´s denn dann, Ali, was denn?"

„Ja, was denn, was?!"

„Sag´s, Ali. Sag´s mir."

„Musst zuschlagen, schon. Der andere, tut´s auch, sicher. Kennst du, ja, immer."

Ali lachte gallig auf. „Gehörst jetzt zu Standkes Lieblingen, was?"

„Wer sagt denn so was?"

Ali ging in Boxerstellung, verharrte ein paar Sekunden, dann ließ er die Arme sinken, öffnete die Hände, lachte verlegen und sagte ruhig: „´tschuldige. Muss jetzt los. Andermal, ja. Sind bald wieder auf Festland. Wir legen los, wirst sehen."

Er schulterte das Rad und wandte sich ab.

„Eine Frage noch, Ali."

Ali drehte sich unwillig um.

„Da ist noch was, Ali?"

„Was soll sein, ist nichts."

Und doch war da was. Boris konnte es nicht sehen. Er konnte es nicht hören. Es war aber da. Schon lange. Ali wusste es. Standke wusste es. Wussten sie, was es war? Einer ließ den anderen nicht aus den Augen. Konnte da überhaupt was verborgen bleiben? Unter seiner Haut war ihm kalt.

„Sag mir doch, Ali, wenn das Einzelne schlecht ist ..."

„Höre?"

„... wie kann das Ganze dann gut sein?"

Ali betrachtete Boris, als hätte er ihn lange nicht gesehen und sagte bedacht: „Weiß, was du meinst. Weiß schon." Er überlegte lange und meinte dann fest: „Was gut ist, kann keiner schlecht machen. Geht nicht. Kannst du glauben."

„Und kann ich es auch wissen?"

„Mein ich doch", antwortete Ali mürrisch. Er rannte, das Fahrrad auf der Schulter, an Mario vorbei in das Militärgelände hinein. Einem plötzlichen Antrieb folgend lief Boris ihm hinterher, wurde aber von dem Grenzer zurückgestoßen.

„Hau ab", keifte der verstörte Mario. Als Boris keinen Widerstand leistete, sagte er erleichtert: „Spinnst ein bisschen, was? Zieh bloß Leine. Husch, husch, ins Körbchen."

Boris ging schleppend durch die Heide zum Lager zurück. Er sah noch immer Ali im Armeegelände verschwinden. Das hatte etwas Endgültiges. Er konnte es nicht fassen. Wie er den Tod seiner Mutter nicht fassen konnte. Das Weggehen des Vaters. Dass Ulli sich teilen konnte. Die eine Hälfte für Kalinke. Die andere für ihn.

Auf halbem Weg kehrte er um und rannte durch Dranske zum Bodden. Der weiße Stuhl war bis zur Sitzfläche in den Sand gesunken. Niemand saß darauf. Er rannte aufgeregt den Strand ab, aber der Alte war nicht zu sehen.

Wie er zur Klippe gekommen war, wusste er nicht. Er stieß einen gellenden Schrei aus, über dem Meer fiel eine Möwe wie ein weißer Stein vom Himmel. Das Wasser spritzte leicht auf, er konnte nicht erkennen, dass sie wieder auftauchte.

37.

Auf dem Weg zurück ins Lager bemerkte Boris, dass er wieder hinkte. Der verletzte Fuß schmerzte aber nicht mehr. Was war überhaupt mit dem Bein? Er musste sich im Ring verletzt haben, als er gegen Kalinke kämpfte. Oder hatte er schon vorher gehinkt? Schon sein Leben lang? Vielleicht hatte er früher ja nur nicht darauf geachtet. Er rannte ein Stück, das funktionierte. Als er wieder ging, zog er das rechte Bein nach. Er prüfte seine Spur im Sand. Der Schrittabstand war gleich, keine Schleifspur, alles normal. Und doch hinkte er. Er spürte es deutlich.

Nun war er zu allem noch ein „Hinkebein". Er lahmte wie der Schimmel des alten Zirkusartisten Franco Bandini, der in einem kunterbunt gestrichenen Wohnwagen am Dorfrand wohnte. Franco war als Hochseilartist viel herumgekommen. Zu Festen und bei gutem Wetter trat er in den Dörfern mit seinem hinkenden Schimmel auf, dem er allerlei Kunststücke beigebracht hatte. Boris dachte, dass er selbst nicht mal ein Kunststück beherrsche. Nur Hinken. Vielleicht sollte er Clown werden und das Publikum mit seinem Hinkebein zum Lachen bringen. Aber wenn nur er merkte, dass er hinkte, da würden die Leute ja nicht lachen. Nicht mal zum Spaßmacher taugte er.

Boris verspürte Sehnsucht nach den Großeltern. Nach ihrer Nähe, in der ihm warm wurde. Nach ihrem Häuschen, in dem er sein Zimmer hatte, eine Dachkammer, wo der Mond auf sein Bett schien und die Marder im wilden nächtlichen Spiel die morschen Dachziegel scheppern ließen. Wenn er aus dem Fenster aufs Dach stieg und sich rittlings auf den First setzte, konnte er über die anderen Dächer hinweg bis zum schwarzen und bei Mondschein goldenen Band des Flusses sehen, hinter dem sich wie ein grüner Wall der Auenwald erhob. In anderer Richtung und bei klarer Sicht sah er die Silhouette von Leipzig mit dem Wohnhochhaus am Hauptbahnhof und dem alles überragenden „Weisheitszahn", dem eigenwilligen Gebäude der Karl-Marx-Universität.

Das gute Gefühl fürs Zuhause, das er Anna und Bruno verdankte, war dennoch getrübt, weil er sich nicht darauf freuen konnte. Wenn er sich Lerchau vor Augen führte, seine kopfsteingepflasterten Straßen, den Plattenbau der Schule, das Bürgermeisteramt in der ehemaligen Junkervilla, die baufällige Kirche, die großflächigen Gewächshäuser der Gärtnerei und all die eng zusammenhockenden Häuser, war sein Blick zurückgerichtet. Wie auf etwas Gewesenes, dem er so nicht mehr begegnen würde. Ihm war es unheimlich, denn auch das, was gerade war, würde schon bald zum Vergangenen gehören. Und das, was kam, war nicht auszudenken.

Schon von weitem sah er, dass Ulli und Kalinke wieder zurück waren. Sie spielten sich über das Volleyballnetz den Ball zu. Die anderen hingen herum, einige trugen mit Mathemüller Äste und Zweige zur Feuerstelle, wo es morgen Abend eine Abschlussfeier geben sollte. Am folgenden Tag würden die Laster der Produktionsgenossenschaft sie zum Bahnhof nach Sassnitz bringen. Und bestimmt würde wieder irgendein verbummelter Zug, den er schon jetzt wegen seiner überfüllten Abteile und seines unablässigen Stöhnens hasste, die Enge unerträglich machen.

Ralle saß wie ein schwabbeliger Buddha im Schneidersitz vor dem Eingang des Zeltes und ließ Sand von einer Hand in die andere rieseln. Er blickte auf, schwieg aber weiter.

Boris stand unschlüssig vor ihm und sagte dann beschämt und zugleich vorwurfsvoll: „Ich hinke."

„Lauf mal, Alter", meinte Ralle gelassen. „Einfach so."

„Siehst du´s?"

„Du hinkst doch nicht. Läufst wie ein Mannequin über dem Laufsteg. Könntest nur noch ein bisschen mehr mit dem Popo wackeln."

„Du guckst doch schief", fuhr Boris den Freund an. „Ich hinke, verdammt."

Als Ralle die Brauen hochzog und seine Lippen sich spannten, fügte Boris mutlos hinzu: „Ich dachte ja nur, dass du es sehen kannst."

„Ja, du hinkst", sagte Ralle. „Das sehe ich schon lange. Aber irgendwie hat das nichts mit deinen Gehhilfen zu tun." Er tippte sich mit dem Zeigefinger gegen die Stirn. „Damit schon eher. Räum endlich mal dein Oberstübchen auf, Alter." Und als Boris ihm den Rücken zuwandte, hörte er Ralle leise sagen: „Bevor es zu spät ist."

Boris verließ das Lager, rutschte die Klippe hinunter, ging ein paar Hundert Meter den Strand entlang, bis er zu der Stelle kam, wo er mit Ulli aufs Meer hinausgeschwommen und sie in das Unwetter geraten waren. Die kräftigen Sonnenstrahlen ließen die blanken Rücken der gewaltigen Steine bunt aufblitzen. Sie luden wie Pferderücken zum Aufsitzen ein, er kletterte auf einen der Steine, zog die Beine an, umfasste sie mit den Armen und stützte das Kinn auf die Knie.

In der Bucht war kein Mensch, nicht mal eine Möwe war in der Luft. Das Wasser stand grün und klar. Weiter draußen kräuselte sich das Meer, als badete da eine Schöne mit blauen und roten Locken, die sich zum Horizont hin ausbreiteten.

Er kam nicht zur Ruhe, kehrte aber auch nicht ins Lager zurück. Dort würde er doch wieder nur warten müssen, ob Maria ihm doch noch einen Zettel zusteckte. Diesmal widerstand er seiner Furcht, das Mädchen zu verlieren, wenn er nicht zur Stelle war. Je länger er es hier aushielt, umso länger konnte er die Furcht unterdrücken. Seine Unruhe nahm zwar zu, aber auch die Kraft, ihr nicht nachzugeben und kopflos ins Lager zurückzurennen. Er zählte die Sekunden, die Minuten, es wurden zehn, zwölf Minuten, eine Viertelstunde. So ging er die nächste Minute an, die übernächste, dann waren es zwanzig Minuten, fünfundzwanzig, dreißig Minuten. Eine halbe Stunde! Er hielt aus und zählte weiter, er stellte sich vor, wie sie auf ihn warten würde. Er gönnte ihr die Verunsicherung, das erniedrigende Gefühl zum Ausharren verurteilt zu sein, die Ungewissheit des Hoffens. Sie war es nicht gewöhnt, zu warten. Wie würde sie reagieren? Schlug ihr Herz auch so hart und stockend? War es ihr im Hals auch so eng? Spürte sie den Zwang durchatmen zu müssen und konnte es nicht? Und wusste sie – da nun eine Stunde um war – auch nicht mehr ein noch aus?

Erst zur Abendbrotzeit hinkte er auf dem Rand der Klippe zurück. Zwei Stunden und sieben Minuten hatte er dem Mädchen widerstanden. Er genoss es wie einen Sieg. Mehr, als wenn er Kalinke besiegt hätte. Bestimmt hätte er es auch noch länger ausgehalten. Eine Stunde länger. Drei. Die ganze Nacht. Ach was, den kommenden Tag auch noch. Unsinn, was waren schon eine Nacht und ein Tag. Eine ganze Woche hätte er es ausgehalten. Einen Monat. Ein Jahr. Zehn Jahre. Fünfzig. Sein ganzes Leben. Immer. Also konnte er auch ebenso gut zurückgehen und ihr zeigen, dass er sie nicht brauchte.

Stolz betrat er das große Zelt und setzte sich neben Ralle auf seinen Platz. Er beobachtete Ulli, die zwischen Maria und der langen Ziegler saß und wie meist herumalberte. Seine Stimmung verschlechterte sich unversehens. Hatte sie überhaupt bemerkt, dass er weg gewesen war? Waren sein Kampf um jede Minute, sein ganzes verdammtes Aushalten - zwei Stunden und sieben Minuten lang - etwa für umsonst gewesen?

Er sprang auf, Geschirr kippte um, in dem eben noch mit Stimmen erfüllten Zelt war es still, als sei es leer. Er sah sich gepeinigt um, es sollte ihm irgendeiner zurufen, was er zu machen hatte. Er sah in all die Gesichter, die in ihrer Überraschung wie Masken waren, alle gleich, und ihm nichts zu sagen wussten.

Boris stieß den Tisch beiseite und stolperte nach draußen. Er hinkte zum Waschplatz, drehte einen Wasserhahn auf und starrte auf den im Zinktrog aufprallenden Strahl, der durch die Wucht des Aufpralls förmlich explodierte. Er stand ein paar Minuten regungslos, wie gefangen vom Anblick des auseinander spritzenden Wassers. Die Tropfen auf seinem Gesicht und den Armen brannten sich wie Funken in seine Haut ein.

Er wartete, jemand musste kommen. Bisher war immer einer gekommen. Aber bisher war das auch noch nicht passiert. Dass er – ausgerastet war. Aber einer würde kommen.

Wie hatte Ali doch gesagt: „Wir geben keinen auf, nie. Nicht mal einen Toten."

Doch wer würde kommen? Ali? Standke? Vielleicht schickten sie ja die Lämmsel vor. Oder Mathemüller. So ließen sie ihn jedenfalls nicht gehen. Keiner war bisher so gegangen.

Ja, und wollte er denn wirklich weg? Für immer? Wohin? Vielleicht kam ja sogar Ulli. Er wusste nicht, ob er das wollte. Was sollte er ihr sagen? Was tun?

Wieder stand er wie seine Märchenhelden an einer Wegkreuzung, nur dass diesmal kein Schild in eine bestimmte Richtung zeigte und irgendwas versprach. Es stand ihm nur noch ein nackter Pfahl im Weg, an den er sich nicht mal mehr lehnen konnte, ohne mit ihm umzufallen.

Boris blickte auf und sah Ralle kommen. Als er wieder hinsah, war Ralle stehen geblieben. Stattdessen kam Kalinke heran. Den hatte Boris nicht erwartet, aber er war nicht überrascht. Mehr verblüffte ihn, dass auch Kalinke zu hinken schien. Kaum merklich zog er das linke Bein nach.

„Hinkst du?", fragte Boris, als der Junge neben ihm stand. Kalinke hielt den kantigen Kopf gesenkt und die Hände in den Hosentaschen. Er stierte ebenfalls auf den im Wannengrund zerspringenden Wasserstrahl.

„Weiß nicht", sagte Kalinke heiser. „Irgendwie passiert. Beim Volleyball, vielleicht."

„Ich hinke auch", sagte Boris, er hustete, auch seine Stimme klang kratzig. „Aber mit dem rechten Bein."

„So." Kalinke blickte flüchtig auf Boris' Füße. „Mein Alter meint, der Sport macht nur Krüppel aus uns. Er quarzt Kette, tankt Bier, schleppt zwei Zentner Fett mit sich rum und könnte Tag und Nacht mit seiner Beiwagenmaschine herumkurven."

„Da geht's ihm bestimmt elend."

Kalinke lachte böse auf. „Wo denkst du hin? Der war noch nie krank. Wenn der genügend Gift hat, fühlt er sich blendend. Da ist er friedlich und pflaumt meine Mutter und mich nicht an. Den kann nichts umbringen."

„Er hat wohl nicht immer genügend – Gift?"

„Doch, ja. Meine Mutter verdient nicht schlecht. Der Alte ist Meister in der Blechbude. Heu ist genug da. Manchmal packt's ihn und er rührt kein Feuerwasser und Nikotin mehr an. Das geht dann ein paar Wochen so. Da beten wir, dass er endlich wieder sturzbesoffen von der Arbeit kommt und im Sessel einpennt."

„Da ist er wohl – gar kein Steher. Wie du mal gesagt hast?", sagte Boris, der Kalinke um das nicht nur äußerlich stabil erscheinende Elternpaar beneidet hatte.

Kalinke drehte den Wasserhahn zu, sagte „Na dann" und stapfte zu den Zelten zurück, als wollte er mit schweren Schritten sein Hinken verbergen.

Ralle trat heran. Boris sagte: „Kalinke hinkt auch. Aber mit dem linken Bein."

Ralle blickte Kalinke hinterher, nickte flüchtig und sah Boris an. Boris drehte den Wasserhahn wieder auf, fing das Wasser in der Mulde seiner Hand auf und schlürfte es in langen Zügen.

Wieder im Lager folgten sie der Gruppe, die sich gerade zu einem gemeinsamen Filmbesuch nach Dranske auf den Weg machte. Zurück zu war es dann Nacht. Der Himmel schien für all die Sterne zu eng geworden zu sein. Und doch war es Boris nicht hell genug. Den funkelnden Himmel fand er unecht, ja kitschig. Die Kuppel mit den unzähligen bunten Lichtern erinnerte ihn an ein Zirkuszelt, in dem er mit der Mutter gesessen und auf die Königstiger gewartet hatte. Der Käfig war in der Pause aufgebaut worden. Darin standen die Podeste, eine Fackel brannte. Die Leute wurden unruhig. Sie begannen rhythmisch zu klatschen. Bis dann zwei krakeelende Clowns gerannt kamen. Schließlich zeigten im Käfig Pferde, Schafe und Hunde ihre Kunststücke. Boris hatte geweint. Die Mutter hatte ihn kaum beruhigen können.

Boris ging inmitten der anderen. Er fragte sich, ob er allein überhaupt ins Lager zurückfinden würde? Er fand nichts Vertrautes mehr, an dem er sich orientieren konnte. Es war, als wäre er allein weit draußen auf dem Meer. Ihm war zugleich wohlig warm und bitterkalt.

Er hatte die Handlung des Films nur streckenweise wahrgenommen. Er fragte Ralle, was denn aus dem Mann und der

Frau, die ständig umgezogen waren, und ihren Kindern geworden sei?

„Sind sie noch irgendwo angekommen?"

„Weiß nicht", sagte Ralle kurz angebunden. „Wenn ich ins Kino gehe, lasse ich meinen eigenen Film laufen."

„Was siehst du da?"

„Was schon. Das weißt du doch."

„Ich weiß", sagte Boris, ohne es auszusprechen. Er hätte Ralle gern was Gutes gesagt. Nur ein Wort brauchte er zu sagen und Ralles Gesicht würde sich aufhellen, er würde ihm um den Hals fallen. Nicht mal das eine Wort schaffte er.

Es war der erste Abend, an dem sie nicht am Lagerfeuer zusammenfanden. Auch wenn sie noch so spät zurückgekehrt waren, hatten sie sich wenigstens für ein paar Minuten ums Feuer gesetzt. Ali wünschte knapp „Gute Nacht" und verschwand in seinem Zelt. Ein paar Mädchen liefen noch zum Klohäuschen. Nach ein paar Minuten war Ruhe im Lager.

Boris hatte das Gefühl, nicht genügend Luft zu bekommen, er lag auf dem Rücken und starrte auf die fleckige Leinwand, die an eine Weltkarte erinnerte. Nur fand er sich darauf nicht zurecht. Die Erdteile waren durcheinandergeraten. Die Meere hatten ihre Form verändert. Auch die Himmelsrichtungen waren außer Kraft gesetzt. Es gab kein oben und unten mehr, kein links und rechts, obwohl alles feststand, war es auf der Flucht.

Ob Ralle wohl in dem Chaos die Cookinseln finden würde? Der Freund lag in seiner Ecke versteckt unter einem liederlichen Haufen Decken. Boris lauschte zu Kalinke und Horst hin. Sie unterhielten sich nie im Zelt. Auch sonst sprachen sie kaum miteinander. Sie verstanden sich wie Herr und Hund.

Boris wagte den Schlaf nicht. Er wollte nicht wieder durch das alte Haus gehen müssen. Es würde sein Geheimnis nicht preisgeben. Der Sessel würde leer bleiben. Vielleicht hatte nie jemand darin gesessen. Und vielleicht war ja das, was nach Leben roch, nur er selbst. Es graute ihm vor der Gewissheit, mit sich allein zu sein.

Er lag wie in dichtem Nebel, bewegungslos, aber vibrierend bis in die Fingerspitzen hinein. Um ihn rauschte es, er lag auf einem Fluss, der ihn mit sich nahm. Die Strömung war kraftvoll und gleichmäßig, die Dinge glitten an ihm vorbei, und wenn er danach griff, entzogen sie sich ihm, hielt er still, drängten sie sich ihm auf. Was auch passierte, er konnte dem nicht mehr folgen.

Indem er sich tragen ließ, wurde es still, er spürte den Wurm, der in ihm nagte. Es tat nicht weh, ein bisschen vielleicht, es war ein willkommener Schmerz. Je mehr von ihm verschwand, umso leichter wurde es ihm. Er sehnte den Augenblick herbei, an dem nichts mehr von ihm übrig sein würde.

38.

Boris erwachte aus dem Halbschlaf. Ihm war, als hätte ihn die Hand der Mutter berührt. Er setzte sich auf und sah ihr Bild: Eine junge Frau in einem blauen Kleid mit weißen Punkten, den Kopf voller rotbrauner Locken, mit übermütig lachenden Augen. Sie stand auf einer Leiter, deren oberes Ende im tiefen Grün eines Baumes verschwand. Sie drückte einen Zweig mit gelb-weißen Lindenblüten herunter und rief ihm etwas zu. Es war zugleich sein und ihr Gesicht, was ihn da ansah. Er streckte den Handkorb mit beiden Händen über den Kopf und erwiderte ihr Lachen. Aus dem Baum kam ein berauschender Duft, von dem er nicht genug bekommen konnte, das dichte Blätterwerk war voll Hummelgesumm, um ihn herum flirrte die warme Luft.

Er rief mit kindlich hoher Stimme: „Mama!", konnte aber ihr Bild nicht festhalten. Doch blieb ihm mehr als nur ein Schatten zurück. Die Mutter wartete im Grün auf ihn.

„Was soll ich denn tun?", fragte er in das Zwielicht hinein. „Was denn?"

Sie antwortete nicht, er begriff, die Antwort musste von ihm kommen. Er hatte aber keine. Ralle aber wusste eine. Aber war das auch Boris' Antwort? Wohin er auch ging, überall würde ihm das Mädchen begegnen. Er kam einfach nicht an ihr vorbei.

Boris schlug die Zeltplane zurück. Der Mond blendete ihn ebenso stark wie am Tag die Sonne. Der Innenplatz des Zeltlagers war hell ausgeleuchtet. In der Mitte ragte noch immer der Ast aus dem Sand. Die große Sandklaffmuschel ähnelte einem ausgebleichten Tierschädel. Es war schon ungewöhnlich, dass die auffällige Muschel nicht längst in einem Rucksack oder Koffer verschwunden war. Sie hatte etwas von einem Totem, von dem Boris aus Indianerbüchern wusste, dass darin ein Stammesverwandter als zauberkräftiger Helfer verehrt wurde.

Boris schaute zu Standkes Zelt hinüber. Der Lehrer stand davor und sah ihn unverwandt an. Boris richtete sich langsam auf, wie auf Kommando gingen sie gleichzeitig los und trafen sich bei der Muschel.

Standke näherte seinen knöchernen Zeigefinger der Kalkschale, berührte sie aber nicht, und schüttelte steif den fleischlos wirkenden Schädel.

Boris fuhr zusammen. Er dachte, dass so wohl der Tod aussah, wenn er unter Menschen ging. Er nickte, weil er wusste, dass auch der Lehrer sich wunderte, dass die Muschel noch immer auf dem Ast steckte. Standke lachte, es war, als hätte er sich jede Bewegung und jedes Wort geizig zugeteilt. Er erwiderte das Nicken und sagte klanglos: „Sie haben Angst. Dass Manitus Fluch sie treffen könnte."

Standke griff mit beiden Händen in seine Jackentaschen, zog sie aber gleich wieder heraus. Ob der Lehrer es geschafft hatte, das Rauchen sein zu lassen? In den letzten Tagen hatte Boris ihn kaum zu Gesicht bekommen, er wusste nicht, ob die Qualmwolke über ihm gestanden hatte.

„Und du?" Standke sah wieder zur Muschel hin. „Steck sie doch ein. Sie ist ein selten schönes Exemplar."

Wollte Standke sich von ihm verabschieden und ihm ein Geschenk machen? Wieder grauste es Boris, er schüttelte heftig den Kopf.

Der Lehrer nickte, als bedaure er die Ablehnung und hätte doch nichts anderes erwartet.

Der Kolkrabe rappelte in seinem Käfig, es klang, als sei sein Gefieder aus Metall. Dann war nur noch vom Meer her, aus weiter Ferne, wie von seinem anderen Ufer, die Brandung zu hören.

Der Junge und der Lehrer hatten den Kopf in Richtung See geneigt, sie lächelten, als sie sich bewusst wurden, dass sie das Gleiche empfanden. Boris richtete sich straff auf, so als wollte er wie beim Pioniergruß die rechte Hand über den Kopf reißen.

„Danke", sagte er. „Dass Sie mich nicht nach Hause geschickt haben."

Standke sah Boris fragend an.

„Die Sache mit dem Lautsprecher", erinnerte Boris. „Und überhaupt."

Der Lehrer winkte lasch ab. Mit jedem Atemzug schien er Kraft zu sammeln für den nächsten. Das war kein normales Atmen, es war ein fischähnliches Schnappen nach Luft. Manchmal wandte Standke den Kopf ab, hustete rau und geriet ins Wanken. Gleich ging ein Ruck durch seinen Körper, er stand wie eine Statue, die Hand auf der Stirn, als müsste er nachdenken.

Und der Lehrer ging auch nicht mehr ruhelos auf und ab. Es gab die sechs Schritte, drei hin, drei her, nicht mehr. Es war einfach alles aus dem Rhythmus geraten. All das, von dem Boris gedacht hatte, dass es für eine Ewigkeit so bleiben würde, war unberechenbar geworden. Es war nicht auszuschließen, dass es sich von einem Moment zum andern veränderte. Wo er auch hingriff, er fand nichts mehr, an dem er sich festhalten konnte.

„Sie wissen eine ganze Menge", stieß Boris hervor. „Ich wünschte, ich wüsste auch was."

„Was denn?", fragte der Lehrer aufmerkend. „Was möchtest du denn wissen?"

„Das weiß ich nicht so genau." Boris fiel keine Frage ein. Dabei war sein Kopf voll davon. „Ich weiß einfach zu wenig", sagte er, als trüge auch der Lehrer Schuld an seinem Unwissen.

Standke sah ihn an und sagte schließlich: „Man kann gar nicht genug wissen. Es ist wie – eine Sucht. Fragst du *Warum?*, tut sich mit der gefundenen Antwort eine bislang verschlossene oder gar unbekannte Tür auf. Du bekommst Einblick in einen weiteren Raum."

„Und was findest du in diesem neuen Raum?", fragte der Lehrer nach einer Pause.

Boris zuckte mit den Schultern.

„Eine andere Frage, Abendroth. Eine neue Frage findest du. Es ist das spannendste Spiel, das ich kenne: Das Frage- und Antwortspiel."

„Da ist ja wie im Märchen."

„Meinst du ein bestimmtes?"

„Ich weiß nicht mehr, wie es heißt."

„Aber die Geschichte kennst du doch noch."

„Ich glaube nicht."

„Doch, doch", beharrte der Lehrer. „Fang einfach an."

Boris erzählte stockend und dann immer flüssiger von einem Jungen, der in ein Schloss gekommen war, in dem ein Zauberer wohnte. Er wusste nicht mehr, wer der Junge war und wie er in das einsame Schloss geraten war. Aber das war vielleicht auch gar nicht wichtig.

„Das Schloss war riesig und leer. Es hatte hundert Türen. Eines Tages musste der Zauberer verreisen. Er sagte dem Jungen noch: ´Du kannst hinter alle Türen sehen. Aber die hundertste Tür darfst du unter keinen Umständen öffnen.´"

Standke krümmte sich, es sah aus, als würde er gleich fallen. Boris machte einen Schritt auf ihn zu, der Lehrer richtete sich leise stöhnend wieder auf. Er sagte: „Und – was hat der Junge hinter der verbotenen Tür gesehen?"

„Ich weiß nicht mehr."

„Erinnere dich", drängte der Lehrer. „Das kannst du nicht vergessen haben."

Boris zermarterte sich den Kopf, es wollte ihm nichts einfallen, kein Wort, kein Bild, auch kein Geruch, der manchmal die Bilder und Worte mit sich brachte.

Er sagte enttäuscht: „Ich weiß nur noch, dass er sich auf den Weg gemacht hat. Um zu suchen, was er hinter der Tür gesehen hatte."

„Ja, was war es denn nun? Du weißt es. Sag es einfach."

„Ich weiß nur, es war ihm – das Liebste."

„Verstehe", sagte der Lehrer. „Der Zauberer hat dem Jungen seinen Ungehorsam nicht verziehen. Darum hat er das *Liebste* auch ans Ende der Welt verbannt."

„Der Junge ist um die ganze Welt gelaufen", sagte Boris eifrig. „Er hat dreizehn Paar Schuhe durchlaufen und dreizehn eiserne Gehstöcke durchbrochen. Er hat geblutet, gehungert und ist fast verdurstet."

„Ja, und?" Die Stimme des Lehrers klang müde, als wäre er selbst den weiten Weg gegangen. „Hat er gefunden, was er gesucht hat?"

„Das weiß ich eben nicht mehr."

Als hätte jemand das Licht ausgeschaltet, wurde es düster.

„Hallo?", fragte Boris in das stumpfe Grau. „Sind sie noch da?"

„Was hat der Junge hinter der verbotenen Tür gesehen?"

Standke beharrte darauf, dass er sich erinnerte. Er würde nicht aufgeben, ihn zu fragen.

„Ein - Mädchen", gab Boris nach. „*Das* Mädchen."

Boris sah nur Standkes Schattenriss. Der Lehrer atmete rasselnd und sagte dann: „Menschen tun immer das Verbotene. Auch der Junge aus dem Märchen hat es getan. Das ist unser verinnerlichtes Gesetz. Sonst ..."

„Sonst?"

„Sonst wäre es wie bei einem Film, der auf einem Bild stehen bleibt. Verstehst du? Es gäbe keine Entwicklung. Das wäre der Tod."

Wie hinter einem grauen Vorhang hantierte der Lehrer mit etwas. Es kratzte, ein dreieckiges gelbes Licht glomm zischend auf, und bald darauf zog sich langsam, aber stetig ein dünner weißer Strich senkrecht hoch.

Standke beschwichtigte: „Nein, nein. Ich rauche nicht. Ich will nur das Gefühl haben, als würde ich es tun."

Boris überlegte, wie lang der Strich war und wie hoch er wohl reichen würde, wenn die Zigarette nie ausgehen würde? In Alis Redeweise verfallend sagte er lahm: „Tod, kein Problem, kann man weglassen, leicht."

„Im Übrigen", sagte Standke, Alis Worte mit einer lustlosen Handbewegung wegwischend. „Der Hemingway – warum er Hand an sich gelegt hat ... Du erinnerst dich?"

Boris nickte steif.

„Der Mann war krank. Schwere Depression. Alkoholismus. Bipolare Störung."

„Krank?"

„Ich meine", sinnierte Standke, „wer wie Ernest Hemingway ein so kraftvolles Lied angestimmt hat, der will es dann doch nicht ungehört zu Ende bringen."

„Ich – verstehe nicht ..."

Standke schüttelte seinen Totenschädel. „Einer, der so gelebt hat – Reporter, Kriegsberichterstatter, Schriftsteller, Hochseefischer, Abenteurer, Stierkampfliebhaber, Großwildjäger und beleibe kein Frauenverächter – also wenn einer so aus dem Vollen gelebt hat, der will doch nicht auf Sparflamme umschalten und eine Krankheit über sich bestimmen lassen."

„Ich denke", sagte Standke abschließend, „der Mann wollte in Würde sterben. Solange ihm das noch möglich war. Bevor die Krankheit ihm endgültig die Selbstkontrolle über sein Leben entzog."

Boris fragte sich, ob Standkes plötzlich mildes Urteil über den „Macho" nur vom eigenen schlechten Befinden herrührte? Der unerwartete Sinneswandel verunsicherte ihn nur noch mehr. Nichts stand fest. Alles war umzustoßen, wenn nur der Gegendruck stark genug war.

Der Lehrer schwieg, Boris wollte ins Zelt zurück, da hörte er Standke sagen: „Dir geht´s nicht so gut, was?"

In Boris' Magen ballte sich eine Faust, sie drückte durch seine Brust und stieß in den Kopf.

„Das Mädchen", sagte der Lehrer, der hinter dem Vorhang weit weg und Boris doch nah war. „Es spielt mit euch. Das tut weh, was?"

Es wurde unversehens wieder hell. Boris hielt sich die Hände vors Gesicht.

„Pass auf dich auf, Junge."

Boris lief geduckt zum Zelt. Er riss die Plane zurück, warf sich aufs Lager und wühlte sich unter die Decken. Das Gefühl der Geborgenheit wollte sich nicht einstellen, ihm war, als sei er lebendig begraben. Er schlug die Decken zurück, kroch zum Ausgang und spähte nach draußen. Der Platz um die weiße Muschel war leer. Mit Standke war auch das Gespenstische des Ortes verschwunden.

Boris rannte durch den wie von silbrigen Spinnweben durchwobenen Wald zur Klippe. Er musste jetzt das Meer sehen. Kein Ufer. Nicht das Festland. Nicht die Cookinseln. Nur das Wasser zog ihn magisch an.

39.

Am Morgen des letzten Tages ihres Hierseins war die Spannung ins Zeltlager zurückgekehrt. Unter den Mädchen und Jungen war Vorfreude, nicht nur wegen des bevorstehenden Abschlussfestes. Überhaupt war die Lust am Lagerleben noch einmal aufgeflammt. Beim Morgenappell erscholl der Chor: *„Die Sonne hat die Flüsse mit Goldglanz übergossen. Sie schickt dir kleine Küsse in Form von Sommersprossen ..."*

Auch Boris spürte die Belebung. Es konnte ihm nicht hell genug sein, ausgeleuchtet bis in die letzte Ecke, bis in Menschen und Dinge hinein, wo eine andere Welt sichtbar wurde, zu der er mit seinem Fühlen mehr Zugang hatte als mit seinem Denken.

Boris sagte zu Ralle: „Wir kriegen das noch hin. Ich versprech´s."

Der Freund sah ihn kurz an, sagte aber nichts.

Den Tag über blieben alle zusammen. Selbst Ali fuhr nicht zum Training. Er saß auf der Grasnarbe neben dem Käfig, einen kleinen Stapel Bücher neben sich, und las. Es wurden letzte Vorbereitungen für das abendliche Fest getroffen, die Jungen kickten, die Mädchen spielten Federball, am Nachmittag waren alle am Strand, um noch einmal in der Ostsee zu baden. Danach lagen sie in der Sonne, um sich ihre Körperbräune für daheim zu erhalten.

Ulli hielt sich inmitten der Mädchen auf. Ihr Lachen erklang in immer kürzeren Zeitabständen. Boris hörte es wie ein Signal, das er nicht deuten konnte. Es tat ihm jedes Mal von neuem weh. Er wollte aufspringen, hielt sich aber zurück.

Nach dem Abendbrot rannte Boris ins Dorf. An der Telefonzelle musste er über eine halbe Stunde in einer stummen Menschenschlange warten. Er wählte die Nummer von Nachbarsleuten, die Anna ihm für den Notfall aufgeschrieben hatte. Frau Griesbach verstand zuerst nicht, Boris wollte schon auflegen, dann war mit einmal Annas aufgeregte Stimme zu hören.

„Boris, Junge. – Ja, was ist denn passiert?"

Boris gelang es nicht, die Großmutter zu beruhigen, sie sagte immer wieder: „Aber du kommst doch morgen, Junge!"

Er wusste nicht, warum er eigentlich anrief, er hätte wissen müssen, dass die beiden Alten sich nur Sorgen machen würden.

„Ja", rief er, und eine Stimme hallte fremd aus der Leitung zurück: „Ja, Großmutter, ja. Ich komme morgen."

Er stürzte aus der miefigen Zelle nach draußen, rempelte Leute an und rannte davon. Erst in der Heide verlangsamte er seine Schritte. Wieder hatte er das herabwürdigende Gefühl, dass er das rechte Bein nachzog. Er wünschte sich den

Schmerz zurück, der ihm sagte, dass er verletzt war und alles heilen würde.

Die Uferschwalben kreuzten vor ihm den Weg. Er wunderte sich, dass sie nicht hoch oben nach Insekten suchten, wo der Abend doch noch warm und der Himmel klar war. Also würde sich das Wetter ändern. Was interessierte ihn schon das Wetter. Morgen würde ihn gar nichts mehr interessieren. Er begann wieder zu rennen.

Im Lager brannte schon das Feuer. Fast alle hatten bereits ihren angestammten Platz im Kreis eingenommen. Auch Ulli. Ali blätterte noch immer in den Büchern. Ab und zu notierte er etwas in ein Heft. Standke saß mit der Lämmsel im Essenszelt. Mathemüller hatte seit Tagen Holzkohle, die nur mit Glück oder Beziehung zu haben war, in einem alten Fass selbst hergestellt und grillte auf einem riesigen Rost tellergroße Scheiben Fleisch. Wenn er das Fleisch mit Wasser bespritzte, stiegen weiße Qualmwolken auf, die sich auf die Umsitzenden senkten und nach Gebratenem und Pfeffer rochen. Es wurde laut gelacht. Man spielte sich einen blauen Luftballon mit aufgedruckter weißer Friedenstaube zu, der schließlich über dem Feuer zerplatzte. Aus dem Lautsprecher kam ungewohnte Musik – etwas Klassisches –, die im Hintergrund blieb und manchmal aufhorchen ließ, dass sekundenlang nur noch die hellen Töne eines Klaviers und das Knistern der Flammen zu hören waren.

Es war die erwartungsfrohe Stimmung wie im Kino kurz vor der Vorstellung. Boris zweifelte nicht, dass Ulli sein Kommen bemerkt und ihn mit einem Blick gestreift hatte. Vielleicht hatte sie ihm gerade etwas zugerufen? Es durchfuhr ihn heiß, sein Herz raste, er holte gierig Luft, setzte sich neben Ralle und sagte übermütig: „Na, du altes Haus!"

„Mensch, Alter", sagte der Freund nur und starrte weiter ins Feuer.

„Wie geht´s?", fragte Boris und stieß Ralle leicht an.

Ralle neigte sich zur Seite und sagte leise: „Au!"

„Nun sei nicht so empfindlich, alter Seebär", sagte Boris gut gelaunt. „Es geht bald los, weißt du."

„Wenn du es sagst."

Ralle klang verdrossen, ja gereizt. So hatte Boris ihn noch nie erlebt. Selbst bei Beleidigungen und körperlichen Attacken war Ralle gleichmütig geblieben. Er hatte so getan, als sei alles nur ein Spaß. Mancher Angreifer hatte sich dann verunsichert abgewandt.

Boris versprach: „Du wirst schon sehen, Ralle. Du kriegst das hin. Ich auch."

„Klar doch", sagte Ralle hämisch.

„Soll ich dir was sagen, Alter", rief Boris eifrig. „Die Schiffe fahren weit hinaus. Alles wird, wie es sein soll. Auch Standke ist nicht mehr derselbe. Glaub mir, er ist anders, als wir gedacht haben."

„Jaja, er wird noch ein Heiliger. Aber nur, wenn du ihn dazu machst." Ralle schlug sich mit der flachen Hand gegen die Stirn. „Das Gespenst hat doch nur Schiss, weil es bald von der Bildfläche verschwinden muss. Da will er beim lieben Gott, falls es den nämlich doch gibt, schnell noch ein paar Pluspunkte fürs Muttiheft sammeln."

„Ach, Ralle", sagte Boris großherzig. „Ich sag dir doch, dass wir das hinkriegen."

Inzwischen dämmerte es. Mathemüller rief zum Essen. Der Grill war sofort dicht umlagert. In der Schlange der Anstehenden fragte Boris, ob Ralle wüsste, warum Ali in den Büchern stöbere? Ralle schüttelte den Kopf, aber Horst wusste Bescheid: „Alles Wälzer vom Kaukasus. Der eine heißt: *Der Elbrus - Ort der Glücklichen*. Bestimmt will Ali noch mal versuchen, auf den Gipfel zu kommen."

„Er schafft es", sagte Boris beschwörend und sah zu Ulli. Sie hatte als eine der Ersten ihre Portion abgeholt, stand etwas abseits und biss mit ihren kleinen weißen Zähnen kräftig in das saftige Fleisch. Er dachte an ein Tier, eine Raubkatze, die gerade ihre Beute erlegt hat. Er konnte nicht wegsehen, wie sie da nach vorn gebeugt und eigenartig gespannt dastand und selbstvergessen ihre Zähne in das Fleisch grub.

Als auch er das Fleisch gereicht bekam, nahm er es in beide Hände, spürte lustvoll den brennenden Schmerz in den Fingern, drückte noch fester zu und biss gierig hinein. Speichel und Fett liefen ihm aus den Mundwinkeln zum Kinn, Schweiß trat ihm auf die Stirn, er schluckte große Stücke, seine Lippen feuerten und Zunge und Rachen schienen zu brennen. Er schlang auch den letzten Bissen runter und stieß wie die anderen laut auf. Sie machten sich einen Spaß daraus, einer versuchte, den anderen in Dauer und Lautstärke zu übertreffen. Bis dann einer der Betreuer, die als Zuschauer ihren Spaß daran hatten, mahnte, sich doch wieder zivilisiert zu benehmen.

Nach dem Essen trabten sie zum Waschplatz. Sie standen breitbeinig mit gebeugtem Oberkörper und vorgerecktem, seitlich verdrehtem Kopf an der Zinkwanne. Mit weit geöffnetem Mund fingen sie den Wasserstrahl auf, es dauerte, bis sie ihren inneren Brand gelöscht hatten. Alle Jungen tranken so. Die Mädchen fingen das Wasser in ihren zur Schale geformten Händen auf und schlürften es. Ulli trank wie die Jungen. Nicht nur Boris und Kalinke sahen fasziniert zu. Auch die anderen Jungen mussten hinsehen und schnalzten mit der Zunge. Maria und die lange Ziegler machten es Ulli nach, das wurde kaum wahrgenommen oder mit missbilligenden Blicken quittiert.

Es war später Abend, als sie sich wieder am Lagerfeuer einfanden. Vom übermäßigen Essen und Trinken wie benommen, lullte die Klaviermusik aus dem Lausprecher sie nur noch mehr ein. Mathemüller, der sehr genügsam lebte, sah kopfschüttelnd in die Runde, dann zu Ali, der dicht am Feuer hockte, und verschwand in Richtung Essenszelt. Kurz darauf verstummt der Lautsprecher.

Mathemüller kehrte mit Instrumenten beladen zurück und verteilte sie. Er selbst behielt eine Gitarre, Horst bekam die Fanfare, die beiden Mandolinen drückte er Maria und einem anderen Mädchen, von dem Boris den Namen nicht kannte, in die Hand. Mathemüller spielte ein Gitarrensolo und bekam stürmischen Beifall. Die Zustimmung tat ihm sichtlich gut. Seitdem Ali und Standke nicht mehr bestimmten, war er aus seinem Schatten getreten: Ein sehniger Langläufertyp, hohlwangig, braungebrannt bis in die Halbglatze hinein, mit einem schwarzstruppigen Vollbart wie die Symbolfiguren der kubanischen Revolution Che und Fidel sie hatten.

Mathemüller nickte Horst zu, der auf der Fanfare etwas völlig anderes blies, als sie bisher von ihm zu hören bekommen hatten. Sie kannten die Fanfaren sonst nur im Zusammenspiel mit den Trommeln zu Appellen und Aufmärschen wie zum 1. Mai. Das Instrument hatte meist überlaut, manchmal grell und beunruhigend geklungen. Jetzt ließ es Töne hören, die man ihm nicht zugetraut hatte. Es waren leisere Töne, eindringlich und sehnsuchtsvoll, sie stimmten wehmütig und ließen doch hoffen.

Boris hörte Ralle mitsummen, er blickte zu Ulli hinüber, die ihn ansah. Bis das Stück endete und es sekundenlang still war, ließen sich ihre Blicke nicht los. Es war wie bei ihren Treffs in der Sandkuhle, vielleicht waren sie sich jetzt sogar näher. Dann setzte der Beifall ein, und Boris war es, als hätten sie gerade Abschied voneinander genommen. Er verdrängte das lähmende Gefühl.

Die beiden Mädchen fanden mit den Mandolinen anfangs nicht ins Spiel, aber dann trugen sie über die Instrumente frech und einfallsreich einen Streit aus. Mit einer furiosen Steigerung endeten sie abrupt und blickten einander überrascht an. Von hinten war eine Stimme zu hören, die nicht sicher einer bestimmten Person zuzuordnen war. In breitestem Sächsisch wurde der einstige Partei- und Staatsratsvorsitzenden Walter Ulbricht, über den auch nach seinem Tod noch viel gewitzelt wurde, imitiert: *„Ist es denn wirklich so, dass wir jeden Dreck, der vom Westen kommt, nu kopieren müssen? Ich denke, Genossen, mit der Monotonie des Je – Je – Je , und wie das alles heißt, ja, sollte man doch Schluss machen."*

Einer rief: „Yeah!"

Maria und ihre Mitspielerin ließen ihre Instrumente aufschrillen und spielten nun, als wäre das gang und gäbe, den Beatle-Song „Yellow Submarine". Den Refrain sangen alle mit, Mathemüller und die Lämmsel, die aus dem Essenszelt gelaufen kam, auf Englisch: „We all live in a yellow submarine. Yellow submarine, yellow submarine." Und die anderen laut und holpernd, weil der deutsche Text zur Melodie nicht recht passen wollte: "Wir leben alle in einem gelben Unterseeboot. Gelben Unterseeboot, gelben Unterseeboot."

Maria sang die nächste Strophe mit kratziger, aber kräftiger Stimme: „Da wir ein Leben in Leichtigkeit leben, hat jeder von uns alles, was wir brauchen. Blauer Himmel und die grüne See. In unsrem gelben Unterseeboot."

Wohl keiner hatte Maria die Leidenschaft, mit der sie Mandoline spielte und sang, zugetraut. Zu Beginn des Liedes war noch mancher unsichere Blick zu Ali und zum Essenszelt, in dem sich Standke aufhielt, gegangen. Nun sang der Chor selbstsicher: „We all live in a yellow submarine. Yellow submarine, yellow submarine. We all live in a yellow submarine ..."

Die beiden Mädchen hörten nicht auf zu spielen, der Chor wiederholte immer wieder und mit zunehmender Begeisterung den Kehrreim: "Yellow submarine, yellow submarine!"

Einige Mädchen waren aufgesprungen und tanzten ausgelassen Rock and Roll. Einer nach dem anderen sprang auf, es wurde gesungen und gelacht, sie klatschten den Rhythmus, pfiffen und schubsten einander mit den Hüften. Sie wollten einfach nicht aufhören, wieder trieben sie einander an, und schien der Gesang zu verebben, begann einer von neuem, wobei die anderen gleich wieder mit einstimmten. Da schien etwas in Gang gesetzt zu sein, dass nie mehr zum Stillstand kommen würde.

Boris bemerkte, dass Ali nicht mehr auf seinem Platz saß, und verstummte. Erst jetzt wurde ihm bewusst, dass auch er selbst aufgesprungen war und mitgesungen und mitgeklatscht hatte. Er schämte sich nicht dafür, fühlte sich auch nicht schuldig, er hatte sich lange nicht so unbeschwert gefühlt.

Ralle puffte ihn, sein eben noch kalkiges Gesicht war rot, die Flammen spiegelten sich auf seiner glatten glänzenden Haut, er pfiff schrill durch die Finger, sang laut mit und rief zwischendrin: „Das bringt´s, Alter!" Er rief, die anderen mit hoch erhobenen Händen dirigierend: „Nicht einschlafen, Leute!"

„We all live in a yellow submarine!"

Noch einmal peitschte die Stimmung hoch, doch je mehr sie sich bemühten das Glücksgefühl zu erhalten, umso schneller kam die Erschlaffung. Daran konnten auch die von Maria furios angespielten westlichen Hits von Shakin Stevens, Tina Turner und Boney M. nichts mehr ändern. Selbst Udo Lindenbergs „Sonderzug nach Pankow" wollte nicht mehr in Fahrt kommen. Mathemüller, der sich inzwischen wohl für das Gelingen des Abschlussabends verantwortlich fühlte, spielte den beliebten „Banana Boat Song" von Harry Belafonte. Schließlich gab auch er auf, die Mädchen und Horst hatten die Instrumente schon beiseitegelegt. Die Erwachsenen verschwanden im Essenszelt. Kalinke gab Horst ein Zeichen, worauf der sich an das große Zelt heranpirschte. Bald darauf kam er wieder, führte erst die eine und dann die andere Hand zum Mund, schlürfte, warf den Kopf in den Nacken und machte: „Gluck, gluck."

Die Mädchen und Jungen starrten ins Feuer oder tauschten sich aus über die morgige Heimfahrt und dass sie bis zum Unterrichtsbeginn Langeweile erwartete. Kalinke warf missmutig Äste ins Feuer. Die Kettnerzwillinge fragten einander russische Vokabeln ab. Horst spuckte auf eine Fingerkuppe und tupfte den Speichel auf seine picklige Stirn. Unter den Mädchen war es ungewohnt still. Maria und die lange Ziegler machten sich an Ulli zu schaffen, sie frisierten und schminkten sie. Als wäre sie ein Star, der gleich seinen Auftritt hat, dachte Boris. Oder eine verliebte Frau, die sich für ihren Liebsten zurechtmachen lässt.

Boris spürte, dass Ralle auf dem Sprung saß. Klar, er wollte nun endlich los. Die Gelegenheit war günstig. Keiner würde was merken, wenn sie nacheinander in Richtung Waschplatz verschwanden. Sie würden bis zur Landstraße laufen und ein Auto anhalten. Irgendjemand würde schon noch nach Sassnitz fahren. Vielleicht könnten sie auch bis nach Stralsund mitfahren. Von dort kämen sie gewiss nach Rostock, wo sie sich auf einen Kahn schleichen könnten. Boris war es egal, wohin der fuhr. Ralle wusste, wo es lang ging. Boris musste jetzt nur aufstehen und losgehen.

Er kam nicht auf die Beine. Es ging einfach nicht. Er probierte, ob er seine Füße bewegen konnte. Das klappte. Auch die Beine funktionierten. Die Hände. Die Arme. Der Oberkörper ließ sich drehen. Auch der Kopf.

Aber er schaffte es nicht, aufzustehen. Er konnte sich bewegen und war doch gelähmt.

Die Betreuer kamen aus dem Zelt, auch Standke, von der Lämmsel gestützt. Sie verließen das Lager in Richtung Heide. Boris hatte sie noch nie so eng beieinander gesehen. Kurz bevor die Nacht sie schluckte, schienen sie zu einer Person zusammengewachsen zu sein.

Mathemüller und Ali waren zurückgeblieben. Der Lehrer brachte die Instrumente weg und erklärte dann umständlich, dass sie noch auf einen Abschiedstrunk ins Dorf wollten. Er erinnerte, dass es schon spät sei, sie könnten noch eine halbe Stunde sitzen bleiben, dann sollten sie das Feuer löschen und sich schlafen legen.

Ali kam heran, sah zu Kalinke, hockte sich aber neben Boris und sagte eindringlich: „Auftrag, für dich. Kein Blödsinn, hier. Sandra, bist verantwortlich, ist klar?"

„Ehrensache", versprach Boris automatisch. Und weniger zackig fügte er hinzu: „In Ordnung, Ali."

Ali zögerte, dann knuffte er Boris an den Oberarm. „Bisschen vernachlässigt, hab ich euch. Soll werden, wie es war. Keine Sorge."

Ali federte hoch, verschwand noch mal im Essenszelt und verließ mit Mathemüller, der auf ihn gewartet hatte, das Lager.

Der Lautsprecher spielte: *„Wir tra-gen die blau-e Fahne, es ruft uns der Trommel Klang ..."*

Boris registrierte die fragenden Blicke der anderen. Ralle sagte leise: „Was wollte der denn?"

„Er meinte, es soll alles wieder werden, wie es mal war."

40.

„Was liegt denn an?", rief Kalinke herüber.

„Nichts. Eigentlich nichts", rief Boris zurück.

Sie saßen erschlafft um das Feuer. In der Gruppe empfanden sie die Stille umso bedrückender. Selbst das Feuer brannte lautlos, die Flammen bewegten sich kaum. Die Ersten verschwanden grußlos in den Zelten.

Die Mädchen hatten von Ulli abgelassen und umgaben sie wie eine Königin. Boris hatte Ulli noch nie so schön gesehen. Wenn ihn zuvor einer gefragt hätte, wie sie aussieht, hätte er gesagt: „Na, gut." Jetzt fand er sie schön. Zugleich war etwas von der anfänglichen Fremdheit zurückgekehrt. Das verstärkte seine Sehnsucht nur noch. Sein Leben, das Bestehen der Welt, einfach alles hing davon ab, ob er sie für sich gewinnen konnte. Für sich ganz allein.

„Nun mal ganz langsam, Alter", sagte Ralle. „Du zitterst ja."

„Es ist kalt, Ralle."

„Es ist doch nicht kalt, Alter."

„Ist es aber, Ralle. Ist kalt."

Horst, der kurz verschwunden war, kam mit ein paar Flaschen wieder, stellte sie in die Runde und sagte lauernd: „Feuerwasser."

„Spinnst doch", sagte Kalinke, ließ sich aber eine Flasche zuwerfen, beäugte sie und roch daran.

„Der ganze Stoff liegt im Wald", sagte Horst. „In einem Erdloch. Soll ich euch sagen, wer die Vorratskammer angelegt hat?"

„Halt die Klappe", entgegnete Kalinke.

„Kriegst du das Ding auch auf?" Ulli schnellte hoch und warf ein paar Äste ins Feuer, dass es prasselnd aufflammte. „Oder soll ich hier zur Mumie werden?"

Sie bekam lauthals Zustimmung. Kalinke schraubte beflissen den Verschluss auf.

„Nimm mal einen Hieb", befahl Ulli.

Kalinke drückte den offenen Flaschenhals an seine Lippen und ruckte den Kopf nach hinten. Sein Gesicht verzog sich angeekelt, er sprang auf, prustete, spuckte und hüpfte im Kreis. Ulli riss ihm die Flasche aus der Hand, roch daran, nippte und nahm dann einen kräftigen Schluck.

Das Mädchen stand mitten im Kreis, wild und jung, die Flammen schlugen um sie hoch und konnten ihr nichts anhaben. Auf ihren schwarzen Locken und der dunklen Haut tanzten helle Funken.

Ulli genoss es, von allen angestarrt zu werden. Sekundenlang zeigte sie keine Regung, dann huschte ihr aus den Augen ein Lächeln aufs Gesicht, aus dem schnell ein aufgedrehtes Lachen wurde. Als hätte sie damit Großartiges vollbracht, bekam sie tobenden Beifall, es wurde mit den Füßen gestampft und gellend gepfiffen. Die gerade ins Zelt gekrochen waren, kamen eilig wieder heraus und wurden in die entfesselte Stimmung hineingezogen.

Auch Boris war aufgesprungen und klatschte schallend in die Hände. Es war ja auch großartig, was Ulli tat, sie war fantastisch, einmalig, zauberhaft. Eine Königin war sie, ja, eine Pythia, die wusste, wie es gehen sollte.

„Napliwat´!", fluchte sie. „Scheißegal!"

Sie nahm noch einen Schluck und reichte die Flasche an die lange Ziegler weiter, die zu trinken nur vortäuschte, dann aber, von der Leichtfertigkeit ihrer Freundin angesteckt, gluckernd trank, als wäre es Wasser. Unter Gejohle ging die Flasche reihum. Der sie gerade in den Händen hielt und alle Blicke auf sich wusste, versuchte, die anderen mit protzigem Gehabe zu übertreffen.

Dann war Boris an der Reihe, ein Blick von Ulli genügte, er trank auf einen Zug die Flasche leer und warf sie ins Feuer. In seinem Mund, im Hals, in den Magen hinein feuerte es, die Hitze stieß wie ein Messer aus dem Bauchraum zurück durch die Brust unter die Schädeldecke. Boris zog Ralle hoch, der als Einziger noch gesessen hatte, presste ihm eine volle Flasche gegen die Brust und johlte mit den anderen.

Ralle sah den Freund an, als könnte er nicht begreifen, was da vorging. Boris zögerte einen Moment, schlang dann einen Arm um Ralles Hals und zog seinen Kopf nach hinten. In der anderen Hand hielt er die Flasche, öffnete sie mit den Zähnen, schrie: „Luke auf!" und ließ den Inhalt über Ralles Gesicht auslaufen. Ralle lag in Boris´ Arm und sah ihn unverwandt an.

Boris wandte sich der Menge zu und grölte: „Hab dich nicht so, alte Tunte!" Er ließ Ralle fallen, griff sich eine volle Flasche und rannte damit ums Feuer, die anderen in langer Reihe hinter sich herziehend. Er wechselte unversehens die Richtung, stieß wüste Schreie aus, die wie ein Echo zurückkamen, rannte zum Waschplatz, bog in den Wald ab, jagte zum Lager zurück und sprang, um seine Verfolger abzuschütteln, durchs Feuer. Seine Sachen brannten, er lachte, wollte weiterrennen, aber ihm wurden die Beine weggezogen, er stürzte hart aufs Gesicht. Noch immer fühlte er nichts, wollte nur weiterrennen und toben, aber sie drückten ihn nieder, ihm war, als rutschte er in einen Graben, der zugeschüttet wurde.

Wieder bei Besinnung, schlug er um sich. Kalinke und ein anderer Junge hielten ihn fest. Boris gab den Widerstand auf, sie hatten ihn mit Sand und Wasser, für den Notfall in Eimern bereitstehend, überschüttet. Nun spürte er auch den Schmerz. Ulli kniete neben ihm, ihr Gesicht war seinem ganz nahe, es war feucht und glänzte, die Haare waren zerzaust, da war noch ein Schrei auf ihren Lippen. Obwohl sie ihn ansah, schien ihr Blick wegzuhuschen, sie schüttelte den Kopf, streifte sein Ohr mit den Lippen und flüsterte atemlos: „Du Verrückter, du!"

Die lange Ziegler, deren Eltern Ärzte waren, hatte zu den Verletzungen auch gleich eine Diagnose: „Verbrennungen ersten Grades. Also nur die Epidermis, die äußere Zellschicht der Haut betreffend. Folgen: Leichte Rötung, Schwellung der Haut. Voraussichtlich keine Blasenbildung. Alles reversibel."

Der allgemeine Schock war schnell überwunden. Schon verlangte es sie nach der nächsten Sensation, sie waren allein, die Nacht gehörte ihnen, einmal in Fahrt gekommen, wollten sie sich von nichts aufhalten lassen. Etwas nie da Gewesenes musste passieren, von dem sie einander noch nach Jahren erzählen konnten.

Horst kam aus Standkes Zelt und schüttete vor ihnen einen Einkaufsbeutel voll Zigarettenpackungen aus. Sie rissen die Schachteln auf und reichten sie herum, jedem hing eine brennende Zigarette im Mundwinkel, es wurde zuerst unterdrückt, dann heftiger gehustet und wüst gespuckt. Horst öffnete eine neue Flasche, reichte sie weiter, forderte die anderen auf, zügig zu trinken. Einige spielten die Trunkenheit, manche konnten sich tatsächlich nicht mehr auf den Beinen halten. Einer von den Kettnerzwillingen kippte um und verfiel in Zuckungen, was Beifall fand. Sein Bruder kaute Glas und beteuerte lallend, dass alles echt sei, das Glas, seine Zähne, einfach alles. Zwei Jungen hatten ein kleines Erdloch ausgehoben und spielten mit Murmeln um Geld, das sie nicht hatten. Drei Mädchen, als Geist verkleidet, rannten jammernd durch den Wald. Maria erklomm wie ein Äffchen den Fahnenmast, schwenkte über der erschlafften Pionierfahne eine Flasche und rief in die Nacht: „Gelobt sei Jesus Christus!" Der Chor bekräftigte das jedes Mal mit einem gebrüllten: „Amen!"

In dem scheinbar aus dem Nichts entstandenen Chaos waren Boris und Ulli sich in die Arme gelaufen. Es war mehr ein Zusammenprall, sie stießen mit den Stirnen gegeneinander wie übermütige Zicklein, dass sie sich aneinander festhalten mussten. Auch als sie ihr Gleichgewicht wiedergefunden hatten, gaben sie sich nicht frei. Das Drumherum war wie ausgeknipst, es gab nur sie zwei, ihren jagenden Herzschlag, den aufreizenden Geruch nach Schweiß, der sie umhüllte, die sengende Hitze ihrer Haut, ihre wilden Blicke, sonst war da nichts.

Dann hörten sie es, wie aus einer zurückgelassenen Welt kam es herüber.

„Sandra!"

Die beiden lösten sich verwirrt voneinander. Die Käfigtür stand weit offen. Der gewaltig erscheinende Vogel saß auf dem unteren Ast einer Kiefer und strich mit dem starken Schnabel glättend über sein schillerndes Gefieder.

Alle starrten zu dem Kolkraben hinüber. Im Lager war es jählings still. Der Vogel war sozusagen heilig. Das war ungeschriebenes Gesetz. Er gehörte Ali. Nur er hatte ihn manchmal aus dem Käfig genommen und ihn sich wie einen Ara auf die Schulter gesetzt.

Ein Kettnerzwilling stand mühsam auf, schwankte und klopfte seine Sachen ab. Sein Bruder, der Glasfresser, spuckte aus, wischte sich mit dem Handrücken über den Mund und starrte entsetzt auf das Blut. Maria rutschte den Fahnenmast hinunter und stellte sich zu den Mädchen, die wieder eine Gruppe gebildet hatten.

„Wer hat den verdammten Käfig aufgemacht?"

Kalinke sah Boris, der noch eng neben Ulli stand, feindselig an und sagte: „Den Hund schlage ich tot."

Keiner wagte, sich auch nur zu bewegen. Boris verharrte, als hätte er die Käfigtür geöffnet und könnte sich nun verraten. Er sagte sich, es war unmöglich, dass er den Vogel freigelassen hatte. Und doch traute er es sich zu.

Hinter Kalinke stand sein Schatten, der lautlos mitgesprochen hatte, die anderen überwachte und auf ein Zeichen seines Herrn wartete, um prompt zu Diensten zu sein. In die Erstarrung hinein war ein klatschendes Geräusch zu hören, ähnlich einem Schuss, nicht von weit her, sondern mitten unter ihnen abgefeuert. Der Rabe schwang vom Ast ab, stieg mit lautlosem Flügelschlag auf und segelte im grellgelben Mondkreis über dem Zeltplatz.

„Korrk", klang es von weit oben herab. „Krock."

Es war, als legte sich eine Hand auf Boris' Nacken, unter der er gefror. Er wollte denken, aber auch seine Gedanken erstarrten, nichts ließ sich erkennen, nicht festhalten, er wurde hektisch, prallte ab an dem ihn umschließenden Eis. Als er sich steif und wie gegen großen Widerstand dem Mädchen zuneigte, wich es biegsam aus. Seine Bedrängnis nahm noch zu, war nicht auszuhalten, er warf die Arme hoch, rief: „Sandra fliegt!"

Er rief es noch einmal, einer rief mit, beim dritten Mal waren es schon viele, und dann stimmten alle ein.

„Sandra fliegt!"

Der Vogel segelte in Kreisen herab, er wollte wohl landen. Jedes Mal scheuchten ihn Rufe und abwehrende Armbewegungen wieder hoch. Einmal schaffte er es bis zu seiner Behausung, einer kippte den Käfig um, ein anderer schlug mit einer Stange nach ihm. Schließlich schraubte er sich wieder in die Höhe, flog ein Stück landeinwärts und drehte schließlich zum Meer hin ab.

Gehässige Bemerkungen fielen. Streit brach aus, ein Junge schlug auf einen anderen ein, einer der Zwillinge greinte, Mädchen kratzten einander und würgten sich, die lange Ziegler bekam einen Schreikrampf. Boris und Kalinke sprinteten zur Klippe, rutschten schreiend die Böschung hinunter, kamen hart zu Fall, halfen sich wieder auf und hinkten zur Strandmitte, wo der Blick frei war.

Der Vogel flog nicht allzu hoch aufs Meer hinaus. Das Wasser war wie ein goldener Spiegel, der jeden Rahmen gesprengt hatte. Der Himmel wölbte sich in heiterem Blau und mit Sternengefunkel kuppelartig über die See. Die beiden Jungen wurden sekundenlang in das märchenhaft anmutende Bild einbezogen. Der Vogel war das Einzige, was sich darin bewegte, und das auch nur unmerklich, als wollte er sich da rausstehlen.

„Soviel steht fest", sagte Kalinke. „Ohne das Rabenvieh brauchen wir uns bei Ali gar nicht wieder sehen zu lassen."

Boris nickte nur und begann, bedächtig seine Sachen auszuziehen.

41.

Die anderen waren inzwischen herangekommen. Sie sahen wortlos zu, wie Boris nun völlig nackt die kurze Hose sorgsam zusammenfaltete und auf einem Stein ablegte. Darauf schichtete er seine Unterwäsche und den Pulli. Seine Sandalen, parallel ausgerichtet, stellte er obenauf.

Er richtete sich auf, wollte an Kalinke vorbei, es kam zu einer kurzen heftigen Rempelei. Boris stieß Kalinke weg und lief zum Meer. Kalinke riss sich nun auch die Kleider vom Leib, brüllte Horst etwas zu, deutete mit ausgestrecktem Arm zum Lager hoch. Sein Gefolgsmann blieb ungewohnt trotzig stehen.

Auch Ulli warf ihre Sachen ab und rannte mit Kalinke Boris hinterher, der bereits in die See watete und mit einem Kopfsprung darin verschwand. Jetzt kam auch Ralle die Klippe heruntergerutscht. Er ging tapsig über den Strand, stapfte durchs Wasser und begann, ohne die Sachen abgelegt zu haben, ruhig und energisch zu schwimmen.

Alle rannten ins Wasser und schwammen ein Stück hinaus. Bald kehrte die eine, bald der andere um, bis sie wieder am Strand standen, frierend und unsicher.

Wenn Boris auftauchte, orientierte er sich an einem kleinen weißen Fleck im leuchtenden Blau. Er dachte, dass der da nicht hingehörte, er wollte ihn aus dem Bild haben, damit alles vollkommen war.

Boris schwamm unter Wasser mit gleichmäßigen, kraftvollen Bewegungen, tauchte für einen Atemzug auf, er hatte seinen Rhythmus gefunden, so könnte er Stunden schwimmen, Tage, immer. Als dann Kalinke und Ulli neben ihm waren, fühlte er sich gestört und schwamm unwillig weiter, ohne dabei abzutauchen.

Kalinke sagte: „Was soll das jetzt, Mann?"

„Weißt es doch selbst."

„Der hässliche Vogel ist kaum noch zu sehen", sagte Ulli. „Lasst uns einfach umkehren."

Sie schwammen gleichauf und nur wenige Meter voneinander entfernt. Über der unbewegten Oberfläche des Wassers kamen ihre Stimmen wie von weither und klangen weithin.

„Schwimmt schon mal zurück", sagte Boris. „Ich komme gleich nach."

„Hier draußen sind verdammte Strömungen", gab Kalinke zu bedenken. „Die merkst du gar nicht. Auch wenn´s ruhig ist."

„Lass mich mal machen."

„Das ist doch sinnlos", beharrte Kalinke. „Was willst du denn beweisen? Ich hau dich sowieso um. Immer."

„Schon in Ordnung", sagte Boris ruhig. Er dachte, dass er das alles hinter sich ließ: Die aufreibende Konkurrenz mit Kalinke, Alis immer gegenwärtige Nähe, seine Ungewissheit über Standke, die Insel, das Zuhause mit den beiden guten Alten, die Zeit im Heim, den Traum vom Haus ohne Anfang und Ende.

„Ich wünsche eine gute Nacht, Männer!", rief Ulli auf Russisch. Sie warf sich herum und kraulte zum Ufer zurück.

Selbst das Mädchen rückte von ihm weg. Es hatte nichts damit zu tun, dass sie umkehrte. Sie löste sich aus ihm und entfernte sich. Auch Vera blieb zurück. Sie rief etwas. Er konnte es nicht verstehen, es spielte keine Rolle mehr. Mit jedem weiteren konzentrierten Schwimmstoß wuchs der Abstand zu allem.

„Sandra kommt schon zurück", versprach Kalinke eifrig. „Der Vogel ist doch nicht blöd. Der weiß schon, dass er allein nicht hinkommt."

Seit Ulli weg war, schwamm Kalinke unruhiger, er sah sich um, dann versuchte er Boris abzudrängen.

„Nun komm schon", sagte Kalinke bittend. „Wir schwimmen jetzt zurück und legen Futter aus. Raben sind verfressen. Du wirst sehen, wie schnell das Vieh wieder da ist."

Hier draußen kräuselte sich bisweilen die See, ohne dass Wind zu spüren war, mitunter hob sich sanft eine einzelne Welle von dem glatten Untergrund ab. Manchmal meinte Boris, den Vogel zu sehen. Aber das war ihm auch gleichgültig. Er würde weiter schwimmen.

„Hau ab, Kalinke", hörte Boris sich wie von weither nach weithin mit vielen Stimmen sagen. „Nun hau schon ab. Ich komm dann nach."

„Wirklich?" Kalinke klang unentschlossen, ja, zaghaft.

„Ja doch."

„Versprichst du´s?"

„Ich versprech´s."

Kalinke atmete stöhnend auf und tauchte neben ihm weg.

Nun hatte Boris das Meer endlich für sich allein. Das war ein großartiges Gefühl. Er konnte schwimmen. Ohne Ende. In alle Richtungen. Frei von allem. Da waren nur er selbst und das Meer. Er liebte das Meer. Der alte Fischer Santiago hatte es geliebt. Auch der Fischerjunge Manolin, der über den Schlaf des Alten wachte, als die Haie ihn besiegt hatten, liebte es. Endlich habe ich gefunden, was ich brauche, dachte Boris. So einfach ist das. Er musste nur schwimmen. Ohne Eile. Zug um Zug.

Da war etwas hinter ihm. Es blieb nicht zurück, tauchte nicht weg, es begleitete ihn. Er legte sich aufs Wasser. Er hörte nichts, gar nichts. Er sah sich nicht um. Auch das war nicht mehr wichtig. Nichts war mehr wichtig. Er war so beruhigt, wie das Meer es war. Wie es über ihm der Himmel war. Es gab auch keine Zeit mehr. Keine Frage. Das Bild der Mutter war wieder da, als wäre es nie verloren gewesen, als lebte sie noch. Aber auch die Mutter blieb zurück. Nun hatte er nichts mehr und von allem genug.

Die Nacht war groß, so groß, so weit, unvorstellbar weit, und er wurde es auch, groß und weit. Er war müde, so müde. Es war angenehm nachzugeben. Sich sinken zu lassen. Zu gleiten. Ja, zu fliegen. Höher, immer höher.

Da war er hellwach, Angst schüttelte ihn, er trat und schlug sich nach oben. Als er Luft hatte, schwamm er weiter. Wieder in die Müdigkeit hinein. Der alte Santiago fiel im wieder ein. Er schlief über dem Meer in seiner Hütte. Drinnen war es dämmrig. Nur durch den Türspalt langte ein goldener heißer Finger herein, der sich bewegte, wenn vom Meer her eine Bö hochkam. Es gab nur einen Tisch und einen Stuhl und auf dem Erdboden eine Feuerstelle, die schon lange nicht mehr benutzt worden war. Die Schlafstelle war nicht viel größer als ein Kinderbett. Der alte Mann lag auf seinem Gesicht. Malino, der Junge, saß neben ihm, summte vor sich hin und dachte an das große, lange, weiße Rückgrat mit dem riesigen Schwanz, das im Hafen von der Flut geschaukelt wurde.

Warum der alte Santiago wohl von den Löwen träumte?, dachte Boris. Das würde er wohl nie verstehn.

42.

Die Morgen waren klar und kühl, die Tage waren dem Herbst näher als dem Sommer. Wo das Zeltlager gestanden hatte, war eine saubere, wie gekehrte Fläche mit einem rußigen kreisrunden Fleck. Der in die Erde gerammte Ast mit der Muschel, die einem ausgeblichenen Tierschädel ähnlich war, sollte noch lange dort stehen.

Zuhause, in Lerchau und den umliegenden Auendörfern, wurde über das Wegbleiben der beiden Jungen viel gerätselt. Die Malischs sagten nur, dass ihr Sohn bei Verwandten sei, und bald darauf verließen sie bei Nacht und Nebel das Dorf. Die beiden Alten, Anna und Bruno, waren noch wortkarger geworden, ihr Leben spielte sich fortan fast ausschließlich auf ihrem kleinen Grundstück ab.

Bald hatte jeder seine Geschichte. An der Schule wurden „Aussprachen" mit Teilnehmern des Zeltlagers geführt. Im Direktorzimmer saßen Schüler und Betreuer, einzeln, für ein paar Minuten oder auch eine Stunde, zwei Männern gegenüber. Die beiden kamen ein paar Tage lang aus der Stadt in einem Wartburg vorgefahren und stellten immer wieder dieselben Fragen. Auch die Malischs und Abendroths wurden mehrmals von ihnen aufgesucht. Danach wurde offiziell über die beiden Mitschüler nicht mehr gesprochen. Und doch behielten sie in der Schule eine Bleibe, ähnlich Geistern, von denen man weiß, dass sie nicht existieren, aber in den Köpfen ab und an spuken. Wenn der Name eines der beiden Jungen doch einmal fiel, hieß es gleich: „Der Unfall. Ach ja."

In den Westnachrichten war von der Bergung zweier ostdeutscher Jungen in der See vor Rügen die Rede gewesen. Ein Sportboot aus der Bundesrepublik Deutschland hätte sie in internationalen Gewässern an Bord genommen. Der eine Junge hätte alle in Erstaunen versetzt, indem er steif und fest behauptete, auf dem Weg zu den Cookinseln zu sein. Bei stabiler Gesundheit werde er wohl bald den DDR-Behörden übergeben werden. Den anderen Jungen habe man leider nur noch tot bergen können.

Nachtrag

von Lothar Womacka, ehemals Ali

Die Sache liegt nun schon Jahre zurück. Über zwei Jahrzehnte. Eine Ewigkeit also. So eine Ewigkeit vergeht nicht. Das ist das Verfluchte daran. Wer nicht die Deckung dichtmachen kann, den erwischt es und haut es auf die Bretter. Was war, sollte vergessen sein. Ist aber nicht.

Die Sache ist eigentlich keine Sache. Sie ist eine Geschichte. Trage sie mit mir herum, wie seinerzeit der Seefahrer Sindbad den nackten Mann auf seinem Rücken herumgeschleppt hat. Konnte sie einfach nicht abwerfen. Kann noch immer nicht. Sie hat mich schon ganz wund geschunden. Tief da drinnen. Dort, wo keiner hinkommt.

Was ich nicht schon alles versucht habe, diese Last loszuwerden. Ich bin gerannt. Sprint. Mittelstrecke. Zehntausend Meter. Schließlich Marathon: Rennsteiglauf, Moskau, Berlin, New York, Sydney, um die halbe Welt also. Dann andersrum: Autogenes Training, Stille, Einsicht, Jenseits, Zen, die Erfahrung der Einheit allen Seins, Tantra, Yoga, schließlich Tanz. Die Musik. Alles kann Sinn machen. Auch der Unsinn. Aber dich selbst kannst du nicht einfach austauschen gegen jemand anderen. Und diesen nackten Kerl auf dem Rücken, diese Geschichte also, sie rennt mit dir um die ganze Welt. Sie sinkt mit dir ins Nirwana. Aber auch nach dem Verlöschen kehrst du zurück. Und nach der Atemlosigkeit des Marathons sitzt dir wieder dieser verdammte Kerl im Nacken.

Die Ruhe war für mich schwerer auszuhalten als das Laufen. Das Rennen hat mich erschöpft, es war Flucht. Aber die Ruhe kann schon Angst machen. Sie war Ankunft. Du weichst auf und verlierst deine Form. Doch die Lösung des Problems, wenn es denn eine gibt, muss irgendwo auf der Strecke liegen.

Mich hat es schon immer umgetrieben. Als die Grenzen noch dicht waren, mehr in mir. Als Zäune und Mauern fielen, dann in der Welt. Noch heute treibt es mich umher. Wenn ich wo angekommen bin, denke ich, das ist es. Ist es aber nicht. Also weiter.

Irgendwo muss es doch sein. Aber ich kann nicht mehr daran glauben.

Nach der Sache bin ich Lehrer geworden. Sport und Geschichte. Vom Sport verstehe ich was. Die Geschichte schreiben die Sieger. Nur die Jahreszahlen sind verlässlich. Ich kenne sie alle. Kann sie im Schlaf runterrasseln. Wie die Glieder einer Kette, die bis nach Neandertal zurückreicht. Als in Deutschland dann aus zwei eins gemacht wurde, habe ich weiter unterrichtet. Überall mussten Kollegen wegen ihres roten Wundmals den Hut nehmen. An unserer Schule haben sie über mich dichtgehalten. Doch nichts ist so dicht, dass nicht irgendwann was durchsickerte. Ich kündigte, bevor man mich rauswarf.

Im Profisport brauchten sie mich. Ich bin so eine Art Spürhund für Boxtalente geworden. Durchstöbere für zwei große Boxställe den gesamten Osten. Habe für die Ringbosse schon drei spätere Weltmeister rangeschafft. Würde ja so ein paar Jungen gern selber trainieren. Aber ich soll mich im Hintergrund tummeln.

Ich lebe allein. Ohne Frau. Keine Kinder. Meine Eltern sind zeitig auf die große Reise gegangen. Mein Bruder war noch nie mein Bruder. Die Onkels und Tanten leben auf fernen Planeten. Inzwischen bin ich wohl so um die Fünfzig. Zähle meine Jahre nicht. Bin in bester körperlicher Verfassung. Das heißt, dass ich den nackten Kerl auf meinen Schultern noch lange ertragen muss. Er scheint daran keine Freude zu haben. Mir ist sie schon lange vergangen.

Ich hatte also zu schreiben begonnen. Bin noch einmal in der Zeit zurückgegangen. Zu dem Ort, wo die Geschichte spielt. Dieser Weg zurück fällt schwer. Verdammt schwer. Aber er muss wohl sein. Natürlich weiß man heute mehr als damals. Nimmt man an. Vor allem weiß man jetzt alles besser. Einiges vielleicht. Diese aufgeschriebene Geschichte, sie liegt nun auch schon wieder zurück. Besteht aus Wirklichem und Erfundenem. Vielleicht reimt sich ja ein Stück Wahrheit zusammen.

Aufschreiben heißt dazulernen. Habe ich erfahren. Vor allem das Verstehen. Die Menschen, ihre Herkunft, die Charaktere, ihr Denken und Fühlen. Feindschaft und Freundschaft. Die Liebe. Verstehen: die Landschaft, die Zeit, das Wetter, das Ganze und das Einzelne. Das Gesagte und das Ungesagte. Das Gerechte und das Ungerechte. Anfang und Ende. Fließen und Stillstand. Auch mich musste ich neu bedenken. Muss es immer noch. Um der Gerechtigkeit willen. Was ich nicht wusste, versuchte ich herauszufinden. Was ich nicht wissen konnte, ließ ich mir von denen sagen, die es wissen mussten. Und was mir keiner mehr sagen konnte, das dachte und fühlte ich.

So entsteht aus der Quelle ein Bächlein, möglicherweise ein Fluss, der da fließt, mal schneller, mal langsamer, hier heller, dort dunkler, geradlinig und dann wieder in engen Bögen, doch nie im Kreis. Vielleicht kann ich mich diesem Fluss, den ich geschaffen habe, anvertrauen samt des, auf meinen Schultern verwachsenem, Alten. Wenn wir nicht zusammen untergehen, wird uns hoffentlich leichter werden auf dem Weg zum Meer.

Anhang

Autor und Verleger erlauben sich, dem epischen Text ein Glossar anzufügen, weil schon zu DDR-Zeiten für so manchen Deutschen westwärts der Mauer die „real existierende DDR" ferner lag als der Australische Busch und Mallorca sowieso. Und für die heranwachsenden Deutschen wäre es bei verordneter Globalität nicht von Übel, wenn sie über die jüngste Geschichte ihres Landes mehr als nur einen blassen Schimmer hätten. Nur wer weiß, woher er kommt, kann sich ein Bild machen, wohin er will.

Ferner möchten wir einen Einblick in die Preuß´sche Schreibwerkstatt geben, wo der Literaturwissenschaftler Prof. Kuhnert im Briefwechsel mit dem Autor dieses Romans ist. Für den wohlgesinnten Leser könnte das Ringen um die Entstehung eines literarischen Textes durchaus von Interesse sein. Wir versprechen, dümmer wird davon keiner. Ob schlauer, weiß vor der Lektüre niemand zu sagen. Wer beides – Glossar wie Schlüssellochblick in die Schreibwerkstatt – nicht braucht, möchte freundlichst über unsere Aufdringlichkeit hinwegsehen. Betreffs des Glossars möchten wir loswerden, dass die Babylonische Sprachverwirrung im deutschen Land hoffentlich nicht nur uns große Sorge macht. Unsere wunderbare Muttersprache, rapide zunehmend von Amerikanismen entstellt, bietet für den Alltag, den Beruf und vor allem auch für die Kunst eine opulente Palette von Ausdrucksmöglichkeiten wie wenige Sprachen dieser Welt. Es ist durchaus noch lesenswert, was der gewiss umstrittene expressionistische deutsche Dichter und Politiker J. R. Becher bereits 1949 zum Erhalt und zur Pflege unserer deutschen Sprache gesagt hat:

»*Wenn davon die Rede ist, dass wir Deutschen bereits eine verschiedene Sprache sprechen, und die Sprache im Osten nicht mehr verständlich sei der im Westen und umgekehrt, so wollen wir, entgegen diesem schädlichen Gerede, ebenso, wie wir uns zu einem einheitlichen Deutschland bekennen, gerade heute und hier uns feierlich zu unserer einen deutschen Sprache bekennen, die, so verschiedenartig ihre Dialekte auch sein mögen, in allen vier Himmelsrichtungen unseres Vaterlandes immer noch trotz alledem, was ihr geschehen ist, die eine, gleiche deutsche Sprache ist und von der wir nicht lassen werden als unserem kostbarsten Wesensgut.«* (November 1949, aus einer Rede vor Intellektuellen)

Mit Dank

Gunter Preuß   Rainer Schulz

Böhlitz-Ehrenberg, 30. 11. 2009

Lieber Gunter,

ich freue mich, dass ich „Die Gewalt des Sommers" lesen durfte. Dein Text hat mich beeindruckt. Erst musste ich mich in Deine konfliktreichen, anfänglich sehr reflexiven Figuren einlesen; schnell nahm mich die poetische Sprache gefangen, in der sich empfindsames Naturerleben mit diffizilen psychischen Befindlichkeiten einfühlsam mischen, und spätestens, nachdem mit dem Kampf der beiden Jungen zu den inneren Bewegtheiten auch heftige äußere Aktionen hinzukamen, war ich richtig gefesselt. Es traf sich gut, dass ich gerade Deine „Rufe in die Wüste"[1] gelesen hatte – darin entdeckte ich zahlreiche Aussagen, die wie eine aktuelle Reflexion Deiner Intentionen wirkten, obgleich sie oft schon Jahrzehnte vorher formuliert wurden. Das spricht sehr für Deine Geradlinigkeit, ermöglicht es doch höchste Achtung für einen ungebrochenen moralisch-ästhetischen Anspruch kontinuierlich über Zeiten und Ordnungen, Umbrüche und Wenden hinweg. Ich habe auch in meinem eigenen Artikel „Durchkommen und wissen, was zu tun ist"[2] nachgelesen, was ich dort vor mehr als 20 Jahren zu „Tschomolungma"[3] und „Feen sterben nicht"[4] geschrieben habe. Allein die alte Überschrift könnte über einer Rezension zu Deinem neuen Text stehen, auch könnte ich gleich aufhören über Dein neues Buch nachzudenken, denn das Wichtigste steht schon in dem Artikel über die vorherigen. Auch das ist ein schöner Hinweis auf die Ungebrochenheit Deiner Werte und Ambitionen. Schließlich habe ich auch noch einmal bei Hemingway nachgeschaut, denn sein Werk und sein Leben(sende) bilden die ideelle Klammer in Deinem neuen Text.

„Suchen heißt für mich: Auf ein Ziel hin in Bewegung sein. Dabei erkennt mancher erst sein Ziel, wenn er sich schon geraume Zeit bewegt hat."[5] Oder: „Wie bewege ich mich auf ein Ziel zu, ohne dabei mich selbst und das Ziel zu verlieren?" Was Du da für Dich selbst formulierst, gilt wohl auch für Deine Hauptfigur. Boris ist wie Peter Ruprecht[6] ein Suchender; das Ziel ist noch fern, selbst die Bewegung muß erst in Gang kommen. Hinter ihm liegt die dörfliche Kindheitswelt, überschaubar, aber mit einer Enge, der er zu entkommen hofft; vor ihm liegt nur bedrohlich Unbekanntes, ein endlos weites Feld, wie soll er da hinüber kommen: der Vater unerreichbar, die tote Mutter nur schemenhafte Erinnerung, die Großeltern zumindest aktuell nicht greifbar, den Mitschülern fühlt er sich ohnehin nicht zugehörig – der Weg ist aus sich selbst, aus selbst gefundener Kraft zu finden. Aber wie und wo findet er zu dieser Kraft? So einer braucht Ali, den starken Kämpfer mit dem Siegeswillen gegenüber jedem und sich selbst, der weiß, wo der Feind steht und was gut für Boris ist. Leider, reflektierst Du 1987, „hoffen Menschen auf einen ‚Erlöser', der ihrem Leben einen ‚höheren Sinn' geben soll, sie aus der Banalität des Alltags holt", ihnen „immer wirksamere Schutzschilde gegen" die Gefühle ermöglicht, „knochenhart und unantastbar". Aber Figurenkonstellation (auch der Erwachsenen), psychische Differenzierung und thematisch-ideelle Dimension sind weiter und differenzierter gefasst als in „Tschomolungma". Boris kommt nicht vorbei an dem dicklichen Ralle mit der großen intellektuellen Skepsis allem und allen gegenüber (nur nicht gegenüber den eigenen Träumen), der ihn gerade wegen seiner Unabhängigkeit vom Urteil anderer fesselt; er muss das schlagstarke Hindernis Kalinke körperlich und vor allem auch seelisch überwinden und bei Ulli ausstechen; dabei entdeckt er überrascht nur einen traurigen, verunsicherten Kerl wie er selbst einer ist. Und dazu noch die unbewältigten emotionalen Initiationen durch die Mädchen! Diese Ulli ist aber auch eine tolle literarische Figur (nicht Charakter)! Sie wird sich ihrer Weiblichkeit, auch Sexualität bewusst, probiert sie aus, spielt damit, natürlich ohne sich klar zu werden, wie zerstörerisch sie dabei auch mit den beiden Jungen spielt. Wahrscheinlich macht sie sich auch deshalb keine Gedanken darüber, weil sie beide anziehend findet, ihre Wirkung auf andere auskostet und aufgrund ihrer anmaßenden Egozentrik das alles für ihr gutes Recht hält.

Zunächst glaubt Boris noch, alles um ihn herum ginge ihn nicht viel an, er könne sich wegschleichen. Boris legt sich erst einmal in die Waldkuhle, genießt Einsamkeit, Ruhe und Natur, hat aber Einblick ins Lager und verliert nicht den Blick zu Himmel und Meer. Herrlich!! Und dann wird er weggehauen, das Geschehen nimmt seinen Lauf. „Ein Suchender ist losgegangen und hier und da angeeckt ... verspürt Schmerz oder Freude ...", bekennst Du über Dich selbst. Ich muß Dir nicht erzählen, wie es weiter geht und Dir Dein eigenes Buch erklären, aber ich wollte die Richtung benennen, in die meine Sympathie und Zustimmung für Deinen Text gehen. Du benennst 1983 die „Grundthemen für die Kunst" selbst: Liebe, Krieg, Lüge, Tod, Glückssehnsucht. Ich entdecke sie in der Handlung eindrucksvoll. Dennoch möchte ich von drei Sachverhalten sprechen, die mich irritieren. Die beiden ersten sind nicht so sehr wichtig, der dritte ist eher substanziell.

Die erste Irritation ist die Verlagerung in ein Pionierlager der DDR. Ich weiß, Du wolltest keinen historischen Roman schreiben - der historische Milieurealismus müsste sonst ganz anders sein, um vom heutigen jungen Leser als Zeitdokument erfasst zu werden. Aber Du provozierst damit sofort eine zusätzliche und meines Erachtens ablenkende Denkrichtung gegenüber der schon benannten Problematik des Altersumbruchs: Wie war das denn so im Pionierlager der DDR, wie war es überhaupt mit den Lehrern in der DDR, was machte denn ein Pionierleiter (ach so, das war also ein Trainer!)? Das wirkt zwar nicht so zwingend wie bei Tellkamps Roman „Turm" die Suche nach realen Straßen und Gebäuden auf dem Weißen Hirsch und an den Loschwitzhängen Dresdens, aber durch das Schicksal der Mutter ist die Zeitbindung eng mit Boris' Situation und mit den Kategorien Lüge, Offenheit, Vertrauen, Macht, Tod, Versagen verbunden. Ich fürchte, dass der Konflikt der Mutter überhaupt nicht begriffen werden kann von den durchweg ahnungslosen Lesern, die bei Umfragen z. B. Honecker als Präsidenten der Bundesrepublik bezeichnen. Sie müssten also viel mehr über die DDR erfahren, als es hier geschieht. Das tangiert dann schon das Verständnis für die zentrale Auseinandersetzung mit Suizid, Sieg und Niederlage, verhindert höchstwahrscheinlich in vielen Fällen eine kritische Auseinandersetzung mit Boris' Verzweiflung über Mutters angebliches Versagen und im weiteren Sinne auch über Hemingways Versagen, das in den gleichen Topf geworfen wird.

In der offiziellen DDR-Ästhetik wurde ein freundschaftlicher Rat von Friedrich Engels an eine minder begabte Autorin zum Diktat: die Treue des Details. Wer bestimmt die Einhaltung, wer prüft sie, woran misst er? Am massenhaften Vorkommen? An den eigenen stets subjektiven Erfahrungen? Ich war als Kind 1950 in den Sommerferien zwischen 7. und 8. Klasse in einem Pionierlager, als Student 1954 und 1955 für die Lagerbibliothek, später unmittelbar nach dem Mauerbau 1961 noch einmal. Ende der 60er bis Ende der 70er Jahre betreute ich im September unsere Studentinnen im Fachschullager für die DRK-Ausbildung, übrigens immer in Glowe am anderen Ende der Schabe. Meine Erinnerungen an diese Aufenthalte sind ganz anders, sogar die an Zingst 1961 in dieser ideologisierten Zeit. Ich hatte am 11. August die Fahrt in Berlin unterbrochen und Westberlin inspiziert. In Zingst angekommen - übrigens in einem Lager des Ministeriums für Nationale Verteidigung! –, erfuhr ich von der Grenzschließung und gab die geforderte Demutserklärung ab. Die stärkste Lagererinnerung ist aber meine allabendliche dialogisierte fröhliche Lesung mit Schülern aus Nossows urkomischen „Lustigen Geschichten", erfolgreich über den Lagerfunk (!) geschickt. Aber deshalb muss „Dein" Lager oder gar Dein schlimmer Propagandafunk nicht falsch sein! Ich finde nur nicht heraus, in welcher Zeit das Geschehen angesiedelt ist. Die Kinder in den Netzen der vollbesetzten Züge deuten auf Anfang der 50er Jahre, die Zufahrt der Milch auf klapprigem Wagen in Kannen ähnlich auf die 50er, vielleicht noch 60er Jahre, danach gab es bessere Transportfahrzeuge, später gar die Milchtüten. Probleme habe ich mit dem Singen und den Liedern der Lagerkinder. Die ungebrochen herausgeschmetterte lupenreine Kenntnis der Kampf- und Jugendlieder war allerspätestens Ende der 70er vorbei (wenn es sie außerhalb von Singegruppen und Chören überhaupt jemals gab), aber da begann erst die Punkbewegung im Westen, zu uns kam sie verzögert, wenn auch intensiv, beides passt wohl nicht zusammen. „Arbeiter, Bauern, nehmt die Gewehre" (ohne „und" zwischen den Arbeitern und Bauern) hat eine schwer zu singende Eisler-Melodie (Text von E. Weinert) und hat bestimmt nirgends zum täglichen Singe-Liedgut von Kindern gehört. Die Beatles-Lieder wurden zwar zeitig halbillegal und dem 60:40-Gebot zum Trotz auf Tanzveranstaltungen gespielt, aber in das offizielle Liedgut bei Pionierveranstaltungen, wenn überhaupt, frühestens in den 80ern eingeführt. Mitte der 70er kaufte ich mir am sozialistischen Balaton eine Sonnenmütze mit dem fetten Aufdruck „Beatles" – ich getraute mir damals nicht, sie in der DDR aufzusetzen, zu lebendig war immer noch Walter Ulbrichts altes Verdikt „Yeah yeah oder wie das alles heißt".

Gar nicht zeitlich einordnen kann ich Boris` Überlegungen, wie denn der Klassenfeind aussehen könnte, der müsste doch auch irgendwie ein Mensch sein. Boris kommt nicht aus einer 200%igen SED-Familie und muss also das Aussehen dieser Menschen aus ARD und ZDF kennen. Käme er aber aus einer derartigen staatstreuen Familie, würde er die bösen „Bonner Ultras" aus dem „Schwarzen Kanal" kennen. Auch wenn nach unseren heutigen Medien die DDR vornehmlich Stasi-Terror und liebeoffenes FKK-Land war, ist mir das Nacktbaden der Pubertierenden ganz unwahrscheinlich. Wenn ich zu DDR-Zeiten am Elster-Saale-Kanal war, waren dort viele Nackte, aber zwei Gruppen waren immer badebekleidet: die mittelalterlichen Kleinbürger, die sonntags mit Klappstuhl, Klapptisch, Kaffee und Kuchen ankamen, und die g`schamigen Zehn- bis Achtzehnjährigen. Die einen wie die anderen taten oder unterließen es freiwillig. Ich schweife ab, aber es ist so kurios: Jahre lang ging ein pensionierter nackter Pfarrer den Kanal entlang und begrüßte jeden Nacktbader mit der Hand, weil er sich in den 50er Jahren für die Freigabe eingesetzt habe und das Gelände nun als seines ansah; aber ein anderes Mal erzählte mir ein in die Jahre gekommener Funktionär, wie sich seine Arbeiterjugend in den Zwanziger Jahren für ein Nudistencamp am Kanal eingesetzt habe (damals gab es den Kanal noch gar nicht.) Wenn auch Abschweifung, so zeigen diese Anekdoten doch die Subjektivität unserer Erinnerungen. Lassen wir es deshalb bei diesen Details und der Treue-Frage, denn nicht jedes ist wichtig, aber das Gesamtbild, das sich daraus ergibt. Und hier fallen mir die Puzzle-Teile auseinander. Doch noch eins: Es bleibt mir fraglich, ob die Kinder wirklich das „Kommunistische Manifest" auswendig lernen mussten (und wenn ja, ob sie es auch beherrschten)! Doch noch eine Frage: Hast Du die russischen Sätze geprüft? Dein „Entschuldigen Sie bitte" z. B. auf S. 79 kenne ich nur als „prositje paschalussta".

Die zweite Irritation betrifft Ralle: er hält sich fern von dem Gemeinschaft stiftenden Sport, lebt ohne Achtung schaffende körperliche Kraft, bleibt hinter einem rätselhaften seelischen Panzer beinahe unerreichbar, ist mit seinem Blick für menschliche Innenwelten fast schon unheimlich, wird durch die spöttische Negation lästig, gefährdet sich mit seiner praktizierten politischen Feindschaft selbst ... Er ist so ganz anders als alle anderen; für seine Mitschüler wie für die Leser steht er schon im Abseits. Aber immerhin: Er ist der kluge, selbstständig denkende, Denkschablonen durchbrechende Junge, dem Freund sensibel zugetan. Er sieht viel von dem, was in Boris vor sich geht, aber als Lösung kann er ihm auch nur das anbieten, was er für sich als Lösung weiß, die Flucht, das Abstreifen, den Aufbruch in ganz andere Welten. Nun, er hat Visionen, als einziger neben der Siegesabsicht Alis. Und er ist immerhin derjenige, der überlebt. Also sollte man am Ende nicht denken, der Spinner hat das ja gar nicht verdient, man sollte sich vielmehr interessiert fragen können: Was macht diesen beiseite Geratenen doch so stark? Sein Leben ist wohl gerettet, aber hat er auch zu leben gelernt, erfüllten sich seine Träume, ist er glücklich geworden, kann er überhaupt glücklich werden? Das auszuführen, wäre dann freilich ein ganz neues Buch, aber einen gedanklichen Anstoß könnte die Annahme der Figur durch den Rezipienten geben. Du reflektierst die Stellung eines solchen Jungen in Deinem Gespräch mit Tittel: „Er wird zum Träumer erklärt, man ruft ihn ‚Spinner', etwas Kränkliches scheint ihm anzuhaften, man läßt ihn am Rande stehen oder geht ihm aus dem Weg." Warum gibst Du ihm in Deinem Buch keine Chance, für den Leser zu einer möglichen Korrekturfigur zu werden? Anders, aber nicht kränklich zu sein? Kein Spinner zu sein? Warum also noch mit qualliger Fettleibigkeit und Schwulenverdächtigung hoffnungslos gänzlich in's Aus stellen? Ich sehe sogar die Gefahr, dass seine wertvollen Eigenschaften entwertet werden. In diesem Gespräch sagst Du auch: „Das eigene Denken, das sich über Zweifel und Widersprüche zurechtfinden wollen und müssen, die Möglichkeiten zur Entdeckung der Welt durch das unverwechselbare Ich, bekommen zu wenig Raum, um sich ... entwickeln zu können." Ralle scheint mir von allen Figuren, Kindern wie Erwachsenen, in dieser Hinsicht am weitesten zu sein. Die Schuld der anderen, ihn einzuengen und nicht anzunehmen, wird m. E. heruntergespielt.

Nun das eigentliche Problem für mich. Siegen und Versagen werden leitmotivisch mit Hemingways „Der alte Mann und das Meer" verknüpft: jeder soll sich ebenso als Sieger behaupten und – sinngemäß – den erkämpften Fisch als Lebensernte heimbringen, und wenn es sein muss auch als Skelett. Kampf und Sieg sind in der Auffassung von Ali und Boris an Kampf und Sieg Santiagos[7] gebunden, Versagen und Niederlage dagegen an den Selbstmord Hemingways. Zu Boris' traumatischen Vorstellungen kommt es, als er schrittweise vom Selbstmord der Mutter und dem Versagen Alis erfährt. Alis nach außen vorgetragenes Denken ist beherrscht von dem sichtbaren Triumph über andere und sich selbst, weitgehend ausgeblendet bleiben Reflexionen über Schmerzen, Leid und Qual, gar über Verzweiflung über das Ende jeglicher Hoffnung auf Lebensaktivität. Ali hat unter seinesgleichen keinen entsprechenden Gegenspieler, als ungeklärten Feind nur den verkorksten Standke. Korrekturen, Ergänzungen, Aufklärung finden nicht statt. Die eigentliche Tragik für Boris sehe ich darin, dass niemand da war, der ihm sagen konnte, dass es verzweifelte, ausweglose Lebenssituationen geben kann, in denen nur der Sieg über sich selbst, über sein eigenes Leben zum Einklang mit sich selbst führen kann; Lebenssituationen, in denen die Kraft zur Selbstbestimmung über das Lebensende Harmonie mit allem Kreatürlichen gewährt. Der Sinn von Hemingways „Altem Mann" und Hemingways eigenem Lebensende erschließt sich erst mit dem letzten Satz, den ein Kämpfer Ali nie begreift, den ein Vierzehnjähriger sich nicht erschließen kann und der folglich in Deinem Text ausgeklammert bleiben muss: „Der alte Mann träumte von den Löwen" – ein harmonisiertes Bild, ruhig und vertraut, ohne Angst, ohne sich zum Kampf herausgefordert zu fühlen. Er hat es geschafft, er hat sich bewiesen, nun ist er mit dem Schicksal versöhnt, Friede zieht ein in die Persönlichkeit. Aber dazu gehört auch ein großes Leben bis zu diesem Punkt. Als Harry („Schnee auf dem Kilimandscharo") im Sterben liegt, dachte er von sich selbst: „Er hatte in der einen oder anderen Form Vitalität verkauft – sein ganzes Leben lang." Nun kann er es sich leisten, Herr über den eigenen Tod zu sein: „Er konnte Schmerzen so gut vertragen wie jeder andere, bis sie zu lange anhielten und ihn aushöhlten." „Über den Fluß und in die Wälder": Der unheilbar kranke Oberst verbringt seine letzten Tage in voller Kraft, dann nimmt er ein paar zu viele und zu starke Tabletten ein – kein Siechtum, kein schmerzliches Verdämmern, der Übergang von aller Kraft zum Tode in Sekunden. Das ließe sich mit anderen Werken fortsetzen, alle „Helden" Hemingways sind zwischen die Pole Leben und Tod gestellt, dazwischen die Liebe und der Kampf. Dieser wunderbare Schluss, die ruhig gewordenen Löwen als befreiender Traum, schließt auch Hemingways persönliches Ende mit ein. Es ist die Weigerung, verkleinert zu leben[8], so wie er selbst sich dem von Krankheit gebeuteltem eigenem Leben verweigert.

Ich habe jetzt etwas weit ausgeholt, um nicht von außen, sondern von Deinem Werk, von Deinem Leitmotiv, von Deiner ideellen Klammer ausgehend zu argumentieren: Der Tod von Boris ist falsch, ja er empört mich. Boris ist ein Heranwachsender, er hatte schuldlos keinerlei Chance, diese bei Hemingway dem Tod stets vorausgehende starke Persönlichkeit zu erwerben und Vita auszuleben. Also kann dieser Tod auch nicht Erlösung, Befriedung, ein Ende im Einklang sein. Dass Du ihn in den Tod schickst, geschieht ihm zu zeitig, er konnte die Größe noch gar nicht haben, doch Du hattest ihm die Chance eröffnet, auf dem Weg dahin einige Schritte zu gehen. Er hat Euphorie und Schmerz der Liebe erlebt, Vertrautheit und Zuverlässigkeit eines Freundes erfahren und gegeben, Sensibilität im Umgang mit bislang fremden Gefühlen, Denk- und Verhaltensweisen entwickelt, Reflexionsvermögen für sich und mit Erwachsenen geübt, sich der eigenen Vorgeschichte mit den widersprüchlichsten Empfindungen genähert ... So einen lässt man doch nicht sterben! Erich Kästners junger Mann Fabian ertrinkt am Ende, weil er nicht schwimmen kann. In den Teilüberschriften des letzten Kapitels fordert der Autor seine Leser auf: „Lernt schwimmen!" Boris hat es bereits gelernt, hervorragend, soweit es Schwimmtechnik und Kraft betrifft. Überhöht verstanden, beginnt er gerade, sich frei zu schwimmen: Aus der Abhängigkeit von Ulli konnte er sich lösen, das Gesicht der Mutter hat zumindest schon klare Konturen, die Verbindung zu den Großeltern ist wieder vorhanden, er kündigt seine Rückkehr an. Warum nur muss so einer sterben? Zielstrebig, ruhig und mit kräftigem Armschlag schwimmt er auf den fernen Punkt zu, es gilt, den befreiten Vogel zu retten (oder vielleicht: einzufangen?, wer weiß das schon!). Aber je näher er ihm kommt, umso weiter entfernt der sich – das Streben nach Freiheit, das befreite Leben, die Rettung als Schimäre? Musste Boris sterben an der Zerrissenheit des Autors? Noch mitten in der Zeit, als die ziellos verzweifelten, introvertierten, isolierten, passiven Gestalten der silent generation und die um sich schlagenden, zornigen, rebellischen und asozialen jungen Leute der beat generation weitgehend das reale Leben und die literarische Szene beherrschten, schuf Hemingway ein Gegengewicht. Er wollte nicht die ohne Perspektive, die sich so einfach aufgeben oder aufbrauchen. Santiago ist ein Sieger, aber nicht als Rambo, sondern weil er im aktiven Handeln über seine eigenen Kräfte hinaus wuchs. In den fünfziger Jahren im Hintergrund der beherrschenden us-amerikanischen Literaturströmungen stehend, setzte Hemingway auf Würde und Integrität des Menschen in einem Werk, das Mut zuspricht für Selbstfindung, Selbstverwirklichung und Selbstglauben. Auch darüber hätte ich gerne im weiteren Leben von Boris gelesen.

Lieber Gunter, wir rechnen damit, dass wir uns bald mal wieder zusammensetzen und über das und anderes reden können;

es gibt sicherlich eine anregende Rede und Gegenrede! Aber jetzt ist mein (unser) Pulver erst einmal verschossen.

Wir grüßen Dich und Monika ganz herzlich und wünschen eine gute Vorweihnachtszeit!

Heinz und Roswitha

(Roswitha Kuhnert ist langjährige Vorsitzende des Friedrich-Bödecker- Kreises Sachsen. Ihr Mann, Prof. Dr. Heinz Kuhnert, ehemaliger Hochschullehrer an der HTWK - Hochschule für Technik, Wirtschaft und Kultur - Leipzig.)

1   Gunter Preuß: Rufe in die Wüste - Aufsätze und Interviews von gestern und heute. – Halle: Projekte Verlag, 2009. – 398 S.

2   Heinz Kuhnert: Durchkommen und wissen, was zu tun ist. – In: Schauplatz 2; Aufsätze zur Kinder- und Jugendliteratur und zu anderen Medienkünsten. – Berlin: Kinderbuchverl., 1988. – S. 34 – 51

3   Gunter Preuß: Tschomolungma. – Berlin: Kinderbuchverl., 1. Aufl. 1981. – 136 S.

4   Gunter Preuß: Feen sterben nicht. – Berlin: Kinderbuchverl., 1. Aufl. 1985. – 151 S.

5   alle Zitate von Gunter Preuß sind „Rufe in die Wüste" entnommen

6   Peter Ruprecht ist die Hauptfigur in „Tschomolungma" von Gunter Preuß

7   Santiago ist die Hauptfigur in „Der alte Mann und das Meer" von Ernest Hemingway

8   formuliert nach: Georges-Albert Astre: Ernest Hemingway in Selbstzeugnissen und Bilddokumenten. – Hamburg: Rowohlt, 1961. – S. 150

Lützschena, Januar 2010

Lieber Heinz,

ich verdanke Dir im positiven Sinn unruhige Stunden und eine schlaflose Nacht. Georges Simenon, der Papa von Maigret, soll behauptet haben, dass er die Unzahl seiner Geschichten und Romane geträumt hat. Ob es nun eine Mär mit wenig Wahrheitsgehalt ist oder nicht – bei mir, als schlechter Schläfer, ist es tatsächlich so, dass ich nachts in einer Phase zwischen Traum und Wirklichkeit wohl am klarsten denken kann.

Also lieben Dank für Deine viele Arbeit, die Du mit meinem Manuskript hattest, für die ehrlichen Bedenken und rundum klugen Worte. Ich empfinde es immer wieder als Verlust, dass Du Dich nicht öfter zu Wort gemeldet hast und meldest. Du hast eine Menge zu sagen und verrätst es nur Deiner Frau. Das ist gemein. Oder schlau.

Es macht mich froh und es tut gut, dass Ihr beide meine Gedanken mitdenken und sie kritisch hinterfragen könnt. Eure unaufdringliche Freundschaft ist ein seltenes Geschenk. Genau das ist es, was mein Credo ausmacht, das, schon vor Jahren formuliert, von Hesses Morgenlandfahrern herrührt: Zusammen auf dem Weg sein, ohne dabei an Individualität zu verlieren, im Gegenteil sie weiter auszubilden und zu stärken.

Heinz, fast alle Punkte, die Du treffend und nachdenkenswert berührst, sind mir bei der ersten Durchsicht des Manuskriptes immer wieder durch den Kopf gegangen. Ausgenommen die Ralph Malisch (Ralle) berührende Persönlichkeitsfrage. Es passiert mir manchmal, dass ich so tief in einer von mir geschaffenen und auf ganz eigene Art lebendig und selbstständig gewordenen Person stecke, dass ich entweder vor lauter Zuneigung oder Abneigung wie verhagelt bin und höllisch aufpassen muss, dass die poetische Gerechtigkeit nicht auf der Strecke bleibt. Vom Schluss habe ich mehrere Varianten konzipiert. Unter anderem die, dass Boris umkehrt und zum Land zurück schwimmt, sich also weiter sich selbst und den anderen stellt.

Und dass Ralle als Einziger aufs Meer hinaus schwimmt und dann tot geborgen wird.

Du führst triftige Gründe an, dass Boris im „Spiel" bleiben soll, ja muss. Es ist wohl nicht allein der Alterspessimismus und meine überhaupt wenig optimistische Welt- und Menschensicht, dass ich mich wohl oder übel für den Dir vorgelegten Schluss der Geschichte entscheiden werde. Vielleicht denke ich da auch zu theoretisch, wenn ich das Scheitern des Homo ludens, des fürs Leben spielenden Menschen, in einer geschlossenen Gesellschaft zeigen will. Andererseits liefert die weitere Entwicklung zur „friedlichen Revolution" den Beweis, dass auch innerhalb der DDR-Mauern noch Möglichkeiten zur sinnvollen Betätigung und damit auch zur persönlichen Entwicklung waren. Da können wir getrost auch an unsere eigenen Lebensläufe denken. Kurz: Du hattest mich *fast* überzeugt, Boris weiter im Leben zu belassen. Mit Deinem Zorn über meinen Altersstarrsinn werde ich fortan leben müssen.

Die anderen Punkte, die Du anführst, spukten mir auch immer wieder durch den Kopf. Und dass Du sie so wach und genau benennst, sagt mir: Ob nun ein Verlag anbeißt oder nicht. Setz Dich noch mal auf den Hosenboden und beherzige den Hemingway/Santiago-Satz, den ich Preuß´sch verfälsche: Der Mensch darf aufgeben, aber nicht der Schriftsteller. Das betrifft vorrangig die genauere Zeiteinordnung, das imaginäre Feindbild und vor allem die Verdeutlichung von Lehrer Standkes Persönlichkeitsbild. Ich denke, manchmal sind es nur Kleinigkeiten, die ins Verhältnis gebracht werden müssen: die Zugfahrt, der Ochsenkarren, nackt baden, die Kampflieder, etc. Meine Vorstellung war und ist der erweiterte Anfang der Achtzigerjahre. So genau will ich mich da nicht festlegen (lassen). Ich meine, Kunst ist weniger der Wirklichkeit verpflichtet als der Wahrheit. Wobei ich Erstere als Körper und Geist und Letztere als ihnen innewohnende Seele in all ihrer Umstrittenheit und komplizierten Fassbarkeit sehe. Wenn die Korinthenkacker auch nichts von Kunst verstehen, so beherrschen sie doch das Erbsenzählen, und recht haben sie dann, wenn es vorn und hinten tatsächlich nicht stimmt.

Falls es gut geht, könnte meine Geschichte verdeutlichen helfen, wie tief der Wurm im Lebensnerv des „Real existierenden Sozialismus" steckte. Ob es allerdings Hinz und Kunz interessieren wird, wage ich bei dem fortwährenden Getön und Gesums stark zu bezweifeln. Wen interessiert schon noch, wo er herkommt, wenn er endlich seinen Allerwertesten an die Wand manövriert hat. Und erst recht die auf Umsatz geeichten Verlage werden ein allgemeines Interesse für den Text ad absurdum führen. Aber vordergründig hat mich das noch nie interessiert, und nun als alter Esel und sturer Bock interessiert es mich schon gar nicht mehr. Bei so viel Müll auf dem Freien Markt – vor allem auch in der Kunst –, werden die wenigen wirklich nützlichen und schönen Dinge oft übersehen. Da reihe ich mich gern in das Häuflein tumber Toren ein, die bestrebt sind, mit ihren bescheidenen Mitteln, den Myriaden von infiziertem Ramsch einen Mikroorganismus „Poetischer Wahrheit" sozusagen als Gesundheitserreger entgegenzusetzen. Ob „Gralssuchern" wie Parzival der Sinn für die Wirklichkeit fehlt, oder ob sie einen sechsten Sinn dafür haben, werden die Leute wohl weiterhin so oder so sehen. Das Bemühen um Glaubwürdigkeit kann man bei den derzeitigen Gegebenheiten autoerotisch nennen, wobei meine narzisstische Neigung nicht sonderlich ausgeprägt ist.

Wir wissen ja: Kunst ist leise, Schönheit still und Wahrheit stumm. Wer sonst als die Kunst sollte für Schönheit und Wahrheit singen, die ja eigentlich für sich selbst sprechen, aber von den meisten Menschen nur unzureichend oder gar nicht gehört werden können?

Seid beide bedankt und gegrüßt

vom alten Knaben auf dem Elsterberg

Glossar

- **Berliner Mauer**: Ab 1961 auf Geheiß der DDR-Regierung errichtet, stabilisierte sie die Funktion der 1378 Kilometer langen Grenze zwischen der DDR und der Bundesrepublik Deutschland, die bereits 9 Jahre zuvor „befestigt" worden war. Der „antifaschistische Schutzwall" bezweckte hauptsächlich die Verhinderung der Flucht von DDR-Bürgern in die Bundesrepublik Deutschland. Die DDR-Grenzsoldaten hatten für „ungesetzliche Grenzübertritte" Schießbefehl. Bei Versuchen von DDR-Bürgern, die 187.8prüfen Kilometer langen und schwer bewachten Berliner Grenzanlagen zu überwinden, wurden zwischen 136 und 245 Menschen getötet.

- **Bundesrepublik Deutschland**: Staat im nach dem Zweiten Weltkrieg geteilten Deutschland. Das im Auftrag der drei westlichen Besatzungsmächte von einem Parlamentarischen Rat erarbeitete Grundgesetz (GG, auch Deutsches Grundgesetz) wurde am 23. Mai 1949 verkündet und trat sogleich in Kraft.
Damit war die Gründung der Bundesrepublik Deutschland vollzogen.

- **Campingbeutel**: Zur DDR-Zeit sehr beliebter leichter und rucksackähnlicher Beutel, den man über einer Schulter trägt.

- **Deutsche Demokratische Republik, DDR**: Staat im nach dem Zweiten Weltkrieg geteilten Deutschland, bestand von 1949 bis 1990. Der „sozialistische Arbeiter- und Bauernstaat", wie alle Ostblockländer abhängig von der Sowjetunion, wurde von der SED (Sozialistische Einheitspartei Deutschlands) bis zur Wende im Herbst '89 beherrscht.

- **Deutsche Teilung**: Im Wesentlichen eine Folge des Zweiten Weltkrieges sowie des sich anschließenden Kalten Krieges zwischen den einstigen Verbündeten der Anti-Hitler-Koalition. Von 1949 bis zur Wiedervereinigung 1990 existierten zwei deutsche

Staaten: die Bundesrepublik Deutschland und die Deutsche Demokratische Republik.

- **Erweiterte Oberschule, EOS**: Bildungseinrichtung in der DDR, wo die Hochschulreife (Abitur) in den Klassenstufen 9 bis 12 erworben wurde.

- **Freie Deutsche Jugend, FDJ**: Die sozialistische Jugendorganisation der DDR wurde 1946 gegründet und galt als „Kampfreserve der SED". Angestrebt wurde mit dem Einüben „sozialistischer Verhaltensweisen" eine politisch-ideologische Gleichschaltung der Jugendlichen.

- **Grenzer, Grenztruppen, Deutsche Grenzpolizei, DGP**: Kurz nach der Errichtung der „Mauer" (1961) wurden auf Geheiß des Nationalen Verteidigungsrates der DDR aus der Deutschen Grenzpolizei die Grenztruppen gebildet. Die Angehörigen der Grenztruppen waren für die Sicherung der DDR-Grenzen, die Abriegelung der Grenze nach Grenzalarm und die Verfolgung von Grenzverletzern verantwortlich. Sie waren vom SED-Regime rechtlich dazu verpflichtet, notfalls auf Menschen zu schießen. 2003 veröffentlichte die Arbeitsgemeinschaft „13. August" die Zahl von 1008 Opfern des DDR-Grenzregimes (1949 bis 1989). Allein an der „Berliner Mauer" kamen etwa 200 Menschen ums Leben. Dafür war vor allem ein Schießbefehl der DDR-Regierung von 1973 verantwortlich, in dem es hieß: „Zögern Sie nicht mit der Anwendung der Schusswaffe, auch dann nicht, wenn die Grenzdurchbrüche mit Frauen und Kindern erfolgen, was sich die Verräter schon oft zunutze gemacht haben."

- **Holocaust**: (Aus dem Griechischen: vollständig verbrannt. Oder aus dem hebräischen Shoah: Unheil oder große Katastrophe.) Mit Holocaust oder Shoah bezeichnet wird die bestialische Ermordung von über 6 Millionen Menschen, die das nationalsozialistische Regime als Juden ausgrenzte. Der Völkermord sollte die europäischen Juden vollständig vernichten.

Auch die Roma und Sinti wurden von den Nationalsozialisten zur „minderwertigen Fremdrasse" erklärt und zu Hunderttausenden ermordet. Der Holocaustbegriff schließt Verfolgung und Ermordung der Roma und Sinti ein, die auch als „Roma-Holocaust" oder „Porajmos" benannt werden.

- **Interhotel**: Hotelkette der DDR, 1965 gegründet, in deren Hotels gehobener Klasse hauptsächlich Gäste aus „nichtsozialistischen Wirtschaftsgebieten" beherbergt wurden.

- **Intershop**: In der Einzelhandelskette der DDR konnten die Waren nur mit konvertierbaren Währungen, später desgleichen mit Forumschecks, aber nicht mit DDR-Mark bezahlt werden.

- **Karl-May-Museum, Indianermuseum Radebeul**: Das „Karl-May-Museum" beschäftigt sich mit Leben und Wirken des Schriftstellers Karl May (gehört zu den beliebtesten und meistgelesenen deutschen Schriftstellern) und dem Leben der Indianer Nordamerikas. 1956 wurde die Einrichtung von „Karl-May-Museum" in „Indianermuseum der Karl-May-Stiftung" umbenannt. Die umfangreichen Werke des Abenteuerschriftstellers standen in der DDR lange auf dem Index, was nicht verhindern konnte, dass Winnetou und Old Shatterhand nicht auch in der DDR eine starke Gemeinde von Blutsbrüdern hatten.

- **Kommunistische Partei Deutschlands, KPD**: In der KPD, 1919 gegründet, vereinten sich nach dem Ersten Weltkrieg im Verlauf der Novemberrevolution (1918) mehrere linksrevolutionäre Gruppierungen. Während der Nazidiktatur wurde die Partei zerschlagen, aber nach dem Zweiten Weltkrieg von den Besatzungsmächten wieder zugelassen. 1946 vereinigten sich in der Sowjetischen Besatzungszone (später DDR) KPD und Ost-SPD zur SED (Sozialistische Einheitspartei Deutschlands).

- **Konzentrationslager (KZ oder KL)**: Während der Hitlerdiktatur (1933 bis 1945) wurden durch Organisationen der NSDAP

(Nationalsozialistische Deutsche Arbeiterpartei) im Deutschen Reich und in den besetzten Gebieten Konzentrationslager für Zivilpersonen errichtet. In den KZs (mehrere Tausend und sieben Vernichtungslager) wurden im Auftrag Hitlers und seiner Führungsclique Millionen Menschen ermordet. Die KZs dienten auch zur Knebelung politischer Gegner, Zwangsarbeit, Internierung von Kriegsgefangenen und zu medizinischen Experimenten an Menschen.

Man muss heute annehmen, dass der deutschen Judenvernichtung in den Vernichtungs- und Konzentrationslagern zwei Drittel der sechs Millionen Juden zum Opfer fielen.

Auch Homosexuelle, Zeugen Jehovas, geistig Behinderte und sogenannte Asoziale kamen in der Vernichtungsmaschinerie der Nazi-Barbarei um.

- **Konzentrationslager Buchenwald**: Wurde von den Nazis von 1937 bis 1945 als eines der größten Konzentrationslager in Hitlerdeutschland auf dem Ettersberg bei Weimar als Arbeitslager betrieben. Geschätzte Todesopfer: 56.000; davon: 11.000 Juden. Am 11. April 1945 befreiten sich die Häftlinge selbst. 1958 wurde von der DDR-Regierung auf dem Gelände des ehemaligen Lagers die Mahn- und Gedenkstätte Buchenwald eröffnet.

- **Landwirtschaftliche Produktionsgenossenschaft, LPG**: Durch die Gründung der LPGs sollte die Herrschaft der Großgrundbesitzer gebrochen werden. Ihr Grund und Boden wurde entschädigungslos enteignet und landarmen Bauern übergeben. In der DDR fand ab 1952 der auch teils gewaltsame Zusammenschluss von Bauern und Bäuerinnen und ihren Produktionsmitteln zur gemeinschaftlichen agrarischen Produktion statt.

- **Nationalsozialismus**: Entstand nach dem Ersten Weltkrieg in Deutschland und war eine radikal antisemitische, antidemokratische und antikommunistische Weltanschauung und politische Bewegung. Die in der NSDAP organisierte Anhängerschaft kam 1933 unter Adolf Hitler zur Herrschaft und machte das Deutsche Reich von 1933 bis 1945 zum totalitären „Führerstaat". Mit dem Polenfeldzug (1939) wurde der Zweite Weltkrieg ausgelöst, der zum Schauplatz zahlreicher Kriegsverbrechen und Massenmorde wurde. Das größte Verbrechen, das die Nationalsozialisten zu verantworten hatten, war der „Holocaust" von 1941 bis 1945. Die Diktatur des Nationalsozialismus endete mit der bedingungslosen Kapitulation der „Wehrmacht" (8. Mai 1945).

- **Nationalsozialistische Deutsche Arbeiterpartei (NSDAP)**: Eine in der Weimarer Republik entstandene politische Partei. Ihr Programm bzw. ihre Ideologie des Nationalsozialismus waren von radikalem Antisemitismus, Nationalismus und der strikten Ablehnung von Demokratie und Marxismus bestimmt. Parteivorsitzender (seit 1921) war der spätere Reichskanzler Adolf Hitler, unter dem die NSDAP Deutschland von 1933 bis 1945 als einzige Partei beherrschte. Die NSDAP wurde nach Ende des Zweiten Weltkrieges aufgelöst und als „verbrecherische Organisation" verboten.

- **Neues Deutschland (ND)**: Tageszeitung, 1946 durch die von der sowjetischen Militärverwaltung betriebenen Zwangsvereinigung von SPD und KPD entstanden. Das „Zentralorgan der SED" war ein wichtiges Propagandainstrument der SED. Nach der Wende befand sich die Zeitung von 1989 bis 2007 in Besitz der Nachfolgepartei PDS. Heute gehört sie der Föderativen Verlags-, Consulting- und Handelsgesellschaft mbH - FEVAC, treuhänderisch für die Partei „Die Linke" und der Communio Beteiligungsgenossenschaft eG.

- **Parteilehrjahr**: Die Mitglieder der SED wurden im monatlich stattfindenden Parteilehrjahr politisch-ideologisch geschult. Die Leitung hatte ein Mitglied der Parteileitung des jeweiligen Betriebes oder der Institution.

- **Pionierorganisation**: 1948 gegründet, 1990 aufgelöst. Die politische Massenorganisation für Kinder war in der DDR nach dem von den Nazis ermordeten Arbeiterführer Ernst Thälmann benannt. Vom ersten bis zum siebten Schuljahr gehörte ihr die überwiegende Mehrzahl der Kinder als Jung- oder Thälmannpioniere an. Die Pionierorganisation war der Freien Deutschen Jugend angegliedert.

- **Pionierleiter**: Der Freundschaftspionierleiter (FPL) war ein hauptamtlich beschäftigter Funktionär der Freien Deutschen Jugend. Er war verantwortlich für die „Pionierfreundschaft", die gesamten Jung- und Thälmannpioniere einer Schule. Seine Aufgabe war, die Mitglieder der Pionierorganisation zu „sozialistischen Persönlichkeiten" zu formen. Es gab auch ehrenamtliche Pionierleiter (FDJ-Mitglieder oberer Klassen oder Lehrer), die Pioniernachmittage organisierten.

- **Pionierlager**: Schon um 1920 entstanden unter Anleitung von kommunistischen Parteien in verschiedenen Ländern die ersten Pionierlager, wobei in den Zeltlagern die Erziehung zum „kommunistischen Menschen" im Mittelpunkt stand. Auch in der DDR dienten Pionierlager der Erziehung und Erholung. Mit Schaffung der Pionierorganisation Ernst Thälmann wurde die Anzahl der Pionierlager deutlich erhöht. Es entstanden auch feste Lagereinrichtungen, die von volkseigenen Großbetrieben unterstützt wurden.

- **Pioniergruppe**: Bereits in der ersten bis dritten Klasse wurden Gruppen der Jungpioniere gebildet. In den Gruppen sollten die Jungpioniere lernen, nach den Pioniergeboten zu leben. Im zweiten und dritten Schuljahr wählten die Jungpioniere den Jungpionierrat.

In den vierten bis siebten Klassen wurden die Gruppen von den Thälmannpionieren gebildet. Hier galt es, sich darauf vorzubereiten, gute Mitglieder der FDJ zu werden.

Jungpioniere und die Thälmannpioniere sollten sich in den Pioniergruppen „wohlfühlen, gemeinsam lernen, arbeiten und fröhlich sein".

- **Republikflucht**: Nach § 213 des Strafgesetzbuches der DDR war der „ungesetzliche Grenzübertritt" eine Straftat. Durch die Flucht zahlreicher DDR-Bürger in den „Westen" stand für die DDR ihr Bestehen auf dem Spiel. Die Strafen für den ungesetzlichen Grenzübertritt waren im Höchstmaß zwei bis fünf Jahre und ab 1979 acht Jahre Haft.

Hilde Benjamin (im Volksmund „Blutige Hilde" und „Rote Guillotine"), Justizministerin der DDR und Vorsitzende Richterin in einer Reihe politischer Schauprozesse, erklärte vor der „Volkskammer der DDR" das Gesetz so: „Warnung und Schutz unserer Bürger vor der Gefahr, von den Rattenfängern der NATO eingefangen zu werden."

- **Sozialistische Einheitspartei Deutschlands (SED)**: Eine 1946 in der sowjetischen Besatzungszone (später DDR) unter sowjetischem Druck entstandene Zwangsvereinigung von KPD und SPD. Die SED entwickelte sich zur „Staats- und kommunistischen Kaderpartei". Das politische System der DDR wird auch als „Parteidiktatur" bezeichnet.

- **Staatszirkus der DDR**: Wurde 1960 als „VEB Zentral-Zirkus" gegründet und 1981 in „Staatszirkus der DDR" umbenannt. Es war der Zusammenschluss von den drei privaten Zirkussen: Barlay (später Olympia, dann Berolina), Busch und Aeros. Der Staatszirkus der DDR existierte bis 1990.

- **Thälmannpioniere**: Mädchen und Jungen konnten von der 4. Klasse an nach Ablegen des Gelöbnisses Thälmannpioniere werden und bekamen feierlich das Mitgliedsbuch und das rote Pionierhalstuch überreicht. Bis zur 4. Klasse gehörten sie den „Jungpionieren" an, die ein blaues Halstuch trugen.

- **Ural**: Russischer Lastkraftwagen, noch in der Sowjetunion entwickelt. Geländegängiges Transportfahrzeug für meist militärische Anwendungen.

- **Volkseigentum**: Vorherrschendes Eigentum in der DDR war bei Produktionsmitteln und Land (Grundbesitz) das „Volkseigentum". Mit dem „genossenschaftlichen Eigentum" bildete es das „gesellschaftliche- oder sozialistische Eigentum". Zu Volkseigentum kam die DDR hauptsächlich durch die entschädigungslose Enteignung von „Faschisten, Kriegsverbrechern und Großgrundbesitzern".

- **Volkssolidarität**: 1945 in der Sowjetischen Besatzungszone Deutschlands gegründete Hilfsorganisation. In der DDR hatte die Organisation eine wichtige Bedeutung im sozialen Bereich. Der Leitgedanke war und ist Solidarität. Der Verband hilft heute älteren Menschen, Pflegebedürftigen, chronisch Kranken und sozial Schwachen. Zunehmend setzt er sich auch für Kinder und Jugendliche ein.

- **Weimarer Republik**: Demokratische Phase des „Deutschen Reiches" von 1918/19 bis 1933. Mit der Novemberrevolution kam es 1918 zur Ausrufung der Republik und im August 1919 zur Verabschiedung der „Weimarer Verfassung". Mit Adolf Hitlers Ernennung zum Reichskanzler (1933) und der folgenden nationalsozialistischen Diktatur endete die Weimarer Republik.

- **Weimarer Verfassung**: (offiziell: Verfassung des Deutschen Reiches, auch Weimarer Reichsverfassung, WRV) Die erste – am 31. Juli 1919 in Weimar beschlossene und am 14. August 1919 verkündete – demokratische Verfassung Deutschlands. Die WRV begründete eine föderative Republik mit einer Mischform aus präsidialem und parlamentarischem Regierungssystem. Etliche Artikel - der Paulskirchenverfassung von 1848 entlehnt - flossen in das Grundgesetz der Bundesrepublik Deutschland ein.

Von Gunter Preuß bei uns erschienen:
www.herasverlag.de

Und wenn ich sterben sollte ..., Roman

Mit „Und wenn ich sterben sollte ..." bringt Preuß ein Stück deutscher Zeitgeschichte in einen lebensprallen Roman, der den Leser in seinen Bann ziehen wird. Ein Meisterwerk der Gestaltung der Reifejahre eines ostdeutschen Heranwachsenden nach `45.

Rufe in die Wüste,
Aufsätze und Interviews von gestern und heute

In „Rufe in die Wüste" finden sich Interviews mit Gunter Preuß und Aufsätze von ihm aus dem Zeitraum von 1973 bis 2009. Darin wird die eigene Befindlichkeit immer wieder kritisch an den gesellschaftlichen Gegebenheiten gemessen. Es ist auch ein Gang durch die Zeit und zwei Gesellschaftsordnungen, wobei der sich beharrlich zu Wort meldende Schriftsteller in seinem Kunstschaffen nicht am Alltagsgeschehen vorbeikommt. Mag mancher Text auch noch so privat erscheinen, er ist ein politischer Text, weil der Autor nicht Kunst von Leben und Individuum nicht von Gesellschaft trennen will. Die persönliche Zeitreise, die einen Lebenslauf kennzeichnet, sollte auch für andere Zeitgenossen interessant sein.

www.ingramcontent.com/pod-product-compliance
Lightning Source LLC
Chambersburg PA
CBHW020325170426
43200CB00006B/275